Werner Lattmann · Volkswirtschaft

Diplom-Volkswirt Werner Lattmann

Volkswirtschaft

Wirtschaftsordnung – Wettbewerb – Lebensstandard

VOGEL Buchverlag Würzburg

CIP-Titelaufnahme der Deutschen Bibliothek

Lattmann, Werner:
Volkswirtschaft:
Wirtschaftsordnung – Wettbewerb – Lebensstandard /
Werner Lattmann. – 1. Aufl. –
Würzburg: Vogel, 1989
(Management-Wissen)
ISBN 3-8023-0259-1

ISBN 3-8023-0259-1
1. Auflage. 1989

Printed in Germany

Umschlaggrafik: Michael M. Kappenstein,
Frankfurt (Main)
Herstellung: Alois Erdl KG, Trostberg

Vorwort

Vierzig Jahre Soziale Marktwirtschaft in der Bundesrepublik Deutschland haben Unternehmen und Verbrauchern einen eindrucksvollen Aufschwung gebracht. Nie zuvor in der deutschen Wirtschaftsgeschichte sind Produktion und Lebensstandard so hoch gewesen. Der Erfolg ist, wie in diesem Buch aufgezeichnet, im wesentlichen ein Ergebnis der freiheitlichen und demokratischen Wirtschaftsordnung, die LUDWIG ERHARD und der «Freiburger Kreis» nach dem Zweiten Weltkrieg durchgesetzt haben. Der Leser erfährt, wie eine marktwirtschaftliche Ordnung und ihr «Gegenstück», die Zentralverwaltungswirtschaft, konstruiert sind, was sie leisten und wo ihre Grenzen liegen.

Gegliedert nach «Theorie» und «Politik», werden die wichtigsten Bestimmungsgrundlagen wirtschaftlichen Geschehens erläutert: Marktformen, Wachstum, Geld und Währung. Ziele der Wirtschaftspolitik wie Vollbeschäftigung, Wachstum, Zahlungsbilanzgleichgewicht, Preisstabilität werden auf ihre «Kompatibilität» überprüft. Unter den Instrumenten der Wirtschaftspolitik, um diese Ziele zu erreichen, werden vor allem Finanzpolitik, Geld- und Notenbankpolitik beschrieben.

Der hohen und wachsenden Verflechtung der Bundesrepublik in die Weltwirtschaft trägt ein besonderes Kapitel Rechnung: Welthandel, Entwicklungsländer, internationale Organisationen und Institutionen wie der Internationale Währungsfonds, die Weltbank, das Europäische Währungssystem geben einen Überblick über die wichtigsten außenwirtschaftlichen «Determinanten». Die «Lehren aus der Weltwirtschaftskrise» zeigen, daß auch heute – bei zunehmender Verschuldung der Entwicklungsländer und hohen außenwirtschaftlichen Ungleichgewichten – trotz vielfältiger internationaler Kooperation und verbesserten Möglichkeiten der Wirtschaftspolitik die Risiken einer großen Depression ernstgenommen werden müssen.

Ein Kapitel «Statistik» (Sozialprodukt, Preisindex für die Lebenshaltung, internationale Kaufkraft) schließt eine Übersicht ab, die dem Leser die Chance bietet, sich über die wichtigsten Fakten, Bestimmungs- und Hintergründe wirtschaftlichen Geschehens «aus einem Guß» zu informieren. Diese Kompakt-Information, vorgetragen nach dem «Baukasten-Prinzip», ermöglicht es, daß jedes einzelne Kapitel für sich gelesen und erarbeitet werden kann. Die Klammer «Wirtschaftsordnung – Wettbewerb – Lebensstandard» ist gleichsam jener «rote Faden», der aus der Detailanalyse zur Gesamtschau führt.

Würzburg *Werner Lattmann*

Inhaltsverzeichnis

Teil A

WIRTSCHAFTSTHEORIE

Kapitel 1

ORDNUNGSTHEORIE

1.1 Das System der freien Marktwirtschaft

Das Leben auf dieser Erde wird stets unter dem kalten Stern der Knappheit stehen. Daher ist alles wirtschaftliche Handeln darauf gerichtet, bei gegebenen knappen Ressourcen und beschränkten Möglichkeiten die Versorgung der Menschen so gut wie möglich zu sichern. Um die Knappheit an Gütern (und Dienstleistungen) möglichst nachhaltig zu überwinden, planen die am Wirtschaftsprozeß Beteiligten den Ablauf der ökonomischen Ereignisse. Entscheidungen, die sich in den Plänen niederschlagen, bestimmen den Wirtschaftsprozeß. Die Art der Planung ist entscheidend für den Typ der Wirtschaftsordnung, die ihrerseits das Resultat des Wirtschaftsprozesses prägt.

Marktwirtschaft und *Planwirtschaft* werden oft wie Schlagworte gehandelt, nicht selten als (wirtschaftliche) Synonyme für *Kapitalismus* und *Sozialismus* verstanden. Tatsächlich sind beide Systeme unendlich feingliedriger, ihre Strukturen nur mit den Methoden rationaler ordnungstheoretischer Ansätze erfaßbar und zu erklären.

Den im Ausland vielfach bewunderten Aufstieg aus dem Chaos der Nachkriegszeit zu Freiheit und Wohlstand verdanken die Deutschen einer mutigen Entscheidung. Weitsichtige Männer, an ihrer Spitze der spätere Bundeswirtschaftsminister LUDWIG ERHARD, waren selbst gegen den anfänglichen Widerstand der Alliierten entschlossen, die Fesseln der Zwangswirtschaft abzustreifen. Sie alle waren von der Überzeugung durchdrungen, daß nur eine freiheitliche Wirtschaftsordnung, die soziale Marktwirtschaft, den Deutschen zu menschenwürdigen Verhältnissen und Wohlstand verhelfen könne.

Die «Väter der Sozialen Marktwirtschaft», an der Spitze der «Praktiker» neben LUDWIG ERHARD sein damaliger Staatssekretär ALFRED MÜLLER-ARMACK, konnten sich auf ein solides wissenschaftliches Fundament stützen. Schon zu Beginn der dreißiger Jahre hatte in Freiburg ein Kreis freiheitlich gesinnter Wissenschaftler, der «Freiburger Kreis», damit begonnen, die Folgerungen nicht nur aus dem Versagen des Manchester-Liberalismus, aus der Unmenschlichkeit der Kriegs- und Zwangswirtschaft, sondern auch aus der Krise der Nationalökonomie (unter anderem aus dem fruchtlosen Streit zwischen der theoretischen und der historischen Schule) zu ziehen. WALTER EUCKEN, FRANZ BÖHM, HANS GROSSMANN-DOERTH, LEONHARD MIKSCH, WILHELM RÖPKE, FRIEDRICH LUTZ und viele andere bereiteten den Weg für eine «funktionsfähige und menschenwürdige Wirtschaftsordnung», die zugleich ein Optimum an wirtschaftlicher Effizienz und ein Höchstmaß an individueller Freiheit ermöglichen sollte.

Eine funktionsfähige und menschenwürdige Ordnung

WALTER EUCKEN versteht unter einer Wirtschaftsordnung «die Gesamtheit der Formen, in denen die Lenkung des alltäglichen Wirtschaftsprozesses in concreto – hier und dort, in Gegenwart und Vergangenheit – erfolgte und erfolgt». EUCKEN hat die Aufgabe darin gesehen, der neuen industrialisierten Gesellschaft mit ihrer weitreichenden Arbeitsteilung eine funktionsfähige und menschenwürdige Ordnung zu geben, die dauerhaft ist: «In ihr soll die Knappheit an Gütern, die sich Tag für Tag in den meisten Haushaltungen drückend geltend macht, so weitgehend wie möglich und nachhaltig überwunden werden. Und zugleich soll in dieser Ordnung ein selbstverantwortliches Leben möglich sein.» Die Wirtschaftsverfassung, die zureichende Ordnungsgrundsätze verwirklicht, muß nach EUCKEN den Leistungswettbewerb als wesentliches Ordnungsprinzip verwirklichen.

Ordnungsgrundsätze

Privateigentum, Vertragsfreiheit und Wettbewerb waren die wichtigsten Ordnungsgrundsätze, mit denen eine Ordnung der Wirtschaft geschaffen werden sollte. Die Nationalökonomen der Klassik hatten angenommen, durch ein «einfaches System der natürlichen Freiheit» (ADAM SMITH) eine wohlgeordnete Wettbewerbswirtschaft herstellen zu können. Die tatsächlichen Wirtschaftsordnungen aber, die sich auf dieser wirtschaftsverfassungsrechtlichen Grundlage erhoben, entfernten sich immer mehr von den Grundsätzen der Wirtschaftsverfassungen. In steigendem Maße wurde zum Beispiel in der Industrie die Vertragsfreiheit dazu verwandt, bestehenden Wettbewerb durch Kartellabreden auszuschalten. Die Vertragsfreiheit wurde vielfach dazu benutzt, die Marktformen zu ändern und Machtgebilde zu schaffen.

Entscheidend ist, wer plant

Es ist üblich, eine bestimmte Wirtschaftsordnung als sozialistisch, kommunistisch, als kapitalistisch oder auch als marktwirtschaftlich zu bezeichnen. Vielfach wurden Sekundärkriterien wie Privateigentum, Kollektiveigentum, Vertragsfreiheit, Kontrahierungszwang und andere mehr bemüht. Indessen braucht eine Wirtschaftsordnung, in der zum Beispiel das Kollektiveigentum vorherrscht, nicht notwendig zwangswirtschaftlich organisiert zu sein. Und die überwiegende Existenz von Privateigentum spricht für sich von vornherein ebensowenig für eine freiheitliche Wirtschaftsverfassung.

Ansatzpunkt für eine erfolgversprechende Differenzierung kann nur die Tatsache sein, daß in allen Wirtschaftsordnungen geplant wird. Wirtschaften, ohne zu planen, ist sinnlos. Entscheidend für den Typ einer Wirtschaftsordnung ist, wieviel Pläne es in einem abgegrenzten Wirtschaftsgebiet gibt; entscheidend ist, wer diese Pläne aufstellt.

Die gegenwärtigen und historischen Wirtschaftsordnungen lassen sich anhand dieses Merkmals auf zwei grundlegende idealtypische Ordnungen zurückführen. Wird der Wirtschaftsprozeß von einem Zentralplan gesteuert, der für alle Wirtschaftssubjekte bindende Daten für Produktion, Absatz, Verteilung und Verbrauch setzt, dem sich die Individuen unterzuordnen haben, dann ist ein solches System als Zentralverwaltungswirtschaft zu kennzeichnen (siehe hierzu auch Kapitel 2). Plant aber jeder einzelne Haushalt, jede Unternehmung, der Staat und die Verbände für sich, richten die Wirtschaftssubjekte ihr Handeln an eigenverantwortlich getroffenen Entscheidungen aus, dann handelt es sich um eine Verkehrswirtschaft, die auch häufig als freie Marktwirtschaft bezeichnet wird.

Die Koordination der Pläne

Jeder einzelne von diesen vielen Betriebsleitern und Haushaltsvorständen, die in einem verkehrswirtschaftlichen Gemeinwesen zusammenleben, muß in jedem seiner Pläne auf die Handlungen und Pläne der anderen Rücksicht nehmen. So erhebt sich in dieser Wirtschaftsordnung ein neues Problem: die Notwendigkeit, die einzelnen Pläne miteinander zu koordinieren.

Koordinationszentrale und Koordinationsmedium sind in der Verkehrswirtschaft Markt und Preismechanismus (NORBERT KLOTEN). Es muß eine allgemeine und funktionsfähige Rechenskala existieren, an der die Wirtschaftssubjekte die ökonomische Effizienz ihrer Dispositionen messen können. Dieses Instrument stellt die Geldordnung in Form der Währung zur Verfügung. «Bei der Verkehrswirtschaft werden zahllose autonome Einzelpläne zahlloser Betriebe und Haushalte mittels des Preissystems so koordiniert, daß die Gesamtheit der Verbraucher durch ununterbrochene, unverabredete, individuelle und direkte Urabstimmung mit Geldscheinen bestimmt, was produziert werden, wie sich der räumliche und zeitliche Aufbau der Produktion vollziehen soll.» (FRANZ BÖHM)

Die Funktion des Wettbewerbs

Verkehrswirtschaft ist immer zugleich Wettbewerbsordnung. Der über das Preissystem – als Knappheitsmesser – gesteuerte Leistungswettbewerb hat in diesem System die Tendenz, die höchstmögliche wirtschaftliche Effizienz in Produktion und Verteilung anzustreben. Gleichzeitig sorgt er dafür, daß private oder staatliche Machtpositionen gar nicht erst entstehen können. Es muß ein institutioneller Rahmen vorhanden sein, der diesen Wettbewerb durchsetzt und sichert: Der Staat muß die Wettbewerbs- und Monopolkontrolle übernehmen und ausführen. Aber er hat nicht den Wirtschaftsprozeß selbst zu führen. Das ist Sache der Haushalte und Betriebe, die im Rahmen dieser Wirtschaftsordnung frei planen und handeln.

Die Marktformen

In einer Verkehrswirtschaft nach dem Prinzip der Wettbewerbsordnung hat der Staat darauf zu achten, ob Angebot und Nachfrage auf den Märkten *offen* oder *geschlossen* sind. Offen sind Angebot und Nachfrage, wenn jeder oder ein – im Verhältnis zum Markt – großer Kreis von Personen als Anbieter oder als Nachfrager zum Markt zugelassen wird und wenn jeder einzelne so viel anbieten oder nachfragen darf, wie er es für richtig hält. Ist jedem die Ausübung des Berufes als Handwerker, Händler, Industrieller, Landwirt, Arbeiter und Angesteller bedingungslos oder unter leicht zu erfüllenden Voraussetzungen gestattet, besteht kein Numerus clausus, gelten keine Investitionsverbote, dann liegt ein offenes Angebot vor. Geschlossen sind Angebot und Nachfrage dann, wenn nicht jeder als Anbieter oder Nachfrager am Markt erscheinen darf, wenn zum Beispiel nur ein bestimmter Kreis von Unternehmern zur Belieferung eines Marktes oder zum Kauf auf einem Markt zugelassen ist.

Herrscht auf einem Markt vollständige Konkurrenz (siehe auch Abschnitt 2.1, «Marktformen»), dann wird auch der Zugang zum Markt frei sein. Gibt es aber Einschränkungen des Wettbewerbs, zum Beispiel durch Oligopole oder Monopole, dann sind die Märkte nicht mehr offen. Je mehr und je länger die Wirtschaftspolitik in einer ursprünglich verkehrswirtschaftlichen Ordnung versagt, dem Ordnungsprinzip des Wettbewerbs zum Durchbruch zu verhelfen, um so stärker werden die Vermachtungserscheinungen in der Wirtschaft: Die Ordnungsform wandelt sich – langsam aber sicher über wachsenden Staatseinfluß – von der Verkehrswirtschaft über interventionistische Ordnungsformen hin zur Zentralverwaltungswirtschaft.

«Optimale Mischsysteme» gibt es nicht: Jede der beiden Ordnungen hat die Tendenz, die andere zu verdrängen. Als Bilanz der Systemvermischung ergibt sich – das hat besonders Franz Böhm nachgewiesen – ein durch Regierungsmaßnahmen verfälschter und denaturierter Automatismus von Marktreaktionen oder eine durch Marktreaktionen der Wirtschaftsbeteiligten sabotierte Staatslenkung, das heißt, «ein schwer gestörtes Koordinationsverfahren oder ein zerfetzter Zentralplan».

Wie Privateigentum an den Produktionsmitteln eine Voraussetzung der Wettbewerbsordnung ist, so ist die Wettbewerbsordnung eine Voraussetzung dafür, daß das Privateigentum an Produktionsmitteln nicht zu wirtschaftlichen und sozialen Vermachtungen und Mißständen führt. Das Privateigentum an Produktionsmitteln muß durch die Konkurrenz kontrolliert und eingeschränkt werden.

1.2 Das System der zentralgeleiteten Wirtschaft

Aus zahlreichen, in der historischen Wirtschaftsentwicklung vorgefundenen Ordnungen lassen sich zwei grundsätzliche entgegengesetzte Wirtschaftsordnungen herauskristallisieren. Wird der Wirtschaftsprozeß durch eine Vielzahl individueller Wirtschaftspläne bestimmt, so liegt der Typ der individualistischen Verkehrswirtschaft vor (siehe Abschnitt 1.1). Wird der Ablauf des Wirtschaftsprozesses dagegen von einer Zentralstelle gelenkt, wird das wirtschaftliche Geschehen über einen einzigen Zentralplan gesteuert, dem sich alle Wirtschaftseinheiten (Unternehmen, Haushalte) unterzuordnen haben, dann kann eine solche Wirtschaftsordnung als zentralgeleitete, verkehrslose, kollektivistische Wirtschaft, als eine Zentralverwaltungswirtschaft gekennzeichnet werden.

Der Unterschied

Entscheidend ist: Bei einem solchen System geht es von vornherein gar nicht um die Überwindung der individuellen Knappheit, um die bestmögliche Versorgung der Bevölkerung mit Konsumgütern. Genauso wie die zu erzeugenden Güter, die Art und das Ausmaß der Verteilung, bestimmen die Zentralverwaltung und ihre Planstellen die Bedürfnisse von Haushalten und Unternehmen. Nicht die Preise, sondern Plansalden sind in der Zentralverwaltungswirtschaft Anzeiger gesamtwirtschaftlicher Knappheit (K. PAUL HENSEL). Wenn in der Zentralverwaltungswirtschaft die zentralen Pläne vollständig verwirklicht werden, hat der Wirtschaftsprozeß sein Ziel erreicht – auch wenn die individuellen Bedürfnisse der Menschen viel weniger befriedigt werden, als sie befriedigt werden könnten.

Diese zentrale Erkenntnis verdankt die Forschung im wesentlichen den Arbeiten von WALTER EUCKEN [7, 8] sowie den darauf aufbauenden Untersuchungen seines Schülers K. PAUL HENSEL [16]. Ihre Arbeiten und die Forschungen anderer liberaler Nationalökonomen haben nachgewiesen, daß das System der zentralgeleiteten Wirtschaft aufgrund immanenter Lenkungsfehler (es fehlt ein Knappheitsmesser) nicht nur zur chronischen Unterversorgung der Bevölkerung tendiert; es bedeutet für den einzelnen gleichzeitig ein Höchstmaß an persönlicher Unfreiheit, das Ausgeliefertsein an Willkür.

Die Eigenwirtschaft

Aus der Untersuchung der geschichtlichen Wirtschaft ergibt sich, daß das Wirtschaftssystem der zentralgeleiteten Wirtschaft als einfache zentralgeleitete Wirtschaft (Eigenwirtschaft) oder als Zentralverwaltungswirtschaft, also in zwei Formen, verwirklicht war und ist. In einem Land, in dem die einfache zentralgeleitete Wirtschaft allein besteht, arbeiten Tausende von Eigenwirtschaften, die nicht den geringsten wirtschaftlichen Verkehr miteinander haben, nebeneinander. Sind es total zentralgeleitete Familienwirtschaften, so fehlt zwischen ihnen jeder Tausch; es gibt keine Preise und keine Tauschwerte der Güter.

Weil sich in einer solchen Eigenwirtschaft die Arbeitsteilung nicht hinreichend entfalten kann, ist sie durch die moderne Industrialisierung zunehmend von der Verkehrswirtschaft oder der Zentralverwaltungswirtschaft verdrängt worden. In der Kriegswirtschaft der jüngeren Vergangenheit ist die Ordnungsform der Zentralverwaltungswirtschaft besonders stark hervorgetreten. Im Gegensatz zur Eigenwirtschaft ist jetzt das ganze Land arbeitsteilig miteinander verbunden. Die Größe von Einwohnerzahl, Land und Produktionsapparat macht es unmöglich, daß eine einzige leitende Person alle wirtschaftlichen Vorgänge fortlaufend selbst übersieht, selbst Anordnungen gibt und ihre Verwirklichung überwacht. Deshalb besteht ein Verwaltungsapparat mit zahlreichen Beamten, der die Wirtschaftspläne aufstellt.

Die drei Grundformen

Die *total zentralgeleitete Wirtschaft* ist dadurch gekennzeichnet, daß überhaupt kein Tausch zugelassen ist. Der Einsatz der produktiven Kräfte, die Verteilung der Produkte und auch der Konsum werden von der zentralen Leitung bestimmt. Den einzelnen Mitgliedern dieser Gemeinschaft ist es sogar verboten, zugewiesene Konsumgüter gegen andere zu tauschen. Ein Planträger ist für alle wirtschaftlichen Handlungen maßgebend. Die Zentralstelle weist jedem seinen Beruf sowie den Arbeitsplatz zu. Für die *zentralgeleitete Wirtschaft mit freiem Konsumguttausch* ist kennzeichnend, daß die bei der Verteilung zugewiesenen Konsumgüter ausgetauscht werden können. Als historisches Beispiel läßt sich etwa die Kriegswirtschaft von 1914 bis 1918 und von 1939 bis 1945 in Deutschland anführen. Durch den Tausch von Konsumgütern können wenigstens die gröbsten Fehler in der Zuweisung von Konsumgütern ausgeglichen werden.

In der *zentralgeleiteten Wirtschaft mit freier Konsumwahl* machen sich die Wirtschaftspläne der einzelnen Mitglieder noch stärker geltend. Auch hier bestimmt die Zentralverwaltung die Produktion, den Arbeitsplatz und die Verteilung. Die einzelnen Angehörigen des Staates haben hier jedoch das Recht der freien Konsumgutwahl. Sie erhalten zum Beispiel Brot, Fleisch und andere

Konsumgüter nicht unmittelbar von der Zentralstelle oder durch Karten, sondern sie empfangen Löhne und Gehälter in allgemeinen Anweisungen auf Güter. Nach seinem Einkommen kann der einzelne Wirtschaftsgüter kaufen. Dennoch hat die Zentralstelle über die Preispolitik die Möglichkeit, den Wirtschaftsprozeß so zu lenken, daß weitgehend das gekauft wird, was nach dem Gesamtplan produziert und abgesetzt werden soll. Ferner kann die Zentralstelle auch versuchen, den Umfang der Nachfrage als Index für die Bedürfnisse der Bevölkerung zu verwenden. Verhält sie sich grundsätzlich in dieser Weise, so ist ihr Wirtschaftsplan von den Nachfragenden abhängig. Deshalb ist hier die Grenze der zentralgeleiteten Wirtschaft erreicht oder überschritten. Man könnte diesen Fall schon der Verkehrswirtschaft zuweisen: Eine Monopolverwaltung, die alle Märkte beherrscht, versucht die Nachfrager nach dem Prinzip «bestmöglicher Versorgung» zu beliefern.

Grundlage des zentralen Wirtschaftsplanes sind die Daten und gewisse Erfahrungsregeln. Erstes Datum sind die Bedürfnisse. Die Rangordnung der Bedürfnisse – kollektive (zum Beispiel Verteidigung) oder individuelle (Konsumgüter) – bestimmt die Zentrale selbst. Als Mittel zur Befriedigung der Bedürfnisse muß der Plan drei weitere Bedürfnisse berücksichtigen: die Arbeit, die Natur und die produzierten Produktionsmittel. Die zentrale Leitung kombiniert die Leistungen von Natur und Arbeit aufgrund des bestehenden technischen Wissens (fünftes Datum). Schließlich ist es die rechtliche und soziale Organisation, die in ihrer Existenz und mit ihren Spielregeln ein wirtschaftliches Datum ist.

Sobald die Pläne der Leitung in die Tat umgesetzt werden, zeigt sich mehr oder weniger regelmäßig, daß die Plandaten nicht mit der Wirklichkeit übereinstimmen. Die Leitung kann sich bei der Aufstellung des Planes geirrt haben, die Daten können sich bei der Umsetzung des Planes ändern. Die Zentralleitung wird sich also um eine Anpassung des Planes an die geänderten Verhältnisse bemühen.

Praxis von Planung und Lenkung

Häufig können in der Wirklichkeit vier Stufen der Planung und Lenkung beobachtet werden. Die erste Stufe besteht in der Regel in der Sammlung planungsstatistischer Daten. Der Kaufmann ist in einem solchen System weitgehend verdrängt worden vom Techniker und vom Statistiker. Aus statistischen Unterlagen wird eine *Mengenbilanz* gewonnen, die Aufkommen und Verwendung für die letzte Planperiode gegenüberstellt. Die zweite Stufe besteht in der Planung des Bedarfs, des Aufkommens und des Ausgleichs von Bedarf und Aufkommen. Beim Aufkommen handelt es sich neben der Einfuhr und der Lagerentnahme vor allem um die Produktion. Geplant wird häufig nach dem *Gesetz der Dominanz des Minimumsektors* (ERICH GUTENBERG): Der jeweilige Engpaßfaktor bestimmt die Gesamtplanung. Dritte Stufe sind die konkreten Produktionsanweisungen an die Betriebe: Die Produktion wird nach Mengen und zeitlicher Verteilung, nach Sorte und Art festgelegt. Die Plankontrolle (vierte Phase) verpflichtet die Betriebe, in regelmäßigen Abständen Vorräte und Produktion zu melden. Aufgrund dieser Meldungen vergleichen die Planstellen Soll- und Istzahlen und entscheiden über Anpassungen, Revisionen oder über neue Produktionsanweisungen.

Die Rolle der Preise

Weil die vorhandenen Lenkungsmethoden versagten, ist in zentralverwaltungswirtschaftlichen Systemen oft versucht worden, die Preise als Steuerungsinstrument und Knappheitsmesser einzusetzen. Solche Experimente sind ebenso häufig gescheitert. Die hier festgelegten Preise waren eben keine Marktpreise und demzufolge als Knappheitsmesser und «Rechenmaschine» nicht geeignet. Alle Preise freizugeben scheut sich die zentrale Leitung aus ebenso einfachen wie gewichtigen Gründen. Bei einer allgemeinen Freigabe der Preise würden sich nicht nur neue Preisrelationen einspielen: Unter dem Druck des in der Regel vorhandenen Geldüberhangs würde es zu einer starken Steigerung des gesamten Preisniveaus, also zu offener Geldentwertung kommen, damit zu unabweisbaren Lohnforderungen, zu einer allgemeinen Verteuerung der Investitionen und der Rüstung. Die Bürokratie hätte ein wesentliches Machtinstrument ihrer Herrschaft mit den Preisen an den Markt abgegeben, damit also sich selbst praktisch entmachtet.

Tendenz zu Großbetrieb und Normung

Zentrale Lenkung wird um so einfacher und auch wirkungsvoller, je weniger Befehlsempfänger die Planungsinstanzen zu dirigieren und zu überwachen haben. Allein aus diesem Grund entstehen in kollektivistischen Wirtschaftssystemen vorzugsweise große Unternehmenseinheiten. Sind in eine ehemals freie Verkehrswirtschaft monopolistische Machtgebilde wie Konzerne und Syndikate eingedrungen, dann erleichtert deren Existenz den Übergang zur Zentralverwaltungswirtschaft oder fordert diese geradezu heraus.

Genauso wie Großbetriebe sind Normung, Standardisierung und Typisierung für das System der zentralen Lenkung charakteristisch. Der Bedarf der Konsumenten kann leicht normiert werden. Durch Rationierung und Zuteilung wird der Einfluß der vielen individuellen Wünsche fast völlig ausgeschaltet. Ebenso wie es in der Zentralverwaltungswirtschaft weder ein einzelwirtschaftliches noch ein partielles Gleichgewicht einzelner Märkte geben kann, ist die Vorstellung eines gesamtwirtschaftlichen Gleichgewichts auf diese Ordnungsform der Wirtschaft nicht anwendbar. Die Zentralverwaltungswirtschaft besitzt kein Mittel, eine Proportionalität der Entwicklung sicherzustellen. Ihr fehlt eine Lenkungsmechanik, die eine Bewegung zur gleichgewichtigen Proportionierung aller Produktionsprozesse in Gang setzt (EUCKEN).

Investition, Produktion und Verteilung

Die fehlende Feinabstimmung im Wirtschaftsprozeß wird besonders bei den Investitionen deutlich. Es gibt keine automatischen «Investitionsbremsen», wie sie etwa im Mechanismus der Verkehrswirtschaft wirksam sind. Nicht die Rentabilität entscheidet über ein Investitionsobjekt, nicht die Liquidität der Banken oder die Verfassung des Kapitalmarktes, sondern allein der von den Planungsinstanzen willkürlich für das Funktionieren des Systems unterstellte Nutzen, der zudem nicht selten mit eigenem Prestige- und Machtdenken identisch ist. Eine Grenze findet die Präferenz der Planstellen für einseitige Investitionen erst dort, wo das «Versorgungsminimum» für die Bevölkerung erreicht wird. Das ist jene

Gütermenge, die den Arbeitskräften zugeteilt werden muß, um ihre Arbeitsfähigkeit aufrechtzuerhalten. Auch dienen die Investitionen in einem zentralverwaltungswirtschaftlichen System erfahrungsgemäß nicht dazu, die künftige Konsumgutversorgung der Bevölkerung zu verbessern. Es werden vor allem solche Güter hergestellt, die wiederum für weitere Investitionen eingesetzt werden. Mit dem Primat der Investitionsgüterindustrie ist über die Verteilung in kollektivistischen Systemen praktisch alles gesagt: Sie orientiert sich am «Versorgungsminimum» der Bevölkerung. Nicht der produktive Beitrag des einzelnen entscheidet, sondern die Pläne der Zentralstellen.

Kollektiveigentum

Eine Zentralverwaltungswirtschaft ist nicht notwendig mit Kollektiveigentum verbunden. Beispiele dafür finden sich in der geschichtlichen Wirklichkeit genug, in Deutschland zuletzt die Kriegswirtschaft von 1914 bis 1918 und von 1939 bis 1945. In diesem Fall erhalten die einzelnen Betriebe zwar verbindliche Anweisungen und bestimmte Zuteilungen von der Zentralstelle; sie müssen aber selbst das Risiko tragen. Wird das Kollektiveigentum an den Produktionsmitteln durchgesetzt, ist gleichzeitig sichergestellt, daß die Ordnungsform der Zentralverwaltungswirtschaft reiner verwirklicht wird und die Pläne einzelner Betriebe oder die von Kollektivmonopolen ihren Einfluß verlieren. Die «Herrschaft der Bürokratie» ist jetzt perfekt.

Während im vorindustriellen Zeitalter die Arbeiter häufig von regionalen Nachfragemonopolen um den Wert ihrer Arbeit gebracht worden sind, werden bei einer Politik zentraler Lenkung Nachfragemonopole auf den einzelnen Arbeitsmärkten durch ein universales öffentliches Nachfragemonopol ersetzt: Die Abhängigkeit der Arbeiter steigt. Da Kollektiveigentum am Produktionsapparat ein Instrument der Herrschaft ist, ermöglicht es «wesentlich höhere Grade und schärfere Formen sozialer Ungerechtigkeit als Privateigentum» (ALEXANDER RÜSTOW).

Fazit:

Zwischen zentraler Lenkung des Wirtschaftsprozesses einerseits sowie Erziehung und Propaganda andererseits besteht ein enger Zusammenhang: Die Menschen müssen dauernd davon überzeugt werden, daß es richtig sei, den Planzielen nach Kräften zu dienen und individuelle Pläne fallenzulassen. Entscheidend ist nicht die bestmögliche Versorgung der Menschen, sondern die Erfüllung der Pläne.

1.3 Karl Marx – Vision und Wirklichkeit

«Ein Gespenst geht um in Europa – das Gespenst des Kommunismus.» So beginnt das «Manifest der Kommunistischen Partei», das 1848 von KARL MARX und FRIEDRICH ENGELS für den Bund der Kommunisten verfaßt worden ist. Dieses erste programmatische, theoretisch-praktische Fundament einer kommunistischen Internationale hat KARL MARX (1818 bis 1883) in den folgenden Jahren ausgebaut, die ihm zugrundeliegende Idee zu seinem Lebenswerk gemacht. Heute, nach fast einhundertfünfzig Jahren, die seit der Geburtsstunde der kommunistischen Lehre vergangen sind, ist die Menschheit inzwischen auf über 6 Milliarden Köpfe gewachsen. Davon lebt gut ein Drittel im kommunistischen Machtbereich, allein mehr als eine Milliarde in der Volksrepublik China, rund 280 Millionen in den endlosen Weiten Sowjetrußlands. Wo liegt die Triebfeder dieser Umwälzungen?

Karl Marx' Lebenswerk entstand aus einem zutiefst moralischen Anliegen. Als scharfen Analytiker mit einem bohrenden, kritischen Verstand entsetzten ihn die zum Teil schlimmen sozialen Verhältnisse in der «frühkapitalistischen Zeit». Zeit seines Lebens fühlte er sich als «Anwalt der Entrechteten, der Geknechteten und Ausgebeuteten». Sein unermüdliches Schaffen war darauf gerichtet, sich und der Welt «das Bewegungsgesetz der kapitalistischen Produktion» zu enthüllen. Nach fünfzehn Jahren mühevoller Vor- und

Kleinarbeit, oft unter schwierigen und bedrückenden persönlichen Verhältnissen, erschien 1867 der erste Band seines Werkes «Das Kapital» [28]. Die Bände II und III hat ENGELS nach dem Tode von MARX nach dessen Manuskripten und Aufzeichnungen veröffentlicht. Aber weder diese noch die von KARL KAUTZKY zur Jahrhundertwende posthum herausgegebenen Schriften über den Mehrwert («Kapital IV») reichen an Geistesschärfe und Ausstrahlungskraft an «Das Kapital I» heran. Es ist das eigentliche Vermächtnis dieses von seiner Idee und Aufgabe besessenen Mannes.

Der dialektische und historische Materialismus

Ohne die philosophischen und historischen Grundlagen seines Werkes ist MARX, der außer der nationalökonomischen die gesamte philosophische Literatur seiner Zeit kannte, weder zu lesen noch zu verstehen. Aus der Gesamtschau eines fast schon universalen Wissens hat er versucht, sein ökonomisches System – Dreh- und Angelpunkt, Erklärung für die Ursachen und Zusammenhänge gesellschaftlicher Prozesse – zu entwickeln und zu begründen. Bezeichnend für Marx' Ideenwelt und deren Konstruktion sind der dialektische und der historische Materialismus. Nach dem Gesetz des Zusammenhangs hängen alle Dinge direkt oder indirekt zusammen. Das Gesetz des dialektischen Fortschritts besagt, daß sich alles in der Entwicklung befinde; am Ende stehe das Paradies auf Erden. Dem Menschen seien keine Grenzen, auch nicht durch Erbanlagen, gesetzt; ausschlaggebend sei allein die Erziehung. Nach dem Gesetz der Notwendigkeit kann es in der Geschichte keine Zufälligkeiten geben; nach dem Gesetz der Sprünge schlägt die Entwicklung auf einer bestimmten Stufe von der Quantität in die Qualität um. Nach dem Gesetz des Widerspruchs sind die Widersprüche die treibende Kraft in der Geschichte.

Der «historische Materialismus» gilt bei Marxisten als die Anwendung des dialektischen Materialismus auf die Geschichte. Als Urgrund aller Entwicklung sieht MARX die Produktionsverhältnisse. Diese wandeln sich, geraten zum «Überbau» (Staat, Recht, Verfassung) in Widerspruch, die wachsenden Spannungen lösen den Konflikt aus, ein neuer Überbau entsteht. Im Kapitalismus gibt es nur noch zwei Klassen – Proletarier und Kapitalisten: Der Widerspruch wird hier aufs Extrem gesteigert. Die Theorien von MARX sind in ständiger Auseinandersetzung mit GEORG FRIEDRICH WILHELM HEGEL und den sogenannten Linkshegelianern entstanden. Schon in der «Kritik der politischen Ökonomie» (1859) hat er geschrieben: «Die Produktionsweise des materiellen Lebens bedingt den sozialen, politischen und geistigen Lebensprozeß überhaupt. Es ist nicht das Bewußtsein der Menschen, das ihr Sein, sondern umgekehrt das gesellschaftliche Sein, das ihr Bewußtsein bestimmt.»

Die ökonomische Struktur der Gesellschaft hat MARX als «Basis» bezeichnet, auf der sich der juristische und politische Überbau erhebe. Die bürgerliche Gesellschaft als Gesamtheit der Produktionsverhältnisse entwickle sich nicht stetig, sondern sprunghaft dialektisch: Von Zeit zu Zeit mache sie tiefgreifende Veränderungen durch, die in neuen herrschenden Eigentumsformen zum Ausdruck kämen. Diese «Revolutionen» würden dann notwendig, wenn die entwickelten Produktivkräfte zu den herrschenden Produktionsverhältnissen und den sie ausdrückenden Eigentumsverhältnissen in Konflikt geraten seien. Diese schlügen auf einer bestimmten Stufe der Entwicklung aus «Entwicklungsbedingungen der Produktion» um in «Fesseln» und müßten daher gesprengt werden. Träger dieses Umwälzungsprozesses sei jeweils diejenige Gesellschaftsklasse, die als Exponentin des fortgeschrittensten Hauptzweiges der Produktion am meisten an dieser Veränderung interessiert sei.

«Die Geschichte der bisherigen Gesellschaft ist die Geschichte von Klassenkämpfen.» MARX war davon überzeugt, daß die kapitalistische Produktionsweise «mit der Notwendigkeit eines Naturprozesses» ihre eigene Negation erzeuge. Mit der durch den Konzentrationsprozeß in der Wirtschaft ständig abnehmenden Zahl der «Kapitalmagnaten» wachse nicht nur die «Masse des Elends, des Drucks, der Knechtschaft, der Entartung, der Ausbeutung», sondern auch «die Empörung der stets anschwellenden und durch den Mechanismus des kapitalistischen Produktionsprozesses selbst geschulten, vereinten und organisierten Arbeiterklasse». Das Kapitalmonopol werde zur Fessel der Produktionsweise, die mit und unter ihm aufgeblüht sei. «Die Zentralisation der Produktionsmittel und die Vergesellschaftung der Arbeit erreichen einen Punkt, wo sie unverträglich werden mit ihrer kapitalistischen Hülle. Sie wird gesprengt. Die Stunde des kapitalistischen Privateigentums schlägt. Die Expropriateurs werden expropriiert.»

Was kommt nach dem Kapitalismus?

MARX denkt vor allem an eine gesellschaftliche Formation, die die «Ausbeutung des Menschen durch den Menschen» nicht mehr zulasse. Die proletarische Revolution soll die Kette der gesellschaftlichen Umwälzungen abschließen. Mit der Vergesellschaftung aller Produktionsmittel würden die Klassen und die «Herrschaft des Menschen über den Menschen» beseitigt. Der Staat, Machtmittel in den Händen der herrschenden Klasse, sterbe ab. Mit dem schrittweisen Übergang von der «Diktatur des Proletariats» zur klassenlosen Gesellschaft wäre das marxistische Idealbild vom Staat erreicht. Es gebe keine Privilegien durch Geburt, Stand und Besitz mehr. Jeder hätte den Teil der gesamtwirtschaftlichen Wertschöpfung und den beruflichen Status zu beanspruchen, der ihm aufgrund seiner Leistungen und Fähigkeiten zukäme. «Außer Mehrarbeit für die, die sich Alters wegen noch nicht oder nicht mehr an der Produktion beteiligen können, fiele alle Arbeit fort zum Unterhalt von solchen, die nicht arbeiten.» Mit diesem Schritt wäre die Aufhebung der Klassen vollzogen.

Das ökonomische System und Kritik

Bezeichnend ist, daß jener Mann, den seine Anhänger als den «Begründer des wissenschaftlichen Sozialismus» verehren, eine Lehre vom sozialistischen Staat und seiner Wirtschaftsordnung allenfalls in Ansätzen angedeutet hat. Das Gewicht des Marxschen Werkes liegt in der Analyse des verkehrswirtschaftlichen Systems, der am Wettbewerb orientierten freien Marktwirtschaft, die er als «kapitalistisches System» bezeichnet. Nach MARX handelt es sich dabei um ein zutiefst amoralisches und despotisches System, das durch und von der Ausbeutung des Menschen durch den Menschen existiere, aber auch durch die ihm wesensimmanenten Gesetze zerstört werde.

Die Werttheorie hat Marx im wesentlichen von David Ricardo, einem der Klassiker der Wirtschaftswissenschaft, übernommen. Im Band I des «Kapitals» wird der Wert, der Preis einer Ware, gleichgesetzt mit geronnener Arbeitskraft (Verausgabung von Hirn- und Muskelkraft). Unterschieden wird zwischen einfacher Durchschnittsarbeit und komplizierter Arbeit («multiplizierte einfache Arbeit»). Bemessungskriterium für den Wert einer Ware ist nach Marx «die im Durchschnitt notwendige oder gesellschaftlich notwendige Arbeitszeit». Darunter versteht er die erforderliche Arbeitszeit, «um irgendeinen Gebrauchswert mit den vorhandenen gesellschaftlich-normalen Produktionsbedingungen und dem Durchschnittsgrad von Geschick und Intensität der Arbeit herzustellen».

Marx definiert den Wert der Arbeitskraft wie den jeder anderen Ware. Er werde bestimmt «durch die zur Produktion, also auch Reproduktion dieses spezifischen Artikels notwendige Arbeitszeit» und löst sich letztlich auf in den «Wert einer bestimmten Summe von Lebensmitteln», dessen Minimalgrenze der «Wert der physisch unentbehrlichen Lebensmittel» darstelle.

Die Mehrwert-Theorie

Die entscheidende Frage von Band I ist: Wo kommt der Gewinn, der Profit des Kapitalisten, her? Nach Annahme von Marx erwirtschaftet ausschließlich das in Lohnarbeit investierte «variable» Kapital einen Überschuß: «Zur Verwandlung von Geld in Kapital muß der Geldbesitzer ... den freien Arbeiter auf dem Warenmarkt vorfinden ...». Der Mehrwert entspringe nicht aus jenen Arbeitskräften, die der Unternehmer durch die Maschine ersetze, sondern umgekehrt aus Arbeitskräften, die er an ihr beschäftige. In der Hälfte seiner Arbeitszeit («notwendige Arbeitszeit») reproduziere der Arbeiter das Äquivalent für seinen Lohn; die Leistung der zweiten Hälfte des Arbeitstages eigne sich der Unternehmer an. Diese «Surplusarbeit» bringe den Mehrwert, der in Unternehmergewinn, Zins und Grundrente zerfalle.

Voraussetzung für die Verwertung des im kapitalistischen Produktionsprozeß erpreßten Mehrwerts ist nach Marx die sogenannte ursprüngliche Akkumulation, «die Expropriation des ländlichen Produzenten, des Bauern von Grund und Boden», gewesen: «Das selbst erarbeitete Privateigentum (wurde) verdrängt durch das kapitalistische Privateigentum ...». Nun erst ist der Weg frei für die eigentliche kapitalistische Akkumulation. Darunter versteht Marx «die Anwendung von Mehrwert als Kapital oder Rückverwandlung von Mehrwert in Kapital ...», das heißt, auf Ausbeutung fremder Arbeit beruhender Profit wird wieder für diesen Zweck eingesetzt. Dennoch vollzieht sich diese Akkumulation, und hier glaubte Marx, einen der Widersprüche des kapitalistischen Systems entdeckt zu haben, «in beständiger Zunahme seines konstanten auf Kosten seines variablen Bestandteils». Als Ursache nennt er die Entwicklung der Produktivität; er leitet daraus das «Gesetz des tendenziellen Falls der Profitrate» ab. Marx sagt jedoch, daß der Fall dieser Profitrate parallellaufe mit der «Zunahme der Profitmasse».

Begleitet und unterstützt wird diese Akkumulation durch einen umfassenden Konzentrations- und Zentralisationsprozeß, als deren mächtigste Hebel Marx die Konkurrenz und das Kreditwesen bezeichnet. Bei der Zentralisation geht es um die «Verwandlung vieler kleinerer in wenige größere Kapitale», um die «Expropriation vieler Kapitalisten durch wenige».

Die Zirkulation des Kapitals

Die im Produktionsprozeß hergestellten Waren und Güter enthalten im Marxschen System zwar bereits den auf Ausbeutung fremder Arbeit beruhenden Mehrwert; jedoch muß dieser über den Zirkulationsprozeß, an dessen Ende der Warenverkauf steht, erst in Geld verwandelt werden. Dieser Erlös wird dann wieder investiert. Neben der Beschreibung eines einfachen Warenkreislaufs (Geld-Ware-Geld plus Mehrwert) versuchte sich Marx bereits an einem gesamtwirtschaftlichen Kreislaufmodell. Das gesellschaftliche Produkt – gemeint ist das Bruttosozialprodukt – wird hier in zwei Abteilungen erzeugt, in der Produktionsmittelabteilung I, in der die Investitionsgüter hergestellt werden, und in der Konsumtionsgüterabteilung II (notwendige Konsumgüter und Luxusgüter). In jeder Abteilung zerfällt das Kapital in die Summe der Arbeitslöhne (v) und in die Summe der Produktionsmittel (c).

Den zwei Produktionsabteilungen (I und II) stellt MARX zwei Gruppen von Einkommensempfängern gegenüber: Arbeiter und Kapitalisten. Es sind in seinem System also vier Wirtschaftsgruppen vorhanden; es entsteht ein vierpoliger Kreislauf. Während in der stationären Analyse Arbeiter und Kapitalisten ihre gesamten Einkommen konsumieren, investieren im Kreislaufmodell der wachsenden Wirtschaft die Kapitalisten – erzwungen durch das System der Konkurrenz – die Hälfte des Mehrwerts. Die Arbeiter sind aufgrund des niedrigen Lohnniveaus zu einer Ersparnisbildung nicht fähig (extreme klassische Sparfunktion). So entsteht ein fünfpoliger Kreislauf mit dem neuen Pol «Vermögensbildung» (Investitionen).

Marx' Konjunkturdeutung

«Die widerspruchsvolle Bewegung der kapitalistischen Gesellschaft macht sich ... am schlagensten fühlbar in den Wechselfällen des periodischen Zyklus, den die moderne Industrie durchläuft, und deren Gipfelpunkt, die allgemeine Krise.» ... «Der zehnjährige Zyklus von Stagnation, Prosperität, Überproduktion und Krise» beruhe «auf der beständigen Bildung einer ... industriellen Reservearmee oder Übervölkerung. Ihrerseits rekrutieren die Wechselfälle des industriellen Zyklus die Übervölkerung.» Zum Teil schreibt MARX die von ihm beobachteten Erscheinungen auch der vermeintlichen Planlosigkeit des Systems zu: «In der kapitalistischen Produktion werden ... viele Mittel verschwendet ..., weil nichts nach gesellschaftlichem Plan geschieht ...».

Marx' Theorien sind weder wertfrei noch mit objektiv nachprüfbaren Methoden gewonnen worden. Die Vertreter der bürgerlichen Wissenschaft verachtete und verspottete er als Ignoranten und Handlanger des allmächtigen Kapitals: «Die Vulgärökonomie tut in der Tat nichts als die Vorstellungen der in den bürgerlichen Produktionsverhältnissen befangenen Agenten dieser Produktion doktrinär zu verdolmetschen, zu systematisieren und zu apologetisieren.»

Fazit:

Die moderne (westliche) Wirtschaftswissenschaft ist sich heute weitgehend darüber einig, daß Marx' Thesen als ökonomisches System – vor allem wegen der zahlreichen willkürlichen Annahmen und Behauptungen sowie wegen entscheidender Prognosefehler – nicht haltbar sind. Ein erster Einwand muß anführen, daß er die teilweise unwürdigen sozialen Verhältnisse im England seiner Zeit recht willkürlich verallgemeinerte und dadurch zu in der Regel wissenschaftlich nicht haltbaren Ergebnissen kommen mußte. Die im Zentrum seines Theoriengebäudes stehende Ausbeutungs-(Mehrwert)Theorie ist eine unbeweisbare Fiktion. Schon EUGEN BÖHM-BAWERK hat darauf hingewiesen, daß die Annahme falsch sei, der Gewinn (bei MARX: «Profit») sei von der Lohnintensität, also von der Zahl der Arbeiter, abhängig, eher sei das Gegenteil richtig. Unternehmerleistung, Kapital und Boden werden bei MARX als originäre Produktionsfaktoren nicht anerkannt.

Die Mehrwerttheorie funktioniert – wenn überhaupt – nur im Modell der vollständigen Konkurrenz. Selbst unter dieser restriktiven Voraussetzung müßte unterstellt werden, Arbeit sei der einzige Produktionsfaktor, alle Arbeit sei von der gleichen Art. Wenn MARX mit seiner geronnenen Arbeitskraft als Maß der Werte recht hätte, dann müßte Arbeitskraft meßbar sein. Der von ihm verwandte Terminus der «notwendigen Arbeitszeit» ist nicht mehr als ein Gummibegriff. Die Verelendungs-, Krisen- und Zusammenbruchstheorie haben sich als falsch erwiesen. IRING FETSCHER [9] bezeichnet es als eine utopische Hoffnung, mit dem Privateigentum an Produktionsmitteln werde die Herrschaft des Menschen über den Menschen beseitigt. Den historischen Materialismus nennt FETSCHER eine «wissenschaftlich eingekleidete Hoffnungsphilosophie».

Terminologie und Definitionen bleiben bei MARX über weite Strecken polemisch und verschwommen. So sind «Sozialismus» und «Kapitalismus» Begriffe, die eine eindeutige ordnungspolitische Abgrenzung nicht erlauben. In einem entscheidenden Punkt hat MARX offenbar recht gehabt: Er hat nicht nur das Aufkommen der großen Unternehmungen (Konzentration) vorausgesehen, er hat auch gesagt, daß diese Entwicklung zur Zerstörung der bürgerlichen Produktionsverhältnisse beitrage. In diesen Thesen liegt ein nützlicher ordnungspolitischer Hinweis, der jedoch vor allem dahin zu ergänzen ist, daß die von MARX geschilderte Entwicklung alles andere als zwangsläufig ist.

Kapitel 2

ALLGEMEINE WIRTSCHAFTSTHEORIE

2.1 Marktformen

Die Marktformenlehre untersucht die Angebots- und Nachfragebeziehungen nach möglichen Arten gegenseitiger Abhängigkeit. Dogmengeschichtlich gibt es eine – recht grobe – Unterscheidung zwischen Monopol- und Wettbewerbssituation. Die klassische Nationalökonomie zum Beispiel umschrieb das Monopol mit all jenen Marktsituationen, bei denen das Angebot unter anderem durch öffentliche Privilegierung, durch private Abreden künstlichen Restriktionen unterliege und so ein unter das Kostenniveau sinkender Preis verhindert werde. Auf dem Wege zum heutigen Stand der Forschung verdienen herausgehoben zu werden vor allem die Arbeiten von Antoine Augustin Cournot, William Stanley Jevons, Francis Y. Edgeworth, Carl Menger, Eugen von Böhm-Bawerk, Piero Sraffa, Joan Robinson, Edward H. Chamberlin, Heinrich von Stackelberg, Robert Triffin, Walter Eucken, Fritz Machlup, Ragnar Frisch und Erich Schneider.

Als eine der elegantesten Lösungen wird häufig die mathematische Darstellung von Cournot (1801 bis 1871) bezeichnet. Ausgehend vom Monopol, hatte Cournot durch Einfügung eines oder mehrerer Konkurrenten das Dyopol, Oligopol und schließlich als Grenzfall die vollständige Konkurrenz abgeleitet. Großen Eindruck hatte seinerzeit auch die Veröffentlichung von Stackelbergs «Marktform und Gleichgewicht» (1934) hinterlassen. Als Kriterien für die Bestimmung der Angebots- und Nachfrageseite, die in ihrer Zusammenfassung die Marktform bilden, verwandte von Stackelberg Anzahl und Größe, den relativen Marktanteil der Marktteilnehmer. Je nachdem, ob viele/wenige, kleinere/größere

Marktteilnehmer kombiniert wurden, sind daraus entweder mehr der Konkurrenz oder mehr dem Monopol zuneigende Marktformen abgeleitet worden (siehe auch Tabelle 2.1). Haben zum Beispiel viele Anbieter vielen Nachfragern gegenübergestanden, so hat VON STACKELBERG diese Marktform «vollständige Konkurrenz» genannt. Wenige Anbieter und viele Nachfrager ergaben das «Angebots-Oligopol». Stand ein Anbieter vielen Nachfragern gegenüber, so ergab sich das «Angebots-Monopol».

Die Verhaltensweisen

In der Folgezeit hat sich dann zunehmend die Erkenntnis verbreitet, daß es wesentlich die Aktionen und Erwartungen der handelnden Wirtschaftssubjekte sind, die die spezifischen Marktformen prägen. So hat zum Beispiel EUCKEN herausgearbeitet, daß nur die Analyse der Wirtschaftspläne der Marktteilnehmer die Grundlage für die Gewinnung der Marktformen sein könne. Schon vorher hatte RAGNAR FRISCH und später vor allem ERICH SCHNEIDER [36, 37] die Verhaltensweisen der Wirtschaftssubjekte zur Grundlage der Markttypologie erhoben: Das Marktverhalten lasse sich nicht zwingend auf eine objektive, an Güterart, Zahl der Marktbeteiligten und geografisches Gebiet anknüpfende Morphologie der Angebots-Nachfrage-Konstellationen zurückführen.

Das Monopol

Wörtlich übersetzt – aus dem Griechischen – bedeutet Monopol «Alleinverkauf». Daran knüpft auch die von Stackelbergsche Morphologie an, wonach zum Beispiel ein Anbieter und viele Nachfrager das «Nachfragemonopol» ergeben, ein Anbieter und ein Nachfrager das «zweiseitige Monopol». EUCKEN spricht von einem Monopol dann, wenn ein Marktteilnehmer nur die auf sein Verhalten hin erwarteten Reaktionen der Marktgegenseite als Planungsproblem beachtet. SCHNEIDER kennzeichnet eine Monopolstellung damit, daß sich ein Wirtschaftssubjekt in seinen Dispositionen nur von seinen eigenen Aktionsparametern, nicht auch von denen anderer Wirtschaftseinheiten der gleichen Marktseite abhängig fühlt.

Als «vollkommenes Monopol» wird in der Theorie jene Marktform bezeichnet, in der der Gewinn am höchsten ist, wenn die Grenzkosten der erzeugten (verkauften) Menge gleich dem Grenzerlös sind (FRITZ MACHLUP). Bei einem unvollkommenen Monopol wird unterstellt, daß die Aktionsfreiheit des Monopolisten beschränkt ist; Preis- und Absatzpolitik werden von Verboten, Folgeandrohungen oder Befürchtungen verschiedener Art mitbestimmt. Ein Teilmonopol liegt vor, wenn sich ein Großer und mehrere Kleine den Markt teilen: Die Kleinen akzeptieren für sich den Verkaufspreis des Großen und rechnen damit, zum festgesetzten Preis jede Menge, die sie auf den Markt bringen, absetzen zu können. Bei einem Arbeitsmonopol liegt zum Beispiel eine künstliche Verknappung des Arbeitsangebots vor. GOETZ BRIEFS spricht von der Gewerkschaft «als Preiskartell» mit der Tendenz zur Angebotskontingentierung und Konditionen-Normierung. Die Folgen der Monopolmacht zeigen sich vor allem in höheren Preisen, Kosten und Gewinnen, und zwar im Vergleich zu jenen bei nichtbestehender oder nichtgenutzter Monopolmacht.

Entstehung und Nachweis

Monopole sind in der Geschichte zum Beispiel durch staatliche Privilegierung (Verleihung von Alleinrechten durch den König) entstanden. Der Staat selbst hat sich für den Vertrieb von bestimmten Waren in zahlreichen Ländern bis heute ein Monopol vorbehalten, zum Beispiel für Salz, Alkohol, Zündwaren, Tabak. In der jüngeren Wirtschaftsgeschichte sind vor allem die internationalen Rohstoffkartelle, unter anderem das der OPEC für das Öl, mit entsprechenden monopolistischen Praktiken hervorgetreten. Die Entstehung von Monopolen wird ferner begünstigt durch Kartellierung, Erfindungspatente, Schutzzölle und Einfuhrverbote.

Aller scheinbaren Evidenz zum Trotz hat sich – in der Bundesrepublik – der Nachweis von Monopolmacht bisher in den meisten konkreten Fällen als recht schwierig erwiesen. So versuchen zum

Beispiel die Kartellbehörden, den «relevanten Markt» einzelner Unternehmen für ein bestimmtes Produkt an der Gesamterzeugung zu bestimmen. Ferner werden untersucht der Wettbewerb durch Substitutionsprodukte, der Zutritt zum Markt, der Wettbewerb vom Ausland her, die Preiselastizität der Nachfrage.

Das Oligopol

Nach der Definition von Machlup entspreche dem Oligopol die Marktstellung eines Verkäufers, der mit wenigen Konkurrenten im Wettbewerb stehe und entweder nach Absprache oder ohne jedes Einvernehmen in seiner Verkaufspolitik auf etwaige Reaktionen dieser Konkurrenten Rücksicht nehme. Nach Chamberlin liegt ein Oligopol vor, wenn die Zahl der Anbieter nicht ausreichend groß sei und demzufolge der einzelne Anbieter den gemeinsamen Marktpreis durch seine Angebotspolitik maßgeblich beeinflussen könne.

Bei Eucken rechnet die Einzelwirtschaft im Oligopolfall in ihren Wirtschaftsplänen mit den voraussichtlichen Reaktionen der Marktgegenseite und Wettbewerber: Ein Marktteilnehmer betrachtet die auf sein Verhalten hin erwarteten Reaktionen der Marktgegenseite und gleichzeitig die Reaktion von Konkurrenten als Planungsproblem. Ein Teiloligopol liegt nach Eucken vor, wenn ein Marktteilnehmer sowohl mit den Reaktionen der Marktgegenseite als auch mit den von mehreren Konkurrenten rechne. Ferner nimmt er an, daß weitere Konkurrenten den Marktpreis als Datum hinnehmen. Je nach Marktzutritt oder Marktsperre ergebe sich ein offenes oder geschlossenes Oligopol.

Nach der «Konjekturalhypothese» Erich Schneiders hat der Oligopolist, wenn auch vage und unsichere, so doch gewisse Vorstellungen über die wahrscheinlichen Reaktionsmöglichkeiten der Konkurrenten. Demgegenüber ist der Oligopolist nach der Spieltheorie (John von Neumann, Oskar Morgenstern) auf alle möglichen Gegenzüge vorbereitet und wählt von allen zur Verfügung stehenden Strategien jene mit dem «günstigsten aller schlimmsten Ergebnisse» (Maximin). Das Verhalten im Oligopol ist zumeist wirtschaftsfriedlich. Der Grund dafür ist, daß alle Marktteilnehmer damit rechnen, nach einer erwarteten Gegenreaktion – zum Beispiel auf eine Preissenkung – schlechter zu stehen, wie sie vor der eigenen Aktion gestanden haben. Die Konkurrenz im Oligopol beschränkt sich daher zumeist auf den Qualitätswettbewerb, auf die Werbung, auf zusätzlichen Kundendienst, Zugaben und Gratisleistungen. An den Preisen, die meist um so höher über dem Konkurrenzpreis liegen, je mehr Barrieren den Marktzutritt verbauen, wird nach Möglichkeit wenig geändert. Ein solches Oligopol «im Frieden» kann jedoch dann in vehementen Kampf umschlagen, wenn ein Marktteilnehmer glaubt, sich eine monopolähnliche Marktstellung verschaffen zu können. Der Preiskampf ist in der Regel eine Angelegenheit zwischen drei oder zwei Konkurrenten, von denen jeder mit der Kapitulation des Gegners rechnet.

Die vollständige Konkurrenz

Gebräuchliche Synonyme für diese Marktform sind auch *atomistische Konkurrenz* oder *Polypol.* Aber erst seit RAGNAR FRISCH (1933), schreibt MACHLUP, sei der Wortsinn von «Polypol» eindeutig: Eine Ware wird von so vielen Verkäufern angeboten, daß der Anteil des einzelnen Anbieters am Gesamtabsatz zu gering ist, um den Absatz der anderen merklich zu beeinflussen. Da die Konkurrenten die Auswirkungen von Handlungen einzelner Wettbewerber nicht spüren, brauchen diese auch nicht mit Reaktionen zu rechnen. Jeder Anbieter nimmt den Preis als gegeben an; zu diesem Preis kann er jede beliebige Menge absetzen.

Bei EUCKEN nehmen die Marktteilnehmer in ihren Wirtschaftsplänen den Preis als Datum; sie rechnen nicht mit Reaktionen der Konkurrenten. CHAMBERLIN fordert für reine Konkurrenz (pure competition) zwei Voraussetzungen: 1. eine so große Zahl von Anbietern, daß keiner allein oder im Zusammenwirken mit anderen in der Lage ist, einen fühlbaren Einfluß auf den Preis auszuüben, 2. wirtschaftliche Homogenität der angebotenen Güter. Entfalle die Homogenität, so entstünden Märkte mit Produktdifferenzierung (*monopolistische Konkurrenz*): Jeder Anbieter besitze hier eine Monopollage, die jedoch dem Wettbewerb durch Substitute ausgesetzt sei.

Von ERICH SCHNEIDER stammt die Unterscheidung in vollkommene oder homogene Konkurrenz auf der einen Seite und unvollkommene oder heterogene Konkurrenz auf der anderen Seite. Bei vollkommener Konkurrenz verliert Anbieter 2 dann sämtliche Kunden, wenn Anbieter 1 den Preis senke, Anbieter 2 aber den alten Preis behalte. Bei unvollkommener Konkurrenz wandern in diesem Modell nicht alle Kunden von 2 zu 1 ab, weil die von beiden Anbietern angebotenen Güter – im Urteil der Käufer – nicht identisch sind.

Fazit:

Alles in allem ist es zwar – mathematisch – möglich, die Konkurrenz als einen Spezialfall des Monopols abzuleiten. In der wirtschaftlichen Wirklichkeit sind jedoch beide Marktformen etwas von Grund auf Verschiedenes. Ob in den Wirtschaftsplänen von Anbietern und Nachfragern mit Reaktionen der Konkurrenz und Marktgegenseite gerechnet wird oder nicht, ist zentrales Kriterium für Freiheit oder Unfreiheit der Märkte.

2.2 Konjunktur – Die «wirtschaftlichen Wechsellagen»

Sieben fette und sieben magere Jahre» – seit biblischen Zeiten existiert das Prinzip der wirtschaftlichen Wechsellagen. Wegen des ungewöhnlich kräftigen und anhaltenden Wachstums in der ersten Nachkriegszeit ist bis zur Mitte der sechziger Jahre zuweilen die Ansicht vertreten worden, eine Konjunkturbewegung gebe es nicht mehr.

Zyklische Schwankungen

Konjunktur – das ist zunächst einmal Bewegung, kein Zustand. In einer Hamburger Dissertation [48] wird Konjunktur definiert als «zyklische Schwankungen der gesamtwirtschaftlichen Produktion mit einer Gesamtdauer von mindestens drei, höchstens zwölf Jahren». Als Maßstab der Schwankungen ist hier die (industrielle) Produktion gewählt worden; in neuerer Zeit wird ebenso häufig die gesamtwirtschaftliche Kapazitätsauslastung zur Messung herangezogen.

Um welche Bezugsgröße schwankt die Produktion? Sie schwankt um ihren eigenen Trend, der Maßstab für das langfristige Wachstum ist. Konjunktur ist also Abweichung vom Trend; es sind mittelfristige Schwingungen um den langfristigen Wachstumspfad. Werden die Jahreszahlen einer Produktionsreihe in ein Koordinatensystem eingetragen, sind Höhepunkte und Tiefpunkte der wirtschaftlichen Entwicklung ablesbar. Für eine genauere Analyse müssen indessen Konjunktur und Trend präzise getrennt werden; dazu wird man sich am besten auf saisonbereinigte Vierteljahreszahlen stützen. Relativ komplizierte Korrelationsrechnungen – die Zeit wird mit den Produktionszahlen «korreliert» – ergeben dann, ob es sich um ein lineares (zeitproportionales), logarithmisches (überproportionales) oder sogar stark progressives Wachstum handelt. Im ersteren Fall ergeben sich im Zeitablauf fallende prozentuale Wachstumsraten bei gleichbleibenden absoluten Zuwächsen, im zweiten Fall konstante Wachstumsraten bei steigenden absoluten Zuwächsen, im dritten – in der Praxis sehr seltenen – Fall steigende prozentuale Zuwachsraten.

Kürzer und milder

Wesentliches Ergebnis einer solchen Analyse ist, daß der Konjunkturzyklus – gemessen von Tiefpunkt zu Tiefpunkt – im Vergleich zu der Zeit vor dem Ersten Weltkrieg nach 1945 nicht nur in der Phasenlänge kürzer, sondern in den Ausschlägen – besonders nach unten – auch milder geworden ist. VOMFELDE hat nachgewiesen, daß vor dem Ersten Weltkrieg (nicht nur in Deutschland) überwiegend der klassische Juglar-Zyklus wirksam gewesen ist: Aufschwung und Abschwung haben zusammen durchschnittlich sieben Jahre betragen. In der Nachkriegszeit ist der Zyklus auf eine mittlere Dauer von zunächst vier bis fünf Jahren geschrumpft. Auffallend ist, daß dabei besonders die Aufschwungphase, die vor dem Ersten Weltkrieg doppelt so lang wie die Abstiegsphase gewesen ist, nennenswert kürzer geworden ist. Dadurch ist der Zyklus insgesamt symmetrischer geworden. Die Regel ist heute nicht mehr der absolute Rückgang, sondern eine Verlangsamung des Wachstums im Abschwung.

Ursachen der Schwankungen

Über die Ursachen der konjunkturellen Wellenbewegungen ist sich die Wissenschaft nach wie vor uneins. Als häufigste Ursache für wirtschaftliche Rückschläge wurden vor dem Ersten Weltkrieg zumeist Kriege, Mißernten, Seuchen, später auch Spekulationen (Gründungsfieber) genannt. Mit JOSEF SCHUMPETER lassen sich die Konjunkturtheorien – es gibt davon über zweihundert – einteilen in endogene, monetäre, dynamische und psychologische Erklärungsversuche. Hier sind bereits solche Ansichten ausgeklammert, die die Konjunkturschwankungen aus einer Reihe von – zum Beispiel statistischen – Zufällen erklären (E. SLUTZKY).

EUCKEN und FRIEDRICH A. LUTZ erkennen zwar das Konjunktur-Phänomen an, lehnen es aber aufgrund der individuellen Erscheinung eines jeden Zyklus ab, irgendwelche «Gesetzmäßigkeiten» aus dem Ablauf zu konstruieren. Ihnen am nächsten steht wohl L. ALBERT HAHN, den man bereits der psychologischen Schule zurechnen darf: «... auch die Wirtschaftszyklen sind Kinder der Ungewißheit und des Irrtums ... bezüglich der künftigen Nachfrage.» WALTER ADOLF JÖHR betont die Bedeutung der «Labilität» der Wirtschaftssubjekte, ihrer Stimmungen und Erwartungen für die wirtschaftliche Entwicklung. Die Eigenbewegung des konjunkturellen Ablaufs beschreibt JÖHR [21] unter anderem mit dem Auftreten zahlreicher kumulativer Prozesse – Bewegungen, die offenbar miteinander zusammenhängen und in der Lage sind, den Prozeß aus sich selbst heraus zu verstärken (vergleiche hierzu auch Abschnitt 2.3), zu beschleunigen oder zu verlangsamen.

Tendenzen zur Selbstverstärkung ergeben sich zum Beispiel daraus, daß ein Produktionsrückgang Arbeitslosigkeit verursachen kann. Diese wiederum bedingt Nachfrageausfall, die einen weiteren Rückgang der Produktion hervorruft usw. In der erwähnten Dissertation schreibt VOMFELDE, daß Aufschwung und Abschwung sich wechselweise bedingen: «Der kumulative Prozeß selbst bringt mit der Zeit die Kräfte hervor, die ihn erst verlangsamen, dann beenden und schließlich die Richtungsänderung herbeiführen.» Danach ist Konjunktur eine echte Wellenbewegung, in der der Aufschwung den Abstieg hervorbringt und umgekehrt.

Schaukelstuhl und Oszillationsmodell

Nach RAGNAR FRISCH werden die konjunkturellen Schwankungen durch unregelmäßige äußere Anstöße ausgelöst, die aber durch die Struktur der Wirtschaft in regelmäßige Schwingungen umgesetzt werden. Diese Theorie entspricht dem berühmten Schaukelstuhl-Beispiel von HABERLER. Auch bei HICKS genügt ein einmaliger Anstoß von außen: Er erklärt den Konjunkturprozeß mit der wechselseitigen Abhängigkeit von Konsum- und Investitionsentwicklung (Akzelerator und Multiplikator). Bei HICKS sind die Schwankungen gedämpft durch Ober- und Untergrenzen; die Schwingungen erhalten sich aus sich selbst heraus.

Geldmenge, Innovation, Unterkonsumtion

Bekanntester Vertreter einer rein monetären Konjunkturtheorie ist in der neueren Zeit der Amerikaner MILTON FRIEDMAN geworden, dessen Anhänger und Lehren sich mit dem Begriff «Chicago School» beschreiben lassen (siehe Abschnitt 3.2); hier sind die Veränderungen der Geldmenge der entscheidende Faktor. Demgegenüber sind für JOSEF SCHUMPETER (dynamische Konjunkturtheorie) der technische Fortschritt, die Innovationen, Erfindungen entscheidend. KARL MARX und JOHN MAYNARD KEYNES (endogene Konjunkturtheorien) waren der Auffassung, daß Krisen im System begründet seien: Unterkonsumtion führe zur Depression. Von den exogenen Erklärungsversuchen ist zweifellos der von WILLIAM STANLEY JEVONS (zweite Hälfte des 19. Jahrhunderts), weniger wegen seines Wirklichkeitsbezuges, sondern vor allem wegen seiner Originalität, einer der interessantesten. Wegen der seinerzeit relativ langen Konjunkturzyklen (bis zu 12 Jahren und darüber hinaus) glaubte JEVONS, den Konjunkturzyklus mit dem zehnjährigen Zyklus der Sonnenfleckentätigkeit in Verbindung bringen zu können: Die Sonnenfleckentätigkeit beeinflusse die Witterung auf der Erde und damit die Ernte.

Ursachen der kürzeren Zyklen

Allgemein läßt sich feststellen, daß für Länder mit einem relativ hohen wirtschaftlichen Reifegrad vergleichsweise kurze, für Länder mit niedrigem Entwicklungsstand dagegen längere Konjunkturzyklen charakteristisch sind. Der Reifegrad einer Volkswirtschaft wird maßgeblich von der wachsenden Industrialisierung geprägt. Der Konjunkturzyklus ist daher dort am längsten, wo der Anteil der Landwirtschaft an der wirtschaftlichen Wertschöpfung noch relativ hoch ist. Einen großen Einfluß auf die Phasenlänge hat ferner die Konstruktionsdauer der Investitionsgüter; sie ist heute beträchtlich kürzer als im 19. Jahrhundert. Zur Verkürzung haben auch die Reinvestitions- und Lagerzyklen, obwohl beides für sich nichtkonjunkturelle Bewegungen, beigetragen. Nicht zuletzt hat die Konjunkturpolitik die Zyklen verkürzt: Sie war vor dem Ersten

Weltkrieg praktisch ohne Bedeutung; heute wird durch ihr Instrumentarium (Finanz- und Geldpolitik) bereits der Aufschwung gedämpft, um Übersteigerungen zu vermeiden. Auch das wachsende Konjunkturbewußtsein der Unternehmer (Erwartungen führen zum Umschwung) kann den Konjunkturzyklus verkürzen. Ein starker Anstieg der Lohnkosten kann die Gewinnerwartungen der Unternehmer so beeinträchtigen, daß die Phasenlänge des Zyklus kürzer wird.

Intensität der Schwankungen

Nicht nur die Phasenlänge, sondern auch die Intensität der Schwankungen wird heute durch die Konjunkturpolitik, durch das Konjunkturbewußtsein der Unternehmer sowie durch die veränderte Struktur der Wirtschaft gemildert. Erfahrungstatsache ist, daß die Unternehmer langfristige Investitionspläne zumindest in milden Abstiegsphasen nicht aufgeben, sondern vielmehr durchhalten. Ferner reagieren heute die Einkommen längst nicht mehr so stark auf die Schwankungen der Produktion. Das bedeutet, daß die Selbstverstärkungskräfte im Konjunkturabschwung erheblich geringer geworden sind als früher.

Stabilisierend wirkt außerdem der hohe Anteil des Staates am Bruttosozialprodukt: Der Staat gibt längerfristige Projekte auch in Zeiten konjunktureller Abschwächung nicht auf; er kann mit seinem konjunkturpolitischen Instrumentarium rechtzeitig gegensteuern. Gestiegene Sozialeinkommen und eine relativ hohe Arbeitslosenunterstützung sorgen dafür, daß der konjunkturelle Abschwung nicht zu scharf ausfallen kann. Die gleiche Wirkung hat der allgemein gestiegene Wohlstand: Vermögen und relativ hohe Sparkonten mindern die Konjunkturanfälligkeit des privaten Verbrauchs. Wegen der von den Aktiengesellschaften betriebenen Politik der Dividendenstabilisierung wird ein Teil der Kapitaleinkommen von einem Konjunkturrückgang praktisch nicht betroffen. Der Einfluß exogener Faktoren (Kriege, Mißernten, Seuchen) hat stark abgenommen. Natürlich gibt es auf der anderen Seite auch intensitätsverstärkende Einflüsse. Dazu gehört zum Beispiel die Zunahme der privaten Verschuldung, die bei einem Beschäftigungseinbruch zu Liquiditätsschwierigkeiten bei den Gläubigern – mit Auswirkungen auf die Lieferanten – führen kann. Ferner ist zu nennen die geringere Preisflexibilität.

Da die Preisentwicklung im Abschwung weniger an der Nachfrage als an den Kosten, die Löhne aber in der Regel an der Preisentwicklung der Vergangenheit orientiert sind, ergibt das bei schwächerem Produktivitätswachstum eine erheblich verzögerte Preisreaktion; zudem ist das Ausmaß der Reaktion zunehmend geringer geworden. Als eine Folge hat sich der Preisauftrieb von Konjunkturzyklus zu Zyklus verstärkt. In der Bundesrepublik und anderen Industrieländern konnte diese Tendenz etwa von der zweiten Hälfte der achtziger Jahre an zumindest vorübergehend unterbrochen werden.

Fazit:

Konjunktur – das sind mittelfristige Schwingungen der wirtschaftlichen Aktivität um den langfristigen Wachstumspfad (Trend). Im Vergleich zu der Zeit vor dem Ersten Weltkrieg sind diese Schwankungen nicht nur kürzer, sondern auch milder geworden. Dazu hat nicht zuletzt die staatliche Konjunkturpolitik (antizyklische Geld- und Finanzpolitik) beigetragen.

2.3 Multiplikator und Akzelerator – Konjunkturelle Selbstverstärkung

Von Zeit zu Zeit werden in der Öffentlichkeit «Vollbeschäftigungs-Modelle» mit einem bestechenden theoretischen Hintergrund vorgelegt. Komplizierte Input-Output-Rechnungen mit einer gesamtwirtschaftlichen Verflechtungsmatrix weisen angeblich nach, daß die anhaltend hohe Arbeitslosigkeit dann entscheidend abgebaut werden könne, wenn der Staat nur ein hinreichend großes Hilfsprogramm mit zusätzlichen Ausgaben beschließe. Die Wirkungen dieser Ausgaben, heißt es, würden über die «bekannten Multiplikator- und Akzeleratoreffekte» in der Regel um ein Vielfaches des ursprünglichen Betrages so verstärkt, daß sich der gewünschte Erfolg gleichsam «wie von selbst» einstelle.

Sowohl Multiplikator als auch Akzelerator sind in der ökonomischen Theorie bereits um die Jahrhundertwende beschrieben worden. Erste ausführlichere Darstellungen sind mit den Namen vor allem von Nicholas August Johannsen («Die Steuer der Zukunft»), Thomas N. Carver, Albert Aftalion und John Maurice Clark verbunden. John Maynard Keynes, der 1936 unter dem Eindruck der Weltwirtschaftskrise seine «General Theory of Employment, Interest and Money» veröffentlichte, hat dort das Multiplikator-Prinzip zur Grundlage seiner expansiven Beschäftigungstheorie gemacht.

Vereinfacht ausgedrückt, werden über den Multiplikator die Einkommenswirkungen einer zusätzlichen Ausgabe verstärkt und vervielfacht; der Akzelerator erzeugt über den daraus vermehrten Konsum (Absatz) neue Investitionen. Nach dem Multiplikator-Prinzip fließt der von einem zusätzlichen Einkommen nicht gesparte Betrag über den Konsum wieder in die Wirtschaft zurück und regt so abermals Produktion und Beschäftigung an. Auch von diesem neu geschaffenen Einkommen wird wiederum ein (geringerer) Teil gespart, der Rest abermals ausgegeben. Dieser Prozeß setzt sich in der Theorie so lange fort, bis das zusätzliche Einkommen irgendwann freiwillig gespart, für Einfuhrgüter ausgegeben oder an den Staat abgeführt wird.

Als wichtigster Prozeßverstärker gilt in der Theorie der Investitions-Multiplikator. Ähnliche Wirkungen werden auch Export-, Import-, Staatsausgaben- und Steuer-Multiplikator zugeschrieben; ferner ist die Rede von Beschäftigungs-, Preis- und Konsum-Multiplikatoren. Für die Stärke einer zusätzlichen Ausgabe ist in der Theorie die Höhe der Ersparnis entscheidend: Jener Teil des zusätzlichen Einkommens, der gespart wird, «versickert», fällt mithin für die weitere Anregung aus. Je kleiner diese marginale Sparquote ist, desto größer ist daher der Multiplikator, ihr Kehrwert. Danach könnte eine ursprüngliche zusätzliche Staatsausgabe von zum Beispiel 10 Milliarden DM das Volkseinkommen um 20, 30 oder gar 40 Milliarden DM erhöhen.

Nach dem Akzelerations-Prinzip regen über zusätzliche Ausgaben erhöhte Einkommen – durch eine verstärkte Konsumgüternachfrage – die Investitionen der Unternehmen an. Es wird angenommen, daß diese ihren Bestand an Maschinen und Gebäuden (den Kapitalstock) sowie die Läger den Veränderungen des Konsums, also des Absatzes, anzupassen wünschen. Diese Verbindung von Multiplikator und Akzelerator, zum erstenmal in den dreißiger Jahren von Paul A. Samuelson [35] beschrieben, die im übrigen auch den Interpretationen der Wachstumstheorien von Harrod und Domar zugrunde liegt, fasziniert auch heute noch viele Theoretiker und so manchen theoriebezogenen Praktiker gleichermaßen.

Fazit:

Warum hat die Bundesregierung gezögert, die theoretisch untermauerten und bis ins einzelne durchgerechneten Vorschläge aufzugreifen, zumal wenn damit – wie behauptet wird – Vollbeschäftigung und soziale Stabilität erreicht werden könnten? Abgesehen von den Finanzierungsschwierigkeiten und den gesetzlichen Grenzen für eine noch stärkere Verschuldung liegen die Risiken für die Preisstabilität auf der Hand. Es ist so gut wie ausgeschlossen, den Multiplikator auch nur annähernd genau vorausberechnen zu können. Werden aber Multiplikator und Akzelerator unterschätzt, besteht die Gefahr, daß die ursprünglichen Ausgaben zu hoch angesetzt werden und damit eine Überhitzung der Wirtschaft eingeleitet wird. Werden sie jedoch überschätzt, dann können die Konjunkturmaßnahmen zu schwach dosiert und damit für den erhofften Erfolg wirkungslos werden. Auch das Akzelerationsprinzip läßt sich kaum überzeugend belegen: Bei Unterbeschäftigung kann die Produktion bekanntlich auch ohne zusätzliche Investitionen gesteigert werden; in einer vollbeschäftigten Wirtschaft sind nicht zuletzt verstärkte Preissteigerungen zu befürchten.

2.4 Das wirtschaftliche Wachstum

Nach wie vor gilt, was das Bundesministerium für Wirtschaft im Mai 1970 geschrieben hat: «Wir brauchen ... wirtschaftliches Wachstum, weil sich sonst die Wirtschaft im internationalen Wettbewerb nicht behaupten könnte. Ohne wirtschaftliches Wachstum gäbe es keinen ausreichenden, zu einem höheren Lebensstandard führenden Fortschritt von Wissenschaft und Technik, keine Vollbeschäftigung, keine gerechte Verteilung von Einkommen und Vermögen, keine soziale Sicherheit und keine neuen Möglichkeiten des Staates zur Erfüllung der zunehmenden Gemeinschaftsaufgaben, vor allem im Bereich des Bildungswesens und der Infrastruktur.»

Das Wachstum seit 1950

Als Meßlatte für den wirtschaftlichen Fortschritt gilt trotz aller Meß- und Berechnungsschwierigkeiten nach wie vor das Bruttosozialprodukt. Es ist die Summe aller Güter und Dienstleistungen, die in einem Jahr in einer Volkswirtschaft hergestellt und erarbeitet werden. Da sich der private Verbrauch weitgehend parallel zum Sozialprodukt entwickelt beziehungsweise dessen Entwicklung maßgeblich bestimmt, ist das wirtschaftliche Wachstum gleichsam ein Index für die Vermehrung des Wohlstandes und der Leistungsfähigkeit einer Volkswirtschaft. Im Vergleich zu der Zeit vor dem Zweiten Weltkrieg hat sich das Wachstum in der Bundesrepublik Deutschland erheblich beschleunigt: Von 1950 bis 1988 hat sich die reale Versorgung mit Gütern und Dienstleistungen gut verfünffacht. Umgerechnet auf die Bevölkerungszahl hat sich der Wohlstand mehr als vervierfacht (Tabelle 2.2); der Lebensstandard ist mit einer jahresdurchschnittlichen Rate von fast 4 Prozent gewachsen. Diese Entwicklung hat den Deutschen in der Bundesrepublik einen bisher einmaligen Massenwohlstand gebracht.

Reales Bruttosozialprodukt je Kopf der Bevölkerung				
Zeit	BSP Mrd. DM[1])	Bevölk. Mill.[2])	BSP je Kopf der Bevölkerung in DM	1950 = 100
1950	152,2	50,0	3045	100,0
1960	328,4	55,4	5924	194,5
1970	529,4	60,6	8729	286,7
1980	693,5	61,3	11313	371,5
1988	793	61	13000	426

[1]) In Preisen von 1962. [2]) Jahresdurchschnitte. Quelle: Statistisches Bundesamt; eigene Berechnungen.

Tabelle 2.2 Wirtschaftswachstum in der Bundesrepublik – Reales Bruttosozialprodukt je Kopf der Bevölkerung

Allerdings ist das Wachstum von Jahrzehnt zu Jahrzehnt schwächer geworden. Während sich das reale Sozialprodukt je Kopf der Bevölkerung von 1950 bis 1960 mit einem mittleren Anstieg von fast 7 Prozent glatt verdoppelt hat, ist der durchschnittliche Zuwachs in den achtziger Jahren auf unter 2 Prozent gefallen. Sowohl die Struktur der Wirtschaft als auch die Verteilung des Volkseinkommens haben sich tiefgreifend verändert. Auf der Entstehungsseite des Bruttoinlandsproduktes wird deutlich, daß die produktivitätsstarken Bereiche wie das verarbeitende Gewerbe und vor allem die Dienstleistungsbranchen immer mehr, die produktivitätsschwachen Bereiche wie die Landwirtschaft dagegen immer weniger zur gesamtwirtschaftlichen Wertschöpfung beigetragen haben.

Verwendung und Verteilung

Die Verwendungsseite zeigt auf den ersten Blick eine scheinbar relativ stabile Struktur bei den Anteilen von Verbrauch und Investitionen. Tatsächlich ist es jedoch etwa seit Beginn der siebziger Jahre zu einem folgenschweren Umbruch gekommen: Die bis dahin im Trend steigende Investitionsquote (Anteil der Bruttoanlageinvestitionen am Sozialprodukt) ist deutlich zurückgegangen. Das gilt sowohl für die Ausrüstungs- als auch für die Bauinvestitionen. In der zweiten Hälfte der achtziger Jahre scheint sich indessen eine wieder entgegengesetzte Entwicklung angebahnt zu haben. Gleichzeitig ist die deutsche Wirtschaft immer mehr in die Weltwirtschaft integriert worden. Während der Export (von Waren und Dienstleistungen) 1950 erst zu einem Zehntel zum Sozialprodukt beigetragen hat, ist es 1988 bereits ein Drittel gewesen. Die Importquote (Anteil der Einfuhr von Waren und Dienstleistungen am Sozialprodukt) hat sich im gleichen Zeitraum fast vervierfacht.

Bei der Verteilung könnte es so scheinen, als ob die Arbeitnehmer bisher mehr als die Selbständigen von der Entwicklung profitiert hätten. Denn die Lohnquote (Anteile der Löhne und Gehälter am Volkseinkommen) hat sich seit 1950 von weniger als drei Fünftel auf zwei Drittel erhöht. Jedoch ist dabei nicht berücksichtigt, daß gleichzeitig die Zahl der Arbeitnehmer relativ zu den Selbständigen immer mehr zugenommen hat. Das Gesamtprodukt aus Bruttolöhnen und -gehältern hat also auf immer mehr Köpfe verteilt werden müssen.

Theoretische Grundlagen

Wirtschaftliches Wachstum ist das Ergebnis des Zusammenwirkens der produktiven Faktoren in einer Volkswirtschaft. Dazu zählen der Einsatz und die Qualität von Arbeit, Kapital, Boden sowie der technische Fortschritt. Da der Produktionsfaktor Boden nur begrenzt vorhanden, schon gar nicht beliebig vermehrbar ist, ferner mit zunehmender Industrialisierung für die Wertschöpfung immer mehr an Bedeutung verloren hat, haben sich die Ökonomen zumeist darauf verständigt, das Wachstum einer Wirtschaft – unter

Vernachlässigung des Produktionsfaktors Boden – aus dem Einsatz von Kapital, Arbeit und dem technischen Fortschritt abzuleiten. Damit steht eine «Produktionsfunktion» in der einfachsten und allgemeinsten Form zur Verfügung. Darüber hinaus wird institutionellen und politischen Faktoren wie Wirtschaftsverfassung, Rechtsordnung und Wettbewerbspolitik eine bestimmende Bedeutung zugeschrieben. Zum Beispiel ist ein marktwirtschaftliches System mit freiem Wettbewerb in der ökonomischen Effizienz einem planwirtschaftlichen, zentralverwaltungswirtschaftlichen System weit überlegen.

Der Beitrag der Produktionsfaktoren

Der jeweilige Beitrag der Produktionsfaktoren Arbeit und Kapital zur Wertschöpfung und damit zum Wachstum hängt einmal von der verfügbaren Einsatzmenge, zum anderen von der Qualität dieses Einsatzes sowie von der Faktorkombination ab. So wird der Einsatz des Produktionsfaktors Arbeit von der Bevölkerungsentwicklung begrenzt. Nach Edward F. Denison, der in den sechziger Jahren mehrere Arbeiten über die Wachstumskomponenten des Sozialprodukts in den Vereinigten Staaten veröffentlicht hat, ist die Veränderung der Faktorproduktivität vor allem eine Folge der verbesserten Ausbildung, des gestiegenen Wissensstandes, der Arbeitszeitverkürzung, allgemein der Qualitätserhöhung des Faktors Arbeit.

Was ist «technischer Fortschritt»?

Im technischen Fortschritt sieht die moderne Wachstumstheorie eine der wichtigsten Ursachen für das Wachstum. Er wird zumeist so definiert, daß bei konstantem Faktoreinsatz die Produktionsmenge gesteigert wird oder daß die gleiche Produktmenge bei geringerem Faktoreinsatz hergestellt wird. Technischer Fortschritt ist nur dann möglich, wenn sich das technische und organisatorische Wissen vermehrt. Nach den Thesen von Kaldor und Arrow gehen von neuen Bruttoinvestitionen zwei produktionssteigernde Wirkungen aus: Einmal vergrößern sie den Realkapitalbestand, den Kapitalstock und damit die Produktionsmenge, das Sozialprodukt. Zum anderen erhöhen sich durch den Einsatz neuer Produktionsanlagen Erfahrungen und Fertigkeiten der Arbeitskräfte. Es wird unterschieden zwischen neutralem, arbeitssparendem und kapitalsparendem technischen Fortschritt. Neutraler technischer Fortschritt liegt vor, wenn Arbeit und Kapital in gleichem Maße freigesetzt werden. Für die Entwicklung in der Bundesrepublik hat der Sachverständigenrat zur Begutachtung der gesamtwirtschaftlichen Entwicklung (siehe Abschnitt 5.1) darauf hingewiesen, daß der weit überwiegende Teil des Produktivitätsfortschrittes im Zusammenhang mit Investitionen stehe.

KEYNES hatte die Wachstumstheorie einseitig als Beschäftigungstheorie formuliert. DOMAR betonte den dualen Charakter der Investitionen: Sie hätten nicht nur einen Einkommens-, sondern auch einen Kapazitätseffekt. Während DOMAR den Kapitalkoeffizienten (Verhältnis von Sozialprodukt zum Kapitalstock) als technologisch gegeben und konstant ansieht, erklärt demgegenüber HARROD den Kapitalkoeffizienten aus dem technischen Fortschritt und dem Unternehmerverhalten. Die «natürliche Wachstumsrate» wird aus dem Bevölkerungswachstum und dem technischen Fortschritt abgeleitet.

Die neoklassische Wachstumstheorie

Gegen die dem Harrod-Domar-Modell eigene Instabilität hat sich vor allem SOLOW gewandt. Nach SOLOW liegt gleichgewichtiges Wachstum dann vor, wenn die Wachstumsraten von Kapital und Arbeit gleich sind, da dann eine einmal erreichte Vollbeschäftigung stets aufrechterhalten bleibe. Der Grund für die Stabilität des Systems liege in der Substituierbarkeit von Arbeit und Kapital. Die neoklassische Wirtschaftstheorie (MEADE, PHELPS, SOLOW, VON WEIZSÄCKER) will das mittel- bis langfristige Wachstum erklären. Angenommen wird zunächst eine geschlossene Volkswirtschaft ohne staatliche Aktivität, eine stetige Vollbeschäftigung von Arbeit und Kapital. Die Nettoproduktion sei eine Funktion von Arbeit, Kapital und technischem Wissen. Gleichgewichtiges Wachstum bedeutet hier, daß die Wirtschaft in all ihren Bestimmungsgrößen mit konstanter Rate wächst. Ein Ergebnis ist, daß eine Volkswirtschaft lediglich das Niveau des Wachstumspfades verschieben könne, nicht jedoch die eigene Wachstumsrate erhöhen. Eine höhere Investitionsquote bedeute ein höheres Niveau des Gleichgewichts-Wachstumspfades. Die Gewinne würden von den Wirtschaftssubjekten investiert, der technische Fortschritt sei Motor der wirtschaftlichen Entwicklung.

Gegen die neoklassische Wachstumstheorie hat sich vor allem die Gruppe um JOAN ROBINSON («Cambridge/England gegen Cambridge/USA») gewandt. Stein des Anstoßes ist im Grunde die Grenzproduktivitätstheorie der Verteilung: Wenn der Lohn gleich dem Grenzprodukt der Arbeit und der Zins gleich dem Grenzprodukt des Kapitals ist, dann ist bei Vollbeschäftigung von Arbeit und Kapital die Verteilung des Sozialprodukts gleichsam naturgesetzlich festgelegt. Das würde bedeuten, daß in marktwirtschaftlichen Systemen die gewerkschaftlichen Aktivitäten zur Erfolglosigkeit verurteilt sind, jedenfalls wenn die Vollbeschäftigung aufrechterhalten werden soll (KRELLE, GABISCH).

«Die Wachstumstheorie ist ein unterentwickeltes Gebiet der Nationalökonomie», hat ABRAMOVITZ am Beginn der fünfziger Jahre geschrieben. Seitdem ist zwar eine Flut von Veröffentlichungen darüber auf den Markt gekommen, ein Erfolg hat sich jedoch keineswegs proportional dazu eingestellt. Jedenfalls hat BERNHARD GAHLEN [12] noch 1973 behaupten können, «... daß die Wachstumstheorie weitgehend die gegenwärtigen wirtschaftspolitischen Probleme aus den Augen verloren hat und vielmehr modellimmanenten Gesetzmäßigkeiten gefolgt ist. Nur wenige ihrer Thesen haben Informationsgehalt. Diese Ausnahmefälle sind dann aber zumeist noch durch die Realität falsifiziert worden».

Fazit:

Ein zentraler Ansatzpunkt für die Wachstumspolitik wäre die Förderung der Investitionen. Das könnte geschehen über Anreize für das Sparen, aber auch unmittelbar über eine Anregung der Investitionsneigung. Hierher gehörten die von EUCKEN geforderte

«Konstanz der wirtschaftspolitischen Rahmendaten», Erleichterungen in der Steuer- und Abschreibungspolitik, eine realistische Grundlage für vom Standpunkt der Investoren akzeptable Lohn- und Gewinnerwartungen.

Über die Investitionen wird auch der technische Fortschritt gefördert. Maßnahmen in dieser Richtung könnten sein: Anreize für eine investitionsorientierte Forschung, staatliche Impulse für Grundlagen- und angewandte Forschung. Eng damit verbunden wäre eine Erhöhung der Arbeitsproduktivität: Die Verbesserung von Bildung und Ausbildung führt langfristig zu einem höheren Produktivitätsniveau. Sinnvoll wäre nicht zuletzt eine Förderung jener Regionen und Branchen, in denen auf lange Sicht mit überdurchschnittlichen Produktivitätsfortschritten zu rechnen ist. Das bedeutete unter anderem Abbau unproduktiver Erhaltungssubventionen sowie Maßnahmen zur Erhöhung der Mobilität der Arbeitskräfte.

2.5 Theorie der Verteilung

Eine «gerechte Einkommensverteilung» ist als wirtschaftspolitisches Ziel in der Bundesrepublik weder im Gesetz zur Förderung von Stabilität und Wachstum (1967) noch an anderer Stelle gesetzlich fixiert. «Verteilungsgerechtigkeit» ist eine uralte Idealvorstellung. Unter diesem Banner sind Klassenkämpfe ausgefochten, Revolutionen entflammt und Kriege geführt worden. Nur selten sind dabei schärfer differenzierte Vorstellungen wie zum Beispiel «Bedürfnis- oder Leistungsgerechtigkeit» auszumachen gewesen. In einer freien Wirtschaft verteilt der Markt die Einkommen nicht nach den Bedürfnissen, sondern nach der Leistung. Nach aller Erfahrung ist es keineswegs sicher, daß jene Verteilung, die sich am Markt aufgrund der relativen Knappheit der Produktionsfaktoren durchsetzt, von allen gesellschaftlichen Gruppen als sozial gerecht empfunden wird. Der Markt bewertet die Leistungen des einzelnen weder nach seinem Bedarf noch nach der Anstrengung, die sie erfordert, sondern danach, wie viele sie anbieten und wie stark sie nachgefragt wird. «Es erzielt also der ein besonders hohes Einkommen, der eine Leistung anbietet, die gemessen an der Nachfrage besonders knapp ist» (Sachverständigenrat zur Begutachtung der gesamtwirtschaftlichen Entwicklung). Probleme entstehen immer dann, wenn die Beziehung zwischen Einkommen und Leistung nicht mehr sichtbar ist, etwa weil es einzelnen oder ganzen Gruppen gelungen ist, die von ihnen angebotene Leistung künstlich zu verknappen.

Angebots- und nachfragetheoretischer Ansatz

Der nachfragetheoretische Ansatz ist in der Mitte der fünfziger Jahre von KALDOR entwickelt worden. Danach ist in einer vollbeschäftigten Wirtschaft eine Erhöhung der Lohnquote (Anteil der Arbeitnehmer am Volkseinkommen) allein durch eine Verminderung der Investitionsquote und/oder durch Steigerung der Sparquote der Lohnempfänger zu erreichen. Nach seinen Annahmen hängt die Einkommensverteilung allein vom Spar- und Investitionsverhalten ab. Als Mindesthöhe der Gewinnquote wird jener Anteil angesehen, den die Unternehmer als eine ausreichende Mindestverzinsung des Kapitals betrachten. Äußerste Grenze der Gewinnquote sei das Existenzminimum der Arbeitnehmer; Lohnsteigerungen steigerten den Reallohn so lange, wie die Unternehmen bei einer Verminderung der Gewinnquote diese Kostensteigerungen nicht auf die Preise abwälzten.

Der angebotstheoretische Ansatz der Verteilungstheorie umfaßt im wesentlichen die Grenzproduktivitätstheorie, die am Ende des 19. Jahrhunderts von A. MARSHALL und J. B. CLARK entwickelt worden ist. Danach bestimmt die Konkurrenz der Unternehmer um die knappen Produktionsfaktoren deren Preise und damit die Verteilung des Nettoprodukts an Arbeiter, Boden- und Kapitalbesitzer und Unternehmer. Der Unternehmer, der nach maximalem Gewinn strebe, werde bei gegebenen Faktor- und Endproduktpreisen soviel von einem Produktionsfaktor nachfragen, daß der Preis dieses Faktors gleich dem Wert des Grenzprodukts (Zuwachs zum Gesamtprodukt, der sich bei Vermehrung der Einsatzmenge eines

Faktors und Konstanz aller anderen Faktoren ergibt) werde. Je höher das Grenzprodukt eines Faktors relativ zu den anderen sei, desto höher falle bei gleichen eingesetzten Faktormengen sein Anteil am Gesamtprodukt aus.

Kreislauf- und Machttheorie

Nicht ökonomisch durch Angebot und Nachfrage nach der relativen Seltenheit der Produktionsfaktoren, sondern ausschließlich durch Macht (Markt-, Verhandlungs-, Eigentumsmacht) sehen die Vertreter der Machttheorien (TUGAN-BARANOWSKY, SISMONDI, RODBERTUS, LASALLE, LUJO BRENTANO, LEXIS u.a.) die Verteilung des Einkommens bestimmt. Danach hängt die Lohnhöhe von der Stärke der Verhandlungsposition der Gewerkschaften und der Arbeitgeberverbände ab. Während HICKS die erwartete Streikdauer anführt, stellt PREISER ausschließlich auf den Eigentumsvorteil (die Besitzenden seien nicht auf laufendes Einkommen angewiesen) ab. Diesen Erklärungen hat vor allem BÖHM-BAWERK widersprochen: Erzwängen die Gewerkschaften ein marktwidriges Lohnniveau, so würden die Unternehmen auf lange Sicht Arbeit durch Kapital substituieren; der durch Macht (kurzfristig) errungene Vorteil verschwände wieder. Wie die Grenzproduktivitätstheorie leidet Böhm-Bawerks Argumentation unter der kreislauftheoretischen Unvollständigkeit. Sie berücksichtigt nicht den Einkommenseffekt von Lohnänderungen: Höhere Löhne erhöhen nicht nur die Kosten, sondern auch die Nachfrage nach Gütern, so daß Arbeitslosigkeit keineswegs zwangsläufig entstehen muß.

Ordnungspolitischer Ansatz

EUCKEN hat die Verteilung der Einkommen vor allem als ein Ergebnis der jeweils vorherrschenden Marktform beschrieben. Dort, wo der Wettbewerb auf monopolistischen und teilmonopolistischen Märkten beschränkt sei, werde der Arbeiter in der Regel weniger als das Grenzprodukt seiner Arbeit erhalten. Eine gerechte Einkommensverteilung sei somit nicht von den Eigentumsverhältnissen, sondern von der Marktform auf den Arbeitsmärkten abhängig. Eucken warnt davor, die Lösung der sozialen Frage von einer Transformation der verkehrswirtschaftlichen Ordnung in ein zentralverwaltungswirtschaftliches System zu erwarten. Das Sozialprodukt werde durch die Preismechanik der vollständigen Konkurrenz auf jeden Fall besser verteilt als durch willkürliche Entscheidungen privater und öffentlicher Machtkörper.

Für die Lohnfindung hat der Sachverständigenrat das «kostenniveauneutrale Konzept» entworfen: Die Löhne sollen nicht stärker steigen als die Produktivität, erhöht um einen Zuschlag für die als unvermeidlich angesehene Preissteigerung. Um den Verteilungsstreit auf ein gesamtwirtschaftlich vertretbares Ausmaß zu vermindern, hat der Rat eine Gewinnbeteiligung der Arbeitnehmer bei begrenzter Haftung (Vermögensbildung) empfohlen.

Fazit:

Ein Konzept für eine «gerechte Einkommensverteilung» kann die Wirtschaftstheorie nicht anbieten. Soweit solche Vorstellungen politisch oder machtpolitisch motiviert sind, sind sie der rationalen Analyse der ökonomischen Theorie entzogen. Auch jene Frage, ob die vorliegenden ökonomischen Ergebnisse der Verteilungstheorie befriedigen können, wird aller Voraussicht nach höchst umstritten bleiben. Solange in einer Gesellschaft der jeweils erreichte Lebensstandard als konventionelles Existenzminimum angesehen wird, wird ein Appell zur Bewahrung des Erreichten, der Hinweis auf gesamtwirtschaftliche Schäden eines überzogen geführten Verteilungsstreits nur zu leicht als «Ideologie» der (jeweiligen) Gegenseite abgestempelt werden.

2.6 Der private Verbrauch

Das Statistische Bundesamt hat den privaten Verbrauch in der nüchternen Sprache der Verwaltung als «Marktentnahme (oder realisierte Nachfrage) von Gütern einschließlich der unterstellten Käufe wie Deputate, Sachentnahmen aus eigenem Betrieb und Nutzung von Eigentumswohnungen der Haushalte zur eigenen Versorgung oder zum Verschenken» definiert. Im Warenkorb der einzelnen Haushaltsgruppen, abgegrenzt vor allem nach Einkommenshöhe, sozialen und familiären Merkmalen, sind in größeren Gruppen alle Ausgaben der privaten Lebensführung für Waren und Dienstleistungen zusammengefaßt: Nahrungs- und Genußmittel, Kleidung und Schuhe, Wohnungsmieten, Elektrizität, Gas, Brennstoffe, längerlebige Gebrauchsgüter wie Möbel, Heimtextilien, Haushaltsmaschinen, ferner die Ausgaben für Verkehr und Nachrichtenübermittlung, für Körper- und Gesundheitspflege, Bildung und Unterhaltung, für die persönliche Ausstattung (unter anderem Uhren, Schmuck, Fotoapparate), für Reise und Freizeit.

Die Gesamtheit aller dieser Ausgaben, die in der Vergangenheit ständig zugenommen hat, hat am Bruttosozialprodukt bisher einen Anteil von fast drei Fünftel, auf jeden Fall von mehr als der Hälfte gehabt. Von 1950 bis 1988 haben sich die realen Ausgaben der privaten Haushalte mehr als verfünffacht, je Kopf der Bevölkerung gut vervierfacht (siehe Abschnitt 2.2 im Teil B).

Der Konsumplan

In den hochentwickelten Volkswirtschaften der westlichen Demokratien ist zwar der Mangel in der Versorgung der Bevölkerung mit Gütern und Dienstleistungen weitgehend überwunden. Dennoch stehen sie nicht unbegrenzt zur Verfügung. Je nach der Höhe des jeweiligen Einkommens können die privaten Haushalte nur einen bestimmten Teil der von ihnen gewünschten Mengen für die Lebensführung des Alltags erwerben. Wollen sie ihre Entscheidungen für die Konsumwahl der einzelnen Güter und Dienstleistungen rational treffen, sind sie gezwungen, einen Konsumplan für die einzelnen Haushaltsmitglieder – zum Beispiel für eine Woche, für einen Monat – aufzustellen. Ein solcher Plan wird sich vor allem an drei Kriterien ausrichten: an der Bedarfsstruktur, an der Höhe des Einkommens (*Konsumsumme*) und an den erwarteten Güterpreisen.

Der Befriedigungsgewinn

Wenn der Haushaltsvorstand überlegt, wieviel in der kommenden Periode von einem bestimmten Gut (zum Beispiel Nahrungsmittel, Wohnungsnutzung, Heizung, Beleuchtung, Kleidung, Möbel, Freizeitgüter) gekauft werden soll, wird er bei gegebenem Einkommen und gegebenen Güterpreisen auf einen ebenso einfachen wie grundlegenden Sachverhalt aufmerksam: Je mehr er von einem Gut haben will, desto weniger kann er von anderen Gütern bekommen. Daher muß er die Vorteile des einen Gutes gegenüber den Vorteilen der anderen Güter abwägen. Das setzt voraus, daß er eine genaue Vorstellung darüber besitzt, welche Wünsche (Vorlieben, Präferenzen) er und seine Familie haben. Für das Ergebnis, so hat es PAUL A. SAMUELSON formuliert, kommt es auf den aus der ausgegebenen Geldeinheit resultierenden «Befriedigungsgewinn» an. Nach ERICH SCHNEIDER kauft jeder Haushalt diejenigen Mengen von jenen Gütern, die ihm ein Maximum an subjektiver Bedürfnisbefriedigung (VILFREDO PARETO: Ophelimität) bringen. PARETO hat im Anschluß an EDGEWORTH eine *Wahlhandlungstheorie* entworfen: Bestimmten Mengenkombinationen gegenüber verhalten sich die Verbraucher indifferent: Alle diese Punkte liegen auf der paretianischen *Indifferenzkurve* (Ophelimitätsindex).

Konsum- und Sparfunktion

Der private Verbrauch wird im allgemeinen von drei erklärenden Variablen bestimmt: vom verfügbaren Einkommen, von den Güterpreisen und der Ersparnis. In der allgemeinsten Form kann die Konsumfunktion geschrieben werden:

$$C = f\,(E, P, S).$$

Mit der Konsumfunktion ist zugleich die Sparfunktion gegeben und umgekehrt. Die Sparquote (Anteil der Ersparnis am verfügbaren Einkommen) wird um so höher sein, je höher das verfügbare Einkommen ist. Bezieher von höheren und sehr hohen Einkommen sparen nach der Erfahrung sowohl absolut als auch prozentual mehr als Bezieher kleinerer und geringer Einkommen. Die ganz Armen sind überhaupt nicht in der Lage zu sparen. In diesen Haushalten kommt es daher nicht selten zu einem Entsparungs-(Verschuldungs-)effekt: Die Ausgaben übersteigen die Einnahmen. Diese Zusammenhänge sind mit der jeweiligen Höhe des Einkommens leicht zu erklären: Je mehr ein Haushalt verdient, desto weniger hat er prozentual vom Gesamteinkommen für Grundbedürfnisse (Nahrungsmittel, Wohnung, Heizung, Kleidung) aufzuwenden. Ihm bleibt ein entsprechend höherer Anteil für höherwertige Gebrauchsgüter und Dienstleistungen – zum Beispiel für den Kauf von Kraftfahrzeugen und die Finanzierung von Urlaubsreisen – sowie für die Ersparnis.

Die Einkommenselastizität

In der Wirtschaftstheorie wird untersucht, wie die Nachfrage der Haushalte reagiert, wenn sich Einkommenshöhe und/oder die Preise ändern. Zur Erklärung ist vor allem von ALFRED MARSHALL der Begriff der Elastizität entwickelt worden. Er gibt an, um wieviel Prozent sich die Mengennachfrage ändert, wenn sich das Einkommen und/oder der Preis/die Preise in bestimmter prozentualer Höhe ändert/ändern. So zeigt die Einkommenselastizität, um wieviel Prozent sich die Mengennachfrage ändert, wenn sich das Einkommen – unter sonst gleichbleibenden Umständen – um 1 Prozent ändert. Im Regelfall nimmt die Mengennachfrage mit steigendem Einkommen zu; das heißt, die Einkommenselastizität ist positiv. Eine Ausnahme bilden die Reaktionen bei den sogenannten inferioren Gütern: Bei steigender Konsumsumme nimmt die Mengennachfrage nach diesen Gütern (zum Beispiel Fette, Butter, Kartoffeln, Tee, Bohnenkaffee, Nachfrage nach öffentlichen Verkehrsleistungen) absolut ab: Hier ist die Einkommenselastizität negativ. Bei positiver Einkommenselastizität, die größer als 1 ist, wird von *elastischer Nachfrage* gesprochen: Bei einer Einkommenselastizität von 1 Prozent wächst die Nachfrage stärker als 1 Prozent. Als besonders elastisch hat sich in der Vergangenheit die Nachfrage nach Nachrichtenübermittlung, Kraftfahrzeugen, elektrotechnischen Geräten, nach Waren und Dienstleistungen für Bildung und Unterhaltung erwiesen.

Demgegenüber wird eine Nachfrage dann als unelastisch bezeichnet, wenn die Elastizität kleiner als 1 ist: Bei einer Einkommenserhöhung von 1 Prozent wächst die Nachfrage nach diesen Gütern um weniger als 1 Prozent. Das hat sich zum Beispiel für Schuhe, Eier, Mehl, Nährmittel, Milch, Milcherzeugnisse, Tabakwaren, Frischgemüse, Fleisch und Fleischwaren, Dienstleistungen für die Körper- und Gesundheitspflege herausgestellt. Bei einer Elastizität von null wird von einer vollkommen unelastischen Nachfrage gesprochen. Nach der Erfahrung handelt es sich hier zum Beispiel um Fische, Fischwaren, Tee, Butter sowie um die unter «inferiore Güter» beschriebenen Erzeugnisse.

Die Preiselastizität

In der Theorie wird zwischen direkter Elastizität und *Kreuzpreiselastizität* unterschieden. Während die direkte Preiselastizität das Verhältnis zwischen einer relativen Veränderung der Mengennachfrage und der sie bewirkenden Änderung des Preises dieses Gutes widergibt, beschreibt die Kreuzpreiselastizität das Verhältnis zwischen einer relativen Veränderung der Mengennachfrage und der sie bewirkenden relativen Änderung des Preises eines anderen Bedarfsgutes. Ist die Preiselastizität größer als 1, wird von elastischer Nachfrage gesprochen, ist sie kleiner als 1, von unelastischer Nachfrage. Bei einer Preiselastizität von null liegt eine vollkommen unelastische Nachfrage vor, das heißt, bei jedem Preis wird die gleiche Menge nachgefragt.

Bei sinkenden Preisen werden die Haushalte ihre Nachfrage in der Regel erhöhen. Theoretisch wird bei einem Preis von null die *Sättigungsnachfrage* erreicht. Umgekehrt reagieren die Verbraucher auf Preissteigerungen mit Einschränkungen sowohl in der Menge als auch in der Qualität der nachgefragten Erzeugnisse.

Beim sogenannten Höchstpreis wird die Nachfrage gleich null, sie «verschwindet» vom Markt. Für die Stärke der Reaktion ist entscheidend, ob es sich um elastische, unelastische oder vollkommen unelastische Nachfrage handelt. Bestimmte Grundnahrungsmittel sowie ein Minimum an Kleidung und Wohnung werden mithin sehr wahrscheinlich auch bei steigenden Preisen – freilich zu Lasten der übrigen Waren und Dienstleistungen des Warenkorbes – stets nachgefragt.

Substitutionalität und Komplementarität

Zwischen zwei Gütern gibt es im allgemeinen zwei Arten von Nachfragebeziehungen: Substitutionalität und Komplementarität. Steigt zum Beispiel der Butterpreis bei unverändertem Margarinepreis, dann wird in der Regel die Nachfrage nach Margarine steigen, die Nachfrage nach Butter fallen. Butter wird durch Margarine, Tee durch Kaffee, Kohle durch Öl oder jeweils umgekehrt ersetzt (substituiert). Jedoch kann auch die Mengennachfrage nach zwei bestimmten Gütern gleichzeitig fallen, wenn nur der Preis eines dieser Güter steigt: Zum Beispiel geht die Nachfrage nach Briefumschlägen zusammen mit der Nachfrage nach Briefpapier zurück, wenn sich das Briefpapier verteuert. Es handelt sich hierbei um das Verhältnis der Komplementarität. Eine ähnliche Beziehung ist zwischen Tee und Zucker, zwischen Brot und Butter (Margarine) denkbar. Danach gibt es substitutionale und komplementäre Güter, ferner die unabhängigen Güter, zum Beispiel Tee und Salz.

Die Konsumquote

Die Konsumquote ist definiert mit dem Anteil des privaten Verbrauchs am verfügbaren Einkommen. Die *marginale Konsumquote* beschreibt das Verhältnis zwischen Konsumänderung und der Änderung des Einkommens um eine Einheit. Aus der Erfahrung ist bekannt, daß die einer bestimmten Einkommenserhöhung entsprechende Konsumerhöhung in der Regel kleiner ist als die Einkommenserhöhung; der «Rest» wird gespart. Wenn die marginale

Konsumquote mit steigendem Einkommen abnimmt, dann bedeutet das, daß gleichzeitig die marginale Sparquote (Anteil der Ersparnis am zusätzlichen Einkommen) zunimmt: Ein immer größer werdender Teil des zusätzlichen Einkommens wird gespart.

Fazit:

Mit einem Anteil von rund drei Fünfteln ist der private Verbrauch der wichtigste Verwendungsbereich des Sozialprodukts. Auf die Bevölkerungszahl bezogen ergibt er eine Meßlatte für die Entwicklung des Wohlstands in einer Volkswirtschaft. Der private Verbrauch wird vor allem bestimmt von der Höhe des Einkommens, von den Güterpreisen auf den Märkten sowie von der Höhe der Ersparnis.

Kapitel 3

FINANZPOLITIK

3.1 Ziele der Finanzpolitik

Während vor dem Ersten Weltkrieg die öffentlichen Ausgaben im Deutschen Reich knapp ein Sechstel des Volkseinkommens erreicht hatten, kontrolliert der Staat heute rund die Hälfte der gesamtwirtschaftlichen Wertschöpfung. Er verfügt damit über die Steuerpolitik, vor allem über die Ausgabenpolitik über die notwendigen Voraussetzungen, um wirtschaftspolitisch erwünschte Ziele in einer Volkswirtschaft zu verwirklichen. Damit ist aber auch die klassisch-liberale Vorstellung vom «Nachtwächterstaat», der seine Aktivitäten auf wenige Funktionen, wie zum Beispiel Schutz des privaten Eigentums, Landesverteidigung, Währung, Rechtsordnung, zu beschränken, im übrigen aber der Privatinitiative freien Raum zu gewähren habe (Forderung nach einem Minimalbudget, jährlicher Haushaltsausgleich), von der Entwicklung überholt. Freilich kann das nicht bedeuten, dem Staat immer mehr und immer neue Aufgaben zu übertragen. Denn damit würde eine freiheitliche Ordnung von Staat und Wirtschaft zwangsläufig immer mehr in eine zentralverwaltungswirtschaftliche Entwicklung abgedrängt. Andererseits soll und muß der Staat kraft seines Potentials und kraft der ihm vom Parlament übertragenen Zuständigkeiten jene Aufgaben wahrnehmen, die den Freiheitsspielraum des Individuums sichern und stärken sowie die Wohlfahrt des Gemeinwesens erhöhen. Auf dem Felde der Wirtschaftspolitik bedeutet das vor allem eine sinnvolle Anwendung der Finanzpolitik.

Was ist fiscal policy?

Spätestens seit der Großen Depression am Beginn der dreißiger Jahre (siehe Teil B, Kapitel 3) gilt die Finanzpolitik als eine Einkommen und Beschäftigung zunehmend beeinflussende Strategie mit dem Ziel, die wirtschaftliche Entwicklung zu verstetigen und den Wohlstand zu mehren. In diesem Sinne definiert F. K. MANN fiscal policy als ein Programm, das sich nicht allein mit der erstrebenswertesten Art der Mittelbeschaffung, sondern darüber hinaus vor allem mit der Beeinflussung von Produktion, Volkseinkommen, Einkommensverteilung, von Preisen, Verbrauch und Beschäftigung befasse. FRITZ NEUMARK schreibt: «Fiscal policy ist die Lehre von den produktionstheoretischen und verteilungspolitischen Motiven, Methoden und Wirkungen finanzwirtschaftlicher Maßnahmen aller Art, soweit diese der Sicherung eines möglichst stetigen und – im Rahmen der durch die herrschenden Gerechtigkeitsideale bestimmten Grenzen – möglichst starken Wirtschaftswachstums bei hohem Beschäftigungsgrad sowie annähernd stabilem Geldwert zu dienen bestimmt sind.»

Eine sinnvolle Kombination

Die Ziele der modernen Finanzpolitik lassen sich auf den Nenner des *magischen Vielecks* (siehe Teil B, Kapitel 1) bringen; sie sind vor allem definiert mit Vollbeschäftigung, angemessenem Wachstum, Geldwertstabilität und gerechter Einkommensverteilung. Dazu kommen sogenannte Nebenziele wie Glättung der Konjunkturschwankungen, Beeinflussung von Wettbewerb, Marktformen und Produktpreisen. Auch für die Finanzpolitik kommt es darauf an, eine sinnvolle Kombination möglichst ohne Verletzung einzelner Grundziele anzustreben. Als Grundsatz hat der Sachverständigenrat vorgeschlagen, in kritischen Situationen jeweils jenen Zielen den Vorrang zu geben, die in der aktuellen historischen Situation am meisten gefährdet sind.

Die Vollbeschäftigung

Seit JOHN MAYNARD KEYNES (siehe Abschnitt 3.2) ist der Finanzpolitik immer stärker die Aufgabe zugefallen, vor allem die Vollbeschäftigung in einer Volkswirtschaft zu sichern. Im Gegensatz zu den Klassikern war KEYNES zu dem Ergebnis gekommen, daß die wirtschaftliche Entwicklung keineswegs von sich aus zu einer Vollbeschäftigung der Produktionsfaktoren tendiere. Im Gegenteil, es werde sich langfristig ein «Gleichgewicht» bei Unterbeschäftigung einstellen. Dem Staat falle durch expansive Ausgaben- und Defizitpolitik die Aufgabe zu, diese Nachfragelücke zu schließen.

Die Theorie der Einkommens- und Beschäftigungswirkungen zusätzlicher Staatsausgaben unterscheidet primäre, sekundäre und tertiäre Wirkungen. Unter primären Beschäftigungswirkungen werden jene Folgen verstanden, die sich daraus ergeben, daß der Staat Güter und Dienste in Anspruch nimmt («kauft»). Das ist unmittelbar der Fall bei den Personalausgaben: Staatsbedienstete werden beschäftigt und beziehen Einkommen. Auch Beschäftigung und Einkommensbezug in den Unternehmen, von denen die öffentliche Hand Güter und Dienstleistungen kauft, gehören hierher. Damit erschöpfen sich die Wirkungen von zusätzlichen Staatsausgaben keineswegs. Sie können um ein Vielfaches verstärkt werden durch Multiplikator- und Akzeleratoreffekte. Während KEYNES das Multiplikator-Prinzip zur Grundlage seiner expansiven Beschäftigungstheorie entwickelt hat, hat der norwegische Nationalökonom TRYGVE HAAVELMO nachgewiesen, daß auch ein Staatshaushalt, der ohne zusätzliche Kreditaufnahme expandiert, Sozialprodukt und Volkseinkommen vergrößern kann. Unter seinen Annahmen und Voraussetzungen ist der Multiplikator gleich eins, das heißt, die Höhe der zusätzlichen Ausgaben entspricht einer gleich hohen Zunahme des Volkseinkommens (Haavelmo-Theorem).

Umschichtung der Einkommen

Es gibt keine wirtschaftspolitischen Maßnahmen des Staates, die nicht verteilungspolitische Effekte haben oder haben können (JECHT). In der deutschen Sozialpolitik wird seit dem letzten Drittel des 19. Jahrhunderts der Gedanke der Einkommensumverteilung mit dem Ziel einer Verringerung der Einkommensunterschiede vertreten. Nach KOLMS [23] kann dafür als Ansatzpunkt das Nominaleinkommen, aber auch das Realeinkommen gewählt werden. Während das Nominaleinkommen durch progressive Einkommensteuern und Geldtransfers an bedürftige Haushalte verändert werden kann, kann das Realeinkommen durch Subventionen zur Verbilligung von Massenverbrauchsgütern zugunsten der Einkommensschwachen verändert werden. Eine progressive, die höheren Einkommen stärker belastende Gestaltung des Tarifs zum Beispiel der Einkommensteuer wird schon deshalb gefordert, um zumindest die sogenannten Regressionswirkungen der indirekten Steuern und Zölle (relativ zum Einkommen werden die einkommenschwächeren Schichten durch sie stärker belastet) auszugleichen. Eine Einkommensumverteilung mit Hilfe steuerpolitischer Eingriffe wird von CARL FÖHL grundsätzlich bestritten: Vielmehr würden die auf Unternehmergewinne gelegten Steuern immer auf die Nichtunternehmer-Konsumenten abgewälzt werden.

Die Ausgaben sind entscheidend

In der Finanzwissenschaft hat sich die Erkenntnis durchgesetzt, daß gesamtwirtschaftliche Wirkungen weit effizienter mit der Ausgaben- als mit der Steuerpolitik erreicht werden können. Bei den Ausgaben sei man schlechterdings sicher, daß sie Einkommen und Beschäftigung erhöhten, während zum Beispiel der durch Steuersenkungen bewirkte Kaufkraftzuwachs bei den Privaten zu unerwünscht hohen Anteilen gespart werden könne. Als Mittel der Ausgabenpolitik stehen dem Staat grundsätzlich Personal- und Sachausgaben, allgemeine Haushalts- und Zweckausgaben, Transferzahlungen (Subventionen und Sozialleistungen) sowie die öffentlichen Investitionen zur Verfügung. Sie sind jedoch mit Ausnahme der Investitionen allesamt mehr oder weniger ungeeignet, um konjunktur- und wachstumspolitische Ziele zu erreichen. Sie sind zumeist nach ihrem Zweck so fest «fixiert», daß einer Streichung in der Hochkonjunktur oder einer Verstärkung in der Depression schon «rein technische Schwierigkeiten» entgegenstünden. Demnach verblieben für die nachfragewirksame Steuerung fast ausschließlich die öffentlichen Investitionen. In der Haushaltswirklichkeit sind jedoch zumeist auch diese zu einem unerwünscht hohen Anteil «festgeschrieben». Damit sind finanzwirtschaftliche Eingriffe in der Depression im Grunde nur mit zusätzlichen öffentlichen Ausgaben, in der Regel also über Kreditaufnahmen, zu verwirklichen.

Fazit:

Ein angeblicher «Ausgabenzwang» hat dazu geführt, daß zum Beispiel die Staatsschuld sowohl absolut als auch relativ immer stärker zugenommen hat. Skeptisch stimmt, daß während der Hochkonjunktur stärker fließende Steuereinnahmen in der Praxis nur höchst selten dazu genutzt werden, um Staatsschulden vorzeitig oder überhaupt zu tilgen. Abgesehen von den sich hieraus ergebenden negativen Auswirkungen auf die Geldwertstabilität engt die zunehmende Aufblähung der Staatsschuld mit den damit verbundenen wachsenden Tilgungsanforderungen sowie mit dem Zinsendienst die Flexibilität der öffentlichen Haushalte noch weiter ein.

3.2 Die Lehren von Keynes

Als John Maynard Keynes (1883 bis 1946) nach der Großen Depression im Jahre 1936 seine «Allgemeine Theorie der Beschäftigung, des Zinses und des Geldes» veröffentlichte, erschien das Buch vielen als eine Art Heilsbotschaft. Nach der schwersten Wirtschaftskrise der Neuzeit und deprimierenden Jahren der Massenarbeitslosigkeit hatte sich die Vorstellung festgesetzt, daß weder die klassische noch die neoklassische Nationalökonomie eine Antwort auf derartige Einbrüche zu geben in der Lage wären. Demgegenüber bot die Lehre des später als Lord of Tilton geadelten KEYNES scheinbar etwas völlig Neues. Arbeitslosigkeit entstehe durch einen Mangel an Nachfrage, sagte KEYNES. Steige die Nachfrage, stiegen auch die Investitionen und damit die Beschäftigung. Aufgabe des Staates sei es, mit zusätzlicher Nachfrage – über Arbeitsbeschaffung und mittels expansiver Finanzpolitik – Investitionen und Beschäftigung anzuregen und auf einem hohen Niveau zu halten.

Die klassische Lehre einbezogen

Mit «A Treatise on Money» (1936) hatte KEYNES das Ziel verfolgt, «die dynamischen Gesetze zu entdecken, welche den Übergang eines monetären Systems von einer Gleichgewichtsposition zu einer anderen beherrschen». Er soll nach einem (halben) Mißerfolg das Gefühl gehabt haben, alles noch einmal umschreiben zu müssen. Das Ergebnis war die «General Theory». Der Erfolg dieses Buches gründet sich – außer auf der historischen Situation – nicht zuletzt auf die Tatsache, daß er es fertigbrachte, die klassische Lehre in sein System einzubeziehen, diese gleichsam als «Spezialfall» darzustellen.

«Die Reallöhne müssen sinken»

Die Klassiker hatten gelehrt, daß sich Sparen und Investieren im allgemeinen auf den Kapitalmärkten durch die Zinsbewegungen ausgleichen. Ihre Änderungen führten deshalb nicht zu Veränderungen der Nachfrage, mithin auch nicht zu Inflation und Deflation; sie seien für die Beschäftigung indifferent. Demgegenüber behauptete KEYNES: Im allgemeinen gleichen sich Sparen und Investieren nicht aus. Ihre Veränderungen führen zu Inflation und Deflation, mithin zu Schwankungen der Beschäftigung im Einklang mit der Nachfrage nach Arbeit. Diese wiederum schwankt mit der Geldmenge, mit der *Liquiditätsvorliebe*, mit der marginalen Neigung zum Verbrauch, mit der marginalen Produktivität des Kapitals. Nach KEYNES kann die Beschäftigung nur steigen, wenn die Reallöhne sinken; dieses werde durch die «Geldillusion» der Arbeiter ermöglicht.

Der Sparer als «Störenfried»

Als einen der «Störenfriede» im System entdeckte KEYNES den Sparer: «Je tugendhafter, je entschlossener sparsam wir in unserer staatlichen und persönlichen Geldgebarung sind, desto mehr werden unsere Einkommen fallen müssen, wenn der Zinsfuß im Verhältnis zur Grenzleistungsfähigkeit des Kapitals steigt.» KEYNES glaubte nachweisen zu können, daß der klassische Fall der Vollbeschäftigung (Sparen gleich Investieren) nur ein besonderer Glücksfall sei: Entgegen der klassischen Theorie verschwinde Unterbeschäftigung nicht durch das freie Spiel von Preisen, Löhnen und Zinsen. Der Staat müsse deshalb die Vollbeschäftigung vor allem durch eine expansive Finanzpolitik garantieren.

KEYNES bestritt, daß der Sparanteil der bei einer Produktionssteigerung verdienten Mehreinnahmen automatisch zu mit einer Einkommenssteigerung korrespondierenden Mehrnachfrage nach Kapitalgütern führe. Die Nachfrage nahm KEYNES zum Ausgangspunkt seiner Beschäftigungstheorie in Gestalt der Multiplikator-Analyse. Er untersuchte die Wirkungen zusätzlicher Nachfrage nach Kapitalgütern und die auf die Höhe des Volkseinkommens. Die aufgrund überschüssiger Ersparnis nicht abgesetzten Güter werden einer (unfreiwilligen) Investition gleichgestellt. Sie führen über den Nachfrageausfall zu Beschäftigungseinschränkungen, bis die De-facto-Investition gleich der geplanten (freiwilligen) Investition und damit das System im Gleichgewicht ist.

Nachfragemangel gleich Arbeitslosigkeit

In seinem System entsteht aus ungenügender effektiver Nachfrage Arbeitslosigkeit. KEYNES hielt das klassische Mittel der Lohnsenkung für ineffektiv, da bei gleichbleibender Nachfrage nach Kapitalgütern und gleichbleibender Konsumquote lediglich eine korrespondierende Preissenkung die Folge wäre, ohne daß die Profitmarge der Investoren wüchse. Entgegen der klassischen Auffassung verneinte er die Wirksamkeit des Zinsmechanismus als Stimulans der Investitionen. Der Zins sei abhängig von der Liquiditätspräferenz der Wirtschaftssubjekte, er sei eine Funktion derer Transaktions-, Vorsichts- und Spekulationsmotive. Die Zinspolitik müsse daher unter Berücksichtigung der Konsumneigung durch Maßnahmen zur Steigerung der Investitionen unterstützt werden, vor allem durch zusätzliche öffentliche Aufträge in Depressionszeiten.

Nach KEYNES gibt es einen bestimmten Sparbetrag je Jahr, der bei Vollbeschäftigung anfällt. Die Regierung habe darauf zu achten, daß so viel investiert werde, damit dieser Betrag wieder aufgefangen wird. Nach Auffassung von KEYNES besteht stets die Gefahr, daß die effektive Nachfrage nicht ausreiche, die für die Vollbeschäftigung notwendigen Investitionen anzuregen. Deshalb forderte er öffentliche Arbeitsbeschaffung, Investitionslenkung und Veränderung in der Einkommensverteilung. Der Konsum fördert in seinem System die Produktion, neue Investitionen schaffen neue Einkommen, zusätzliche Einkommen bedeuten höhere Ersparnisse. Eine Politik des billigen Geldes und der Staatsinvestitionen könne die Wirtschaft im Zustand dauernder Vollbeschäftigung halten. Die Rolle der Geldpolitik wird lediglich darin gesehen, die Zinssätze niedrig zu halten.

Zustimmung und Ablehnung

Keynes' Gedanken haben leidenschaftliche Zustimmung ebenso wie heftige Ablehnung sowohl in der Wissenschaft als auch in der Politik gefunden. Namen wie ROOSEVELT, KENNEDY, JOHNSON, KARL SCHILLER kennzeichnen diesen Weg, auf dem die Steuerung der Volkswirtschaft mittels «Globalgrößen» populär gemacht worden ist, auf dem sich gleichzeitig die Ökonometriker mit immer neuen mathematischen Formeln (Konsumfunktion) «herausgefordert» fühlten. JOSEF SCHUMPETER hat geschrieben: «In der gesamten Wirtschaftsgeschichte gibt es nur zwei analoge Fälle: die Physiokraten und die Marxisten.» Demgegenüber meinte zur «General Theory» der amerikanische Nationalökonom PAUL A. SAMUELSON: «Sie ist ein schlecht geschriebenes Buch, unzulänglich gegliedert. Es wimmelt von trügerischen Entdeckungen und Unklarheiten.» Der deutsche Währungstheoretiker und -praktiker L. ALBERT HAHN spricht von einer «Wiederauflage merkantilistischer und kaufkrafttheoretischer Gedankengänge». Ferner hat HAHN KEYNES vorgeworfen, mit seiner Konzeption lediglich Unterkonsumtionstheorien des 18. und 19. Jahrhunderts sowie die Überinvestitionstheorie etwa von ARTHUR SPIETHOFF reproduziert zu haben.

Fazit:

Die Wissenschaft ist in einer heute weitverbreiteten Meinung zu dem Ergebnis gekommen, daß der Keynesianismus letzten Endes in der Inflation das Heilmittel zur Beseitigung der Arbeitslosigkeit gesehen habe. Inflation aber führe – unter den heutigen Voraussetzungen – zu sich beschleunigenden Lohnerhöhungen. Das aber bedeute nicht eine höhere Beschäftigung, sondern eine höhere Arbeitslosigkeit. Um Arbeitskräfte zu sparen, investierten die Unternehmen verstärkt in Rationalisierungsprojekte, was langfristig sogar strukturelle Arbeitslosigkeit bringe. An der Unfähigkeit, mit der Inflation fertig zu werden, ist der Keynesianismus, der Mitte der fünfziger Jahre zur etablierten Orthodoxie aufgerückt war, letztlich gescheitert. Eine mächtige intellektuelle Gegenbewegung ist indessen erst von der Mitte der sechziger Jahre an mit dem Monetarismus (siehe Abschnitt 4.3) erwachsen.

Kapitel 4

GELD UND WÄHRUNG

4.1 Das Geld – Binnenwert der Währung

Die moderne, arbeitsteilige Wirtschaft ist Tauschwirtschaft in Form der Geldwirtschaft. Geld ist gleichsam der Lebensnerv und Transmissionsriemen einer Vielzahl ökonomischer Vorgänge und ihrer Interdependenzen. Es erleichtert und befördert die wirtschaftlichen Transaktionen; die Qualität des Geldes und seine ökonomische Verwendung stehen für die Effizienz der Wirtschaft schlechthin. Nach einer weithin akzeptierten, der «Anweisungstheorie» entlehnten Definition ist Geld eine in Recheneinheiten ausgedrückte, übertragbare, allgemeine Anweisung auf am Markt angebotene Güter.

Entstehung und Funktionen

Eine wesentliche Voraussetzung für die Entstehung des Geldes war die Bildung persönlichen Eigentums, zum Beispiel durch Schmuck. Ferner ist eine wichtige Voraussetzung gewesen die gesellschaftliche Arbeitsteilung als eine Grundlage des regelmäßigen Austausches der Güter zwischen den einzelnen Wirtschaftseinheiten. In grauer Vorzeit ist Ware gegen Ware getauscht worden. Im Laufe der Zeit entwickelten sich einige Warenarten als Tauschmittel. Dazu gehörten vor allem Vieh, Tabak, Pelze, Bier, Sklaven, Frauen, Gold, Silber. Dem Zeitalter des Warengeldes folgte das Zeitalter des Papier- und Buchgeldes. Papiergeld schien gegenüber dem überkommenen Geld vor allem zwei Vorteile zu bieten: Es war leicht zu transportieren und ebenso leicht aufzubewahren.

Nach der Warengeld- und Konventionstheorie hat sich Geld mithin aus der tausch- und absatzfähigsten Ware, wozu vor allem die Edelmetalle gehörten, entwickelt. Die am Handel Interessierten einigten sich schließlich auf einen bestimmten Wertmesser: Die Übereinkunft von Menschen führte zur Entstehung und Wertgeltung des Geldes. Für die moderne Wirtschaft kann vor allem die Knappsche staatliche Theorie des Geldes zugrunde gelegt werden. Nach G. F. KNAPP ist die Definition der Werteinheit ein «freier Akt der Staatsgewalt». Nach allem hat das Geld vier Grundfunktionen: es ist Tauschmittel (Zahlungsmittel), Recheneinheit, Wertmaßstab und Wertaufbewahrungsmittel.

Erscheinungsformen

Nach dem Annahmezwang wird unterschieden in obligatorisches Geld (gesetzliches Zahlungsmittel), bedingt obligatorisches Geld (Scheidegeld, Münzen), fakultatives Geld (Wechsel, Anweisungen, Schecks). Bei der sogenannten genetischen Einteilung wird differenziert nach Sachgeld (Metall), Zeichengeld (Notalgeld), Kreditgeld (Buchgeld).

Weiter sind anzuführen:

- ☐ geldnahe Forderungen («Quasi-Geld»), zum Beispiel Spareinlagen mit gesetzlicher Kündigungsfrist und Kassenüberschüsse von öffentlichen Haushalten, angelegt in Geldmarktpapieren,
- ☐ Sorten (ausländische Geldzeichen),
- ☐ Devisen (Wechsel auf ausländische Währung).

Zu den wichtigsten «Geldgesamtheiten» (ALFRED STOBBE) zählen

- ☐ der Bargeldumlauf (Banknoten und Scheidemünzen),
- ☐ die Barreserve der Geschäftsbanken (Bargeld und Sichtguthaben bei der Zentralbank),
- ☐ die Geldmenge des Nichtbanken-Bereichs bei Unternehmen und privaten Haushalten; das sind Münzen, Banknoten, Sichtguthaben bei den Geschäftsbanken und der Zentralbank,
- ☐ die Geldmenge ohne Zentralbankguthaben inländischer öffentlicher Stellen, die identisch ist mit dem sogenannten Geldvolu-

men in der Abgrenzung von Bargeld, Sichteinlagen und Termineinlagen bis zu drei Monaten (siehe auch Teil B, Abschnitt 2.2).

Subjektiver und objektiver Geldwert

Der subjektive Geldwert ist charakterisiert durch die Wertschätzung des einzelnen des ihm zur Verfügung stehenden Geldes. Es ist der Gebrauchswert des Geldes, der unter sonst gleichbleibenden Umständen beim gleichen Individuum mit zunehmendem Einkommen abnimmt. Wer relativ wenig verdient, wird eine bestimmte Geldeinheit höher bewerten und vorsichtiger ausgeben beziehungsweise anlegen als zum Beispiel Bezieher höherer Einkommen. Die Nationalökonomen sagen, der subjektive Geldwert sei durch die Grenzausgabe, das ist die Ausgabe der letzten Geldeinheit, bestimmt.

Demgegenüber wird der objektive Geldwert bestimmt von der Kaufkraft des Geldes: Der Wert einer Geldeinheit läßt sich ausdrücken durch die Anzahl der Gütereinheiten, die man für diese Geldeinheit auf dem Markt bekommt. Diese Kaufkraft verhält sich umgekehrt proportional zum allgemeinen Preisniveau; sie ist gleich dem Kehrwert (Reziprok) des Preisniveaus:

$$K + 1/P.$$

Allgemein läßt sich sagen, daß die Kaufkraft des Geldes dann hoch ist, wenn die Güterpreise niedrig sind. Umgekehrt ist die Kaufkraft niedrig, wenn die Güterpreise hoch sind. Wesentlich für die Beurteilung der Kaufkraft ist vor allem die Entwicklung des Preisindex für die Lebenshaltung (Teil B, Abschnitt 4.2).

Fazit:

In der modernen, arbeitsteiligen Wirtschaft ist Geld der wichtigste Transmissionsriemen der ökonomischen Aktivitäten. Entstanden durch die Übereinkunft von Menschen für einen bestimmten Wertmesser hat im Laufe der Zeit der Staat Währungshoheit und Währungsmonopol übernommen. Als wichtigste Funktionen des

Geldes gelten seine Eigenschaften als Zahlungsmittel, Recheneinheit, Wertmaßstab und Wertaufbewahrungsmittel. In der Theorie wird unterschieden zwischen dem subjektiven und dem objektiven Geldwert, also zwischen der persönlichen Wertschätzung des Geldes durch den einzelnen und der Kaufkraft des Geldes am Markt Gütern und Dienstleistungen gegenüber.

4.2 Die Ursachen der Inflation

Erfahrungsbild und Erklärungsversuche

In der Öffentlichkeit hat sich jene Definition weitgehend durchgesetzt, die Inflation als einen stetigen Anstieg des Preisniveaus, gemessen vor allem am Index der Lebenshaltungspreise, beschreibt. Nach dieser Abgrenzung hat der Preisauftrieb in der Bundesrepublik bis zu den achtziger Jahren von Jahrzehnt zu Jahrzehnt zugenommen. So sind zum Beispiel die Verbraucherpreise in der Bundesrepublik in den siebziger Jahren mit gut 60 Prozent oder 5 Prozent im Jahresdurchschnitt doppelt so stark gestiegen wie in der vorangegangenen Dekade. Diese Entwicklung hat sich in den achtziger Jahren auf eine mittlere Rate von 2,5 Prozent wieder abgeschwächt.

Schleichende und galoppierende Inflation

Eine Preisentwicklung dieser Art ist als *gedämpfte, schleichende oder säkulare Inflation* beschrieben worden. Für andere Volkswirtschaften, die wesentlich höhere Teuerungsraten als die Bundesrepublik hinzunehmen hatten, haben einige Autoren den Begriff der *trabenden Inflation* eingeführt.

Als klassische Beispiele für *Hyperinflationen* gelten unter anderem die Preisentwicklungen in Österreich (1921/22), in Deutschland (1922/23), Polen (1923/24), Rußland (1921/24), Ungarn (1923/24) und Griechenland (1943/44). Derartige *kumulative Pro-*

zesse (KNUT WICKSELL) gleichen in den Auswirkungen der Gewalt von Naturkatastrophen. In Deutschland zum Beispiel war der Notenumlauf innerhalb nur weniger Monate – von Juli bis November 1922 – auf das Vierfache gestiegen. In der gleichen Zeit hatten sich die Löhne versechsfacht, die Lebenshaltungspreise verneunfacht; der Kurs des Dollar war auf das Vierzehnfache gestiegen. Was danach kam, ist rechnerisch kaum noch darstellbar. Bis Juni 1923 erhöhten sich – binnen Jahresfrist – die Reichsschuld um 7000 Prozent, die Geldmenge um 8000 Prozent, die Lebenshaltungspreise um 13 500 Prozent, der Dollarkurs – zusammen mit den Einfuhrpreisen – um 22 000 Prozent. Im Oktober 1923 wurden die Reichsausgaben nur noch zu 1 Prozent aus Steuern bestritten; der Dollarkurs wurde am 20. September 1923 auf 4,2 Billionen Papiermark festgesetzt.

Die Ursachen

Derartige Hyperinflationen, bei denen das Geld seine Funktion als Wertaufbewahrungs- und Tauschmittel verliert, sind vor allem als Nachkriegserscheinungen bekannt geworden, deren Ursachen besonders in der Finanzierung großer Haushaltsdefizite mit Hilfe der Notenpresse, in einer zerrütteten Produktionsstruktur und in einer außerordentlichen Unstabilität der politischen Verhältnisse gelegen haben (HERBERT GIERSCH). Die Kausalkette wurde so formuliert: Staatliche Haushaltsdefizite führen zu erhöhtem Notenumlauf, verstärkter Güternachfrage, damit zu erhöhten Güterpreisen und schließlich zu einer Abwertung der Währung nach außen.

Nachfrage- und Kosteninflation

Vor allem in den fünfziger Jahren sind die Thesen von der Nachfrage- und Kosteninflation diskutiert worden. Ein Teil dieser Diskussion, soweit er die Nachfrage-Theorie betrifft, läßt sich bis auf KEYNES (siehe Abschnitt 3.2) zurückverfolgen. In seiner Schrift «How to pay for the war» (1940) hat er die seinerzeitige Inflation gleichsam aus einem Geldüberhang, aus einer im Verhältnis zum

Gesamtangebot zu hohen monetären Gesamtnachfrage, erklärt. Während sogenannte Nachfrageinflationen häufig mit einem Versagen der Wirtschaftspolitik erklärt worden sind, sind demgegenüber *Kosteninflationen* vor allem einer Verkrustung der Märkte (monopolistische Verhaltensweisen) zugeschrieben worden. In der Praxis hat sich jedoch herausgestellt, daß beide Inflationstypen nur schwer voneinander abzugrenzen sind. Zum Beispiel steigen Preise und Löhne in Inflationen immer. Löhne aber sind Kosten und Nachfrage zugleich (SCHERF).

Die Rolle von Kosten und Löhnen

In der Theorie ist viel über die Preispolitik der Unternehmen sowie über die Lohnpolitik der Gewerkschaften als Ursachen der Inflation geschrieben worden. Beides ist mit Marktmacht, aber auch mit politischer Macht erklärt worden. Während FRIEDMAN zum Beispiel den Gewerkschaften – neben dem Markt – überhaupt keinen bestimmenden Einfluß zumißt, erkennt demgegenüber CHAMBERLIN hier den Dreh- und Angelpunkt. GOTTFRIED BOMBACH bezeichnet die Lohnentwicklung als «die Hauptdeterminante der Preisentwicklung». Nach HICKS besitzt das marktwirtschaftliche System einen «Lohnstandard»: Das Preisniveau sei durch die durchschnittliche Lohnhöhe bestimmt.

Auch der Sachverständigenrat (siehe Abschnitt 5.1) hat zur Erklärung der «hausgemachten» (nichtimportierten) Inflation vor allem die Kostenhypothese vertreten. So heißt es im Jahresgutachten 1969/70: «Längerfristig gilt auf funktionierenden Wettbewerbsmärkten, daß sich die Preise nicht viel anders entwickeln als die Stückkosten, also die Vormaterial-, Lohn- und Kapitalkosten je Produkteinheit».

Konjunktur und Preise

Natürlich sind auch die Preissteigerungen von heute mit der konjunkturellen Entwicklung verknüpft. Allerdings gibt es den Gleichklang in der Regel nur noch in Boomperioden. Steigenden Preisen in der Hochkonjunktur steht allenfalls ein verlangsamter

Anstieg, jedoch kaum ein Rückgang in Phasen schwächerer wirtschaftlicher Aktivität gegenüber. Dadurch hat die Preisbewegung über lange Zeit die Form eines treppenartigen Gebildes angenommen; der «Sockel» – das absolute Niveau – ist von Konjunkturzyklus zu Konjunkturzyklus höher geworden.

Erfahrungsgemäß steigt in der ersten Phase des Aufschwungs bei besser ausgelasteten Kapazitäten die Produktivität besonders kräftig. Bei mäßig steigenden Löhnen sinken folglich die Lohnstückkosten. «Dennoch werden die Preise im allgemeinen nicht gesenkt – eine Verhaltensweise, deren große Bedeutung für die Erklärung der schleichenden Inflation offensichtlich ist». (H. J. SCHMAHL) In der Spätphase des Aufschwungs läßt dann mit zunehmender Kapazitätsauslastung der Produktivitätsanstieg nach. Mit dem Lohnanstieg verstärkt sich der Zuwachs der Lohnstückkosten – was die Unternehmen wiederum in den Preisen weiterzugeben versuchen. Das wird noch deutlicher in der Abschwungphase: Bei sinkender Kapazitätsauslastung und nachlassendem Produktivitätsfortschritt steigen die Löhne noch eine Zeitlang weiter. Dadurch beschleunigt sich der Anstieg der Lohnstückkosten, was wiederum die Überwälzungsversuche der Anbieter verstärkt.

Fazit:

Mit Dauer und Intensität der Geldentwertung wächst die Gefahr, daß die Wirtschaftspolitik die Teuerung überhaupt nicht mehr in den Griff bekommen könnte. Das Geld verliert im Verlaufe einer solchen Entwicklung zunehmend seine Funktion als Recheneinheit, Tausch- und Wertaufbewahrungsmittel. Die Fehlverteilung der Produktivkräfte, der Betrug am Sparer, die Vermögensumschichtungen zugunsten der Investoren und Spekulanten, die Begünstigung monopolistischer Marktformen, alle diese Folgeerscheinungen der Inflation bedrohen die marktwirtschaftliche Ordnung.

Die Quantitätstheorie

Vertreter der «naiven Quantitätstheorie» wie BODIN und DAVANZATI waren der Meinung, daß Preisentwicklung und Kaufkraftveränderungen unmittelbar auf Veränderungen der umlaufenden Geldmenge zurückgeführt werden könnten: Werde die Geldmenge erhöht, dann stiegen die Preise, die Kaufkraft sinke. Werde umgekehrt die Geldmenge verringert, fielen die Preise, und die Kaufkraft steige. So wurden zum Beispiel die starken Preissteigerungen des 16. Jahrhunderts in Europa mit dem Edelmetallzustrom aus Amerika erklärt. Der britische Nationalökonom DAVID RICARDO wies indessen zu Beginn des 19. Jahrhunderts nach, daß allein die inflationistische Geldschöpfung der Bank von England für die Geldentwertung im Innern und nach außen (Steigen des Goldpreises) verantwortlich gewesen sei.

1922 erweiterte der schwedische Nationalökonom KNUT WICKSELL seine schon 1898 («Geldzins und Güterpreise») entwickelte Quantitätstheorie. In den «Vorlesungen über Nationalökonomie» schrieb WICKSELL, daß der Kausalzusammenhang zwischen Änderungen der Geldmenge und Änderungen der Güterpreise indirekter Natur sei. Der Geldmengenzuwachs müsse, um preiswirksam zu werden, sich in einer Erhöhung der Nachfrage niederschlagen.

Der Wirtschaftstheoretiker ERICH SCHNEIDER differenziert noch weiter: «Ob die effektive Nachfrage von Änderungen der Geldmenge beeinflußt wird, hängt ... von der Konsumneigung, der Investitionsneigung und Liquiditätspräferenz der Wirtschaft ab; und ob eine Erhöhung der effektiven Nachfrage zu einer Preissteigerung führt, hängt ... wesentlich von dem Beschäftigungszustand ab, in dem sich die Wirtschaft im Augenblick des Eintretens der Nachfragesteigerung befindet.» Nach SCHNEIDER sind es mithin die Entscheidungen der am Wirtschaftsprozeß Beteiligten, die Nachfragereaktionen – als Folge von Geldvermehrungen – hervorrufen oder nicht. Selbst wenn die Nachfrage steigt, seien Preissteigerungen in der Regel erst dann zu erwarten, wenn die Kapazitäten voll ausgelastet sind und der Arbeitsmarkt – zum Beispiel als Folge einer Hochkonjunktur – «leergefegt» ist.

Quantitätsgleichung

Im Anschluß an NEWCOMB formulierte IRVING FISHER die Quantitätsgleichung (1911), die Newcomb-Fishersche Verkehrsgleichung. Als weitere gesamtwirtschaftliche Größen, die für die Veränderungen des Preisniveaus bestimmend sein könnten, erkannte er

- ☐ die Geldmenge (G),
- ☐ die Umlaufgeschwindigkeit des Geldes (U),
- ☐ das gesamte Handelsvolumen (H) einer Volkswirtschaft (Güter und Dienstleistungen).

Diese drei Größen (G, U und H) setzte er in Beziehung zum Preisniveau (P):

$$G \times U = H \times P.$$

Danach würde sich das Preisniveau bestimmen lassen mit

$$P = \frac{G \times U}{H}$$

Da die Kaufkraft (K) gleich dem Reziprok des Preisniveaus ist, wäre K durch die folgende Gleichung gegeben:

$$K = \frac{H}{G \times U}$$

Danach würde das Preisniveau nicht nur von der Geldmenge, sondern auch von der Umlaufgeschwindigkeit des Geldes und durch das Handelsvolumen beeinflußt. Es ist leicht einzusehen, daß, wenn G und H unverändert bleiben und nur die Umlaufgeschwindigkeit zunimmt (zum Beispiel durch angeheizte Inflationserwartungen; die Wirtschaftssubjekte geben ihr Geld schneller aus), die Preise ebenfalls steigen werden. Ebenso wird deutlich, daß, wenn G und U konstant bleiben und nur das Handelsvolumen zurückgehen würde (zum Beispiel durch Kriege oder Naturereignisse), es auch zu Preissteigerungen kommen müßte.

Steigt das Preisniveau durch Verminderung des Handelsvolumens oder durch Zunahme der Umlaufgeschwindigkeit (bei konstanter Geldmenge), dann werden diese Wirkungen von einem Teil der Wirtschaftswissenschaft «inflatorisch» genannt – im Unterschied zu «inflationistischen» Konsequenzen, die sich vor allem aus der Geldmengenvermehrung ergeben. Dazu ein Beispiel: Während der deutschen Inflation nach dem Ersten Weltkrieg ist die Banknotenmenge von Mai 1921 bis Januar 1923 um das 23fache gestiegen, das Preisniveau aber elfmal stärker, nämlich um das 251fache. Dieser Effekt kann nur erklärt werden mit einer gleichzeitigen Beschleunigung der Umlaufgeschwindigkeit des Geldes: Unternehmen und Haushalte wollten ihr Geld so schnell wie möglich «loswerden».

Im Ergebnis liefert die Fishersche Verkehrs- oder Quantitätsgleichung zwar eine Faustregel, die die quantitätstheoretischen Ansätze zu ergänzen in der Lage ist. Sie ist aber dennoch, darauf hat vor allem Helmut Lipfert [27] hingewiesen, im Grunde nur eine Definitionsgleichung für die Einkommenskreislaufgeschwindigkeit des Geldes, die nur Ex-post-Feststellungen ermöglicht. Für die Erklärung der Zusammenhänge ist aber vor allem nach den Ursachen zu fragen: Warum verändern sich Geldmenge, Umlaufgeschwindigkeit und das Handelsvolumen? Einen Schritt über die Quantitätsgleichung hinaus führen einkommenstheoretische Ansätze.

Einkommenstheoretische Ansätze

John Maynard Keynes veröffentlichte im Jahre 1936 seine «Allgemeine Theorie der Beschäftigung, des Zinses und des Geldes». Aus den Erfahrungen der Weltwirtschaftskrise versuchte Keynes, eine wissenschaftliche Begründung dafür zu geben, daß die Wirtschaftspolitik vom Vorrang der Zahlungsbilanzpolitik abzugehen habe und sich vor allem am wirtschaftspolitischen Ziel der Vollbeschäftigung ausrichten müsse. Keynes' Analyse der volkswirtschaftlichen Globalgrößen Einkommen, Verbrauch, Sparen und Investieren führte zu der Erkenntnis, daß es die Entscheidungen sind, die Unternehmen und Konsumenten über die Verwendung ihrer Einkommen treffen (Konsumieren, Sparen, Investieren), die den Geldwert und seine Entwicklung maßgeblich bestimmen.

Die Angebotsmenge an Gütern und Dienstleistungen, die in einer Volkswirtschaft zur Verfügung steht, wird nicht allein aus der Inlandsproduktion, sondern zusätzlich aus dem Saldo von Exporten und Importen bestimmt. Wird mehr exportiert als importiert, so liegt im Sinne der volkswirtschaftlichen Gesamtrechnung, die Güter und Dienstleistungen erfaßt, ein «positiver Außenbeitrag» vor. Wenn mehr exportiert als importiert wird, dann verringert sich im Inland das Angebot an Waren und Dienstleistungen. Der gleichzeitige Zufluß von Devisen aus dem Ausland bedeutet zusätzliche Kaufkraft. Beides kann preissteigernd wirken.

Demgegenüber hätte ein «negativer Außenbeitrag» (es wird mehr importiert als exportiert) tendenziell die entgegengesetzten Konsequenzen, nämlich deflationistische oder deflatorische Wirkungen. Ähnlich ist es mit den Kapitalverkehrsströmen: Wird per saldo Kapital importiert (positive Kapitalbilanz), kann das zu zusätzlicher Nachfrage und zu Preissteigerungen im Inland führen. Ist andererseits die Kapitalbilanz negativ (Nettokapitalexport), dann bewirkt das in der Tendenz einen Nachfragerückgang mit Druck auf die Preise.

Zumindest seit den sechziger Jahren, spätestens seit den Schwierigkeiten des «Bretton-Woods»-Währungssystems der festen Wechselkurse ist das Schlagwort von der «importierten Inflation» bekannt. Von Land zu Land übertragen werden kann eine Inflation grundsätzlich sowohl durch Kapital-/Devisenzuströme als auch durch Vorgänge im Güterbereich.

Besonders engagiert hat sich der Währungstheoretiker und Bankpraktiker L. ALBERT HAHN mit dem Phänomen der importierten Inflation auseinandergesetzt: «Was die Folgen anlangt, sind bei jeder unilateralen Inflation zwei Perioden zu unterscheiden, eine erste temporäre und eine zweite längerfristige. In der ersteren ist die Parität der Inlandswährung gegen Gold und andere Währungen, in der zweiten die Kaufkraft der anderen Währungen gefährdet ... Die sattsam bekannte ‹importierte Inflation› läßt das Preisniveau in den Gläubigerländern so lange steigen, bis die Zahlungsbilanzüberschüsse verschwinden. Ein ‹Angleichungsboom› wird entfesselt, der sich theoretisch fortsetzt, bis die importierte Inflation die ‹exportierte› eingeholt hat. ... Denn eine kompensierende Auslandsinflation ist das einzig wirksame Mittel, eine Inlandsinflation auf die Dauer tragbar zu machen.»

Fazit:

Quantitätstheorie und Quantitätsgleichung zeigen, daß nicht nur die Geldmenge, sondern auch die Umlaufgeschwindigkeit des Geldes sowie das Handelsvolumen das allgemeine Preisniveau beziehungsweise die Kaufkraft des Geldes maßgeblich beeinflussen. Nach KEYNES sind es vor allem die Entscheidungen der Konsumenten (Konsumieren, Sparen, Investieren), die den Geldwert und seine Entwicklung bestimmen. Besonders seit den sechziger Jahren ist durch die Problematik der festen Wechselkurse das Phänomen der «importierten Inflation» bekannt geworden: Hohe und anhaltende außenwirtschaftliche Überschüsse führen im Inland zu einem Entzug von Gütern und gleichzeitigem Zufluß von Devisen; beides wirkt preissteigernd.

4.3 Der Monetarismus

Die Geschichte der Wirtschaftstheorie kennt zahlreiche «Revolutionen», angefangen von ADAM SMITH und DAVID RICARDO bis hin zu JOHN MAYNARD KEYNES. Es hat jedoch kaum eine «Konterrevolution» gegeben. Eine solche Entwicklung hat offensichtlich als erste theoretische Schule den Monetarismus eingeleitet: Die «Chicago School» unter Führung ihres bekanntesten Begründers und Interpreten MILTON FRIEDMAN ist – etwa seit Mitte der sechziger Jahre – mit einigem Erfolg angetreten, die Lehre des Keynesianismus (siehe Abschnitt 3.2) aus den Angeln zu heben. Der Monetarismus wirft KEYNES und dessen Anhängern vor allem vor, gegenüber der Inflation versagt, ja diese sogar bewußt in Kauf genommen zu haben. Nicht die Nachfragesteuerung, sondern allein eine konsequente Steuerung der Geldmenge könne die Schwierigkeiten der Wirtschaftspolitik am besten meistern.

Dreh- und Angelpunkt: die Geldmenge

Dreh- und Angelpunkt im System von MILTON FRIEDMAN und seiner Anhänger ist die Geldmenge. Sie sind davon überzeugt, daß vom Niveau der Geldversorgung, vor allem von den Veränderungsraten der Geldmenge, die entscheidenden kausalen Impulse auf die wirtschaftliche Aktivität ausgehen. Die umgekehrte Wirkung wird inzwischen nicht mehr bestritten, jedoch in der Bedeutung stark relativiert. Um die wirtschaftliche Entwicklung zu verstetigen, hat FRIEDMAN vorgeschlagen, jährlich eine konstante Wachstumsrate der Geldmenge vorzugeben. Alles in allem legt er auf die Konstanz noch größeren Wert als auf die genaue Höhe der Wachstumsrate (etwa 4 Prozent jährlich). Er glaubt nachgewiesen zu haben, daß häufige Änderungen in der Geldpolitik bisher mehr geschadet als genutzt haben: Wegen der langen und variablen Wirkungsverzögerungen geldpolitischer Maßnahmen seien diese in der Regel zu spät gekommen und hätten dann – wenn die Konjunktur längst «umgeschlagen» gewesen sei – entsprechend prozyklisch und daher destabilisierend gewirkt. Deshalb sollte die Geldpolitik von fallweisen Interventionen (diskretionären Maßnahmen) Abstand nehmen und sich dafür der starren, allein erfolgversprechenden Regel eines konstanten Geldmengenwachstums verschreiben.

«Inflation – ein monetäres Phänomen»

Veränderungen der Geldmenge, so haben die Monetaristen aus größeren statistischen Untersuchungen abgeleitet, bewirken zunächst nach ein bis zwei Quartalen eine Änderung in der Produktion und bei den Einkommen. Die Wirkung auf die Preise träte weitere zwei bis drei Quartale später ein. Damit würde es ein bis anderthalb Jahre dauern, bis die Wirkungen in der Inflationsrate abgelesen werden könnten. Auf kurze Sicht berührten monetäre Änderungen vor allem die Produktion (Output). In Jahrzehnten betrachtet, beeinflusse die monetäre Wachstumsrate dagegen vor allem die Preise. Daraus folgert FRIEDMAN, «daß die Inflation immer und überall ein monetäres Phänomen ist, in dem Sinne, daß sie nur durch rascheres Wachstum der Geldmenge relativ zum Output geschaffen werden kann und wird». Jedoch gebe es sehr verschiedene Gründe für monetäres Wachstum, zu denen Goldfunde ebenso gehörten wie die Finanzierung der öffentlichen und privaten Ausgaben.

Politik des leichten Geldes = Inflation

In dieser Erkenntnis liegt ein wesentlicher Grund, weshalb die Monetaristen die Keynessche Politik des leichten Geldes als Mittel, die Vollbeschäftigung zu erreichen und zu erhalten, ablehnen. Reale Beschäftigungswirkungen seien nur durch laufende Erhöhungen der Inflationsrate zu erzielen. Das aber bedeute zwangsläufig eine Entwicklung, die letztlich in «Hyperinflation» münde und damit in das Gegenteil der ursprünglich verfolgten Absicht umschlage. Die Monetaristen sind ferner der Ansicht, daß finanzpolitische Maßnahmen wie eine Erhöhung der Staatsausgaben sowie öffentliche Investitionen weder zu diesem besonderen Zweck der Beschäftigungssicherung noch sonst im allgemeinen sehr viel nutzten. Zwei ihrer Vertreter, L. C. ANDERSON und J. L. JORDAN, haben festgestellt, daß eine fiskalpolitische Maßnahme, die nicht mit einer Geldmengenvariation einhergehe, nahezu wirkungslos sei.

Für Auffassungen, die die Große Depression von 1929/32 vor allem der damals völlig fehlenden (antizyklischen) Finanzpolitik zuschreiben, haben die Monetaristen nicht viel übrig. Für sie ist die größte Wirtschaftskatastrophe der Neuzeit ausschließlich durch das Versagen der Geldpolitik verursacht worden. Der Rückgang der Geldmenge in den Vereinigten Staaten (von 1929 bis 1933 um ein Drittel) sei nicht die Folge fehlender Verschuldungsbereitschaft gewesen. Die Federal Reserve Bank der Vereinigten Staaten habe es vielmehr versäumt, die Banken mit ausreichender Liquidität zu versorgen.

Schlagwort von der «Evidenz»

Für FRIEDMAN und seine Freunde ist erwiesen, daß staatliche Abstinenz in wirtschaftlichen Fragen stetigen oder fallweisen Interventionen allemal vorzuziehen sei; der Glaube an die Selbstheilungskräfte der Wirtschaft ist bei den Monetaristen ungebrochen. In manchen Ansichten sind die Monetaristen damit den deutschen Neoliberalen (Abschnitt 1.1 und Teil B, Abschnitt 2.1) vergleichbar. «Evidenz» ist eines der großen Schlagwörter des Monetarismus. Diese Lehre versucht, größere Zusammenhänge auf einen einfachen und plausiblen Nenner zu bringen – «to predict something large from something small». Ob die Chicago School damit den Stein des Weisen gefunden hat, ist umstritten. Immerhin können FRIEDMAN und seine Freunde für sich verbuchen, daß die amerikanische Geldpolitik seit dem Beginn der siebziger Jahre, die Deutsche Bundesbank etwas später weitgehend auf ihr Konzept eingeschwenkt sind. FRIEDMAN verspricht: «Eine feste Rate monetären Wachstums auf einem mäßigen Niveau vermag einen Rahmen abzugeben, in dem ein Land eine geringe Inflation und ein hohes Wachstum haben kann. Sie wird nicht vollständig Stabilität schaffen, aber sie kann einen wichtigen Beitrag für eine stabile Wirtschaft leisten.»

Anspruchsvolle Annahmen

Die Kritik stützt sich vor allem darauf, daß das Friedmansche System in wesentlichen Punkten auf «zu anspruchsvollen Annahmen» beruhe: Die Zentralbank könne die Geldmenge vollständig beherrschen; auf Güterpreise, Zinssätze und Zahlungsbilanzen brauche keine Rücksicht genommen zu werden. Das sei nur dann möglich, wenn zum einen den Geschäftsbanken die Möglichkeit der Geldschöpfung durch Mindestreservesätze von 100 Prozent genommen werde, wenn zum anderen frei flexible Wechselkurse und flexible Preise vorausgesetzt werden könnten (ERICH SCHNEIDER).

Fazit:

MILTON FRIEDMAN und seine Chicago School haben einen Ansatz gefunden, dem vorhandenen wirtschaftspolitischen Instrumentarium – und sei es als Ergänzung – eine größere Effizienz zu verleihen. Als «Gegenrevolution» zu Keynes' Auffassungen ist eine solche Theorie längst fällig gewesen. Skepsis sollte weniger der hier vorgelegte einfache Grundzusammenhang hervorrufen als vielmehr der machiavellistische Anspruch, mit dem diese Ansichten zuweilen vorgetragen werden.

4.4 Der Außenwert des Geldes

Begriff des Außenwerts

Binnenwert» und «Außenwert» einer Währung stehen im Zentrum der Geld- und Währungspolitik eines Landes. Der Binnenwert kann mit dem objektiven Geldwert, also mit der Kaufkraft der Geldeinheit gegenüber auf dem Markt angebotenen Gütern (Abschnitt 4.1) gleichgesetzt werden. Demgegenüber gibt der Außenwert einer Währung die Kaufkraft der Binnenwährung im Verhältnis zur Kaufkraft von ausländischen Währungen an. Dieses Verhältnis wird ausgedrückt durch den Wechselkurs oder die «Parität» (Abschnitt 4.5).

Zur Zeit der Goldwährung war es verhältnismäßig einfach, den Wechselkurs zwischen zwei Währungen zu bestimmen. Angenommen, im Lande A liefen Dukaten um mit einem Feingoldgehalt von je Einheit = 10 Gramm; im Lande B dagegen enthielt der Taler 20 Gramm Feingold. Dann lautete der Wechselkurs 1 Taler = 2 Dukaten oder 1 Dukate = ½ Taler. Handelte es sich um eine Goldkernwährung (Papiergeld, das in Gold einlösbar war), bildete sich der Wechselkurs ähnlich. Im früheren Bretton-Woods-System fester Wechselkurse (Teil B, Abschnitt 3.1) war zum Beispiel die

Währungsgleichung für den amerikanischen Dollar zeitweise mit 1 Dollar = 0,888671 Gramm Feingold festgesetzt. Die D-Mark enthielt zu dieser Zeit – nach der festgesetzten Gleichung – 0,242806 Gramm Feingold. Das bedeutete dann, daß 1 DM gleich 0,2732 US-Dollar «wert» war oder 1 Dollar = 3,66 DM.

Parität bei freien Wechselkursen

Die Frage ist, wie es zu einer Parität bei frei schwankenden Wechselkursen kommt, wenn also eine bestimmte Währungsgleichung zum Gold nicht durch internationale Vereinbarung festgesetzt ist. Trotz allen Fortschritts hilft sich die Wissenschaft nicht selten mit der guten alten Kaufkraftparitätentheorie. Sie besagt in ihrer ursprünglichen Form, der Wechselkurs ergebe sich aus dem Verhältnis der Preisniveaus in den einzelnen Ländern:

$$\text{Wechselkurs} = \frac{\text{Inlandspreisniveau}}{\text{Auslandspreisniveau}}$$

Die Kaufkraftparitätentheorie wäre indessen um die Überlegung zu ergänzen, daß ein Wechselkurs offensichtlich ganz entscheidend von den internationalen Handelsströmen beeinflußt werden müsse. Ferner wäre zu berücksichtigen, daß nicht die Preise aller Güter für den internationalen Warenaustausch relevant sind. Daher bestimme sich der Wechselkurs aus den relativen Preisniveaus der international gehandelten Güter.

Von Bedeutung ist schließlich der relative Anstieg des inländischen und des ausländischen Volkseinkommens. Mit zunehmendem Volkseinkommen wächst bekanntlich die Neigung zum Verbrauch und damit die Neigung zum Importieren. Beeinflußt wird der Wechselkurs nicht zuletzt von den internationalen Kapitalströmen. Ein starker Kapitalexport würde – es handelt sich dabei um einen Umtausch inländischer Währung in ausländische Währung, zum Beispiel für Auslandskredite – den Wechselkurs der inländischen Währung drücken: Dieser Vorgang verstärkt eindeutig die Nachfrage nach Auslandsdevisen. Ähnliches gilt für sogenannte kurzfristige Spekulationsgelder: Fließt Geld aus dem Inland ab, hat das negative Auswirkungen auf den Wechselkurs. Strömt demgegenüber kurzfristiges Geld aus dem Ausland in das Inland, so wird dadurch im Inland eine Aufwertungstendenz ausgelöst.

Gebundene und freie Währungen

Es wird zwischen gebundenen oder Preiswährungen und freien Währungen unterschieden. Bei gebundenen Währungen wird der Preis der Währungseinheit gegenüber Gold und/oder Silber festgelegt. Eine sogenannte monometallistische Währung ist entweder Gold- oder Silberwährung. Handelt es sich um eine Goldwährung, so wird unterschieden nach Goldumlaufs- und Goldkernwährung. Bei bimetallistischen Währungen sind im Falle der Parallelwährung Gold und Silber gesetzliche Zahlungsmittel und frei ausprägbar. Die sogenannte hinkende Goldwährung unterscheidet sich von der Parallelwährung dadurch, daß zwar ebenfalls Gold und Silber gesetzliche Zahlungsmittel sind; jedoch ist nur das Gold frei ausprägbar. Freie Währungen sind «Papierwährungen», die keine Goldeinlösungspflicht haben; es kann allerdings die Menge der umlaufenden Noten begrenzt sein. Die Währung der Bundesrepublik Deutschland ist eine Papierwährung, deren Notenumlauf gesetzlich nicht begrenzt ist.

Goldstandard und Golddevisenstandard

Das System der reinen Goldwährung, dessen Blütezeit im wesentlichen im 19. Jahrhundert gelegen hat, wird häufig als eine in «seiner Einfachheit geradezu geniale Einrichtung» beschrieben, vor allem deshalb, weil es internationale Währungsabkommen überflüssig machte. Jedes Land konnte dem Goldwährungsblock dadurch beitreten, daß es die Parität der eigenen Währung zum Gold festlegte. Das wichtigste Prinzip des klassischen Goldstandards war die Konvertibilität der Währung, das heißt die Bereitschaft der jeweiligen Währungsbehörde, Gold zu einem festen Münzpreis zu kaufen und zu verkaufen. Durch diese Verpflichtung konnte der Wechselkurs nur wenig von dem zwischen zwei Ländern festgesetzten Goldpreis abweichen: Die Schwankungsbreite der Wechselkurse ergab sich aus den Transportkosten (einschließlich der

Versicherung) für den Goldversand von einem Land in das andere.

Interventionen der Zentralbanken am Devisenmarkt waren überflüssig. Die Länder beschränkten sich auf die Anwendung restriktiver oder expansiver Geldpolitik. Der sogenannte Goldautomatismus war bereits im 18. Jahrhundert bekannt: Von DAVID HUME ist er (1756) wie folgt beschrieben worden:

1. Ein steigender Geldumlauf aus einer aktiven Handelsbilanz führt im Land A zu steigenden Preisen.
2. Dadurch fällt in A die Ausfuhr, die Einfuhr steigt; es kommt zu einer Verschlechterung der Handelsbilanz.
3. Das führt in A zum Abfluß von Edelmetallen. Folglich muß der Geldumlauf eingeschränkt werden. Die Folge ist, daß die Preise wieder fallen.
4. Im Gold empfangenden Land B muß der Geldumlauf vermehrt werden. Die Folge sind Preissteigerungen und eine Verschlechterung der Handelsbilanz, da nun verstärkt aus dem Land A importiert wird.
5. Der Abfluß von Gold in B führt dort zu einer Deflationstendenz, in A zu einer Inflationstendenz usw.

Voraussetzung für das Funktionieren einer Goldwährung ist mithin absolute Priorität der außenwirtschaftlichen Erfordernisse: Ein Goldabfluß im Inland verlangt hier Deflationspolitik, im Gold empfangenden Ausland jedoch Expansionspolitik. Die wichtigsten Spielregeln der Goldwährung sind:

- Verzicht auf eine autonome nationale Konjunkturpolitik,
- Verzicht auf protektionistische Maßnahmen wie Zölle und Kontingente,
- internationales Vertrauen, vor allem in die jederzeitige Einlösung der Banknoten zur festgesetzten Münzparität.

Die «Geißel des Goldes»

Die Anfänge des Goldstandards reichen zurück in das 16. Jahrhundert. Er ist schließlich aufgegeben worden im Zusammenhang mit den Ereignissen des Ersten Weltkrieges, als seine Spielregeln den

Anforderungen der nationalen Rüstungspolitik zum Opfer fielen. KEYNES (Abschnitt 3.2) sprach von der «Geißel des Goldes» und meinte damit den durch das System erforderlichen Verzicht auf nationale Konjunkturpolitik. Denn dieses System führte automatisch je nach der außenwirtschaftlichen Entwicklung einmal zu Inflation und dann wieder zu Deflation. Zwar blieben die Wechselkurse weitgehend stabil, aber der Goldstandard machte jedes Land «nicht zum Herren, sondern zum Sklaven seines wirtschaftlichen Schicksals» (PAUL A. SAMUELSON).

Der Golddevisenstandard

«Geboren» wurde das System im Jahre 1922, nachdem der Goldstandard zusammengebrochen war. Die 1. Weltwährungskonferenz in Genua beschloß die Einführung des Gold-Sterling-Standards. Bereits damals trat neben das Pfund als Reservewährung der amerikanische Dollar. Wie der Goldstandard basierte das System auf festen Wechselkursen. Als Währungsreserven fungierten neben Gold goldkonvertible Pfund Sterling und Dollar. Darüber hinaus gibt es keine wesentlichen Unterschiede: Denn «sowohl unter dem Gold- wie unter dem Devisenstandard werden die beteiligten Länder die gleiche Wirtschaftspolitik verfolgen müssen, solange die Währungen konvertibel sind und die Paritäten erhalten bleiben sollen» (EGON SOHMEN) [38].

Genau dieser Zwang zur außenwirtschaftlichen Orientierung, zum Verzicht auf jede nationale Kreditpolitik, die binnenwirtschaftlich ausgerichtet war, führte schon nach wenigen Jahren zum Zusammenbruch. 1931 gab Großbritannien die Goldparität auf und ließ den Wechselkurs des Pfund Sterling abgleiten. Im Oktober 1933 löste die amerikanische Regierung den Dollar von der Goldparität und ging zu einem freien Wechselkurs über. Andere Länder führten die Devisenbewirtschaftung ein, wie es zum Beispiel in Deutschland 1931 auf Vorschlag von HJALMAR SCHACHT geschah.

Fazit:

Der Außenwert des Geldes einer Inlandswährung spiegelt sich im Wechselkurs oder der Parität zu den Auslandswährungen. Grundsätzlich wird er bestimmt vom Verhältnis der Binnenkaufkraft der jeweiligen Währungen zueinander. Eine wichtige Meßgröße ist dabei das relative Preisniveau der jeweiligen Außenhandelsgüter. Im System des Goldstandards bestimmte der Goldgehalt der Währungen ihren Wechselkurs; ähnlich ist das Verfahren beim Golddevisenstandard.

4.5 Zahlungsbilanz und Wechselkurs

Hans Roeper hat in der Frankfurter Allgemeinen Zeitung die Zahlungsbilanz «die Visitenkarte eines Landes» genannt: «Denn obwohl hier nur die außenwirtschaftlichen Transaktionen festgehalten werden, spiegeln gerade sie auch die innere wirtschaftliche Stärke oder Schwäche eines Landes.» Der Warenverkehr mit dem Ausland (Ausfuhr und Einfuhr) wird seit Jahrhunderten in der Handelsbilanz zusammengefaßt. Zur Zeit des Merkantilismus im 17. Jahrhundert legte der französische Staat unter seinem Minister Colbert größten Wert auf eine «aktive Handelsbilanz»: Ein Exportüberschuß galt als günstiges Zeichen für die Lage der Volkswirtschaft. Die Merkantilisten glaubten, ein solcher Aktivsaldo bringe Reichtum und Ansehen für Souverän und Volk. Dieser Auffassung ist vor allem David Hume entgegengetreten. Hume wies darauf hin, daß ein ständiger Ausfuhrüberschuß mit einer laufenden Einfuhr von Gold gleichzusetzen sei. Die damit verbundene Geldmengenvermehrung im Inland werde zwangsläufig über eine verstärkte Nachfrage zu Preissteigerungen führen. Weil sich damit die Ausfuhrgüter ebenfalls verteuerten, sinke gleichzeitig die Nachfrage aus dem Ausland, und der Exportüberschuß werde nach einer gewissen Zeit gleichsam automatisch zurückgehen. John Stuart Mill hat bereits vor mehr als einhundert Jahren die These vertreten, nicht die Ausfuhr, sondern die Einfuhr vermehre die Volkswohlfahrt.

Leistungs- und Finanzströme

Als für die praktische Arbeit brauchbarste Definition einer Zahlungsbilanz kann auch heute noch die des Internationalen Währungsfonds (IWF) gelten: Danach handelt es sich um «eine systematische Aufzeichnung aller ökonomischen Transaktionen zwischen Inländern und Ausländern in einer Wirtschaftsperiode». Auf die deutsche Wirtschaft bezogen heißt das, daß hier – von der Bundesbank und dem Statistischen Bundesamt – eine Gesamtschau aller Güter- und Leistungsströme zwischen der Bundesrepublik und der übrigen Welt vorgelegt wird, in der der Leistungs- und Finanzverkehr mit dem Ausland aufgezeichnet wird.

Während die Güterlieferungen in der sogenannten Leistungsreihe erscheinen, sind demgegenüber die monetären Äquivalente in den Konten der Zahlungsreihe erfaßt. In die Leistungsreihe geht heute nicht nur die Übertragung von Gütern ein, sondern auch die von Dienstleistungen. Erfaßt werden hier also der Export von Gütern und Dienstleistungen sowie die Übertragungen von Kapitalerträgen (Zinsen und Dividenden). Die finanziellen Vorgänge sind in der Zahlungsreihe zu finden. Hier erscheinen einmal die von den Übertragungen von Gütern und Dienstleistungen ausgelösten finanziellen Vorgänge wie zum Beispiel Barzahlung, Kreditgewährung und Schenkung. Es gibt aber auch reine Finanztransaktionen, die nicht mit der Übertragung von Waren und Dienstleistungen einhergehen. Diese Buchungen schlagen sich allein in der Zahlungsreihe nieder; sie gehen als autonome Transaktionen in die Kapitalverkehrs- und Devisenbilanz ein.

Doppelte Buchführung

Alle Transaktionen werden nach den Regeln der doppelten Buchführung aufgezeichnet. Jedem Soll-Posten (Haben-Posten) entspricht ein Haben-(Soll-)Posten. Die Summe aller Soll-Posten muß notwendig gleich der Summe aller Haben-Posten sein. Die statistische Zahlungsbilanz ist daher rechnerisch immer ausgeglichen, jedoch nicht notwendig in den einzelnen Teilbilanzen. Der Saldo der Devisenbilanz gibt die Veränderungen der Nettowährungsreserven (der Bundesbank) an, das heißt die Veränderungen im Goldbestand sowie in der sogenannten Nettodevisenposition. Die Leistungsbilanz (Warenhandel, Dienstleistungen und Übertragungen) gilt als der wichtigste Saldo der Zahlungsbilanz. Sie enthält die Güterbewegungen als den Kern der internationalen Transaktionen und zeigt an, wie sich die Forderungs- beziehungsweise Verschuldungsposition eines Landes netto gegenüber dem Ausland insgesamt in der betrachteten Periode verändert hat.

Ausgleich der Zahlungsbilanz

Im System der festen Wechselkurse wird im Defizitland durch Abzug von Währungsreserven ein Prozeß der Kontraktion, im Überschußland ein Prozeß der Expansion der effektiven Nachfrage mit entsprechenden Schwankungen des Volkseinkommens und der Güterpreise ausgelöst. Die heimische Wirtschaftspolitik steht unter dem «Diktat der Zahlungsbilanz»; das heißt, grundsätzlich hat die nationale Wirtschaftspolitik keine Möglichkeit, diesen Prozessen entgegenzuwirken.

Aufwertung und Abwertung

Das IWF-System der festen Wechselkurse mit fallweiser Korrektur (Teil B, Abschnitt 3.1) ist zusammengebrochen, weil gleichzeitig Ziele interner und externer Stabilität verfolgt worden sind. Stabile Wechselkurse auf Dauer und die Autonomie der nationalen Wirtschaftspolitik – das sind zwei Ziele, die sich gegenseitig ausschließen. Im System der festen Wechselkurse sollten Abwertungen und Aufwertungen für den Ausgleich der Zahlungsbilanzen sorgen. Eine Aufwertung hat den Zweck, einen Überschuß zu vermindern oder zu beseitigen; eine Abwertung soll ein Defizit ausgleichen. Theoretisch liegt einer Aufwertung der Gedanke zugrunde, daß diese die Währung des aufwertenden Landes, damit dessen Güterangebot auf den internationalen Märkten, verteuert und die Einfuhr gleichzeitig verbilligt. Erwartet wird also eine sinkende Auslandsnachfrage, eine steigende Inlandsnachfrage nach Importgütern und eine Abnahme des Überschusses. Umgekehrt verbilligt eine Abwertung die Währung des abwertenden Landes relativ zu den anderen Währungen. Damit wird dessen Güterangebot – gerechnet in ausländischer Währung – auf den Weltmärkten preiswerter; gleichzeitig wird der Import verteuert. Hier werden eine steigende Auslandsnachfrage, eine sinkende Inlandsnachfrage und eine Abnahme des Defizits unterstellt.

Freie Wechselkurse und Devisenbewirtschaftung

In einem System freier Wechselkurse werden automatische Auf- und Abwertungen, gleichsam in vielen kleinen Schritten, zum Ausgleich der Zahlungsbilanzen erwartet. Theoretisch scheint es sich um einen idealen Standard zu handeln, der den beteiligten Nationen ihre eigenständige Wirtschaftspolitik läßt und dennoch zum außenwirtschaftlichen Ausgleich führt. In der Praxis hat sich jedoch häufig ein System der Interventionen der Zentralbanken herausgebildet, wodurch das freie Spiel der Kräfte wiederum beeinträchtigt worden ist.

Eine weitere Möglichkeit des Ausgleichs der Zahlungsbilanz bietet die Devisenbewirtschaftung: Ausländische Zahlungsmittel werden vom Staat kontingentiert und der heimischen Wirtschaft auf Antrag «zugeteilt». Die Methoden der Devisenkontrolle und Devisenrestriktion führen indessen automatisch zum Bilateralismus (es werden – weitgehend – nur noch Waren aus dem Land eingeführt, das gleichzeitig nationale Waren kauft) und zu schrumpfendem internationalen Warenaustausch, damit zu Wohlstandsverlusten.

Was bewirkt eine Abwertung?

Die Wirkung einer Wechselkursänderung hängt davon ab, wie der Wert des Exports und des Imports von der Wechselkursänderung beeinflußt wird. Im Regelfalle wird eine Abwertung den Überschuß in einer Zahlungsbilanz vergrößern, ein Defizit jedoch vermindern: Sie verbilligt den heimischen Export und verteuert den Import aus dem Ausland. Vergrößert eine Abwertung den (positiven) Saldo einer Zahlungsbilanz, so heißt es in der Theorie, sie reagiere «normal». Im Falle einer Verminderung des (positiven) Saldos sprechen die Theoretiker von einer «anomalen Reaktion» (Marshal-Lerner-Condition), (Tabelle 4.1).

Währung	Einfuhr			Ausfuhr		
	Preis	Menge	Wert	Preis	Menge	Wert
inländische Währung	steigt	sinkt	steigt fällt konstant	steigt	steigt	steigt
ausländische Währung	sinkt	sinkt	sinkt	sinkt	steigt	steigt fällt konstant

Quelle: Erich Schneider, Einführung in die Wirtschaftstheorie, III. Teil.

Tabelle 4.1 Reaktionen der Handelsbilanz bei einer Abwertung

Zahlungsbilanz im Marktsinne

Abweichend von dem Begriff der statistischen Zahlungsbilanz wird hierunter die Angebots- und Nachfragekonstellation auf dem Devisenmarkt in einem bestimmten Augenblick verstanden. Jeder Güteraustausch zwischen Wirtschaftssubjekten zweier Länder beruht nach Erich Schneider auf den Unterschieden in der Angebots- und Nachfragestruktur in beiden Ländern. In Bild 4.1 ist anhand eines einfachen Beispiels dargestellt, wie es zum internationalen Warenhandel kommt.

Ein Blick auf die Zeichnung zeigt, daß für ein Gut, dessen Preis kleiner als p2 ist, in Deutschland eine Überschuß-Nachfrage, in den Vereinigten Staaten ein Überschuß-Angebot besteht. Wenn die «Translokationskosten» (Transport und Zoll) mit Null angenommen werden, dann sind die Voraussetzungen für einen Export aus den Vereinigten Staaten nach Deutschland gegeben. Es wird die Nachfragelücke in Deutschland durch den Angebotsüberschuß in den Vereinigten Staaten gerade bei dem zwischen p1 und p2

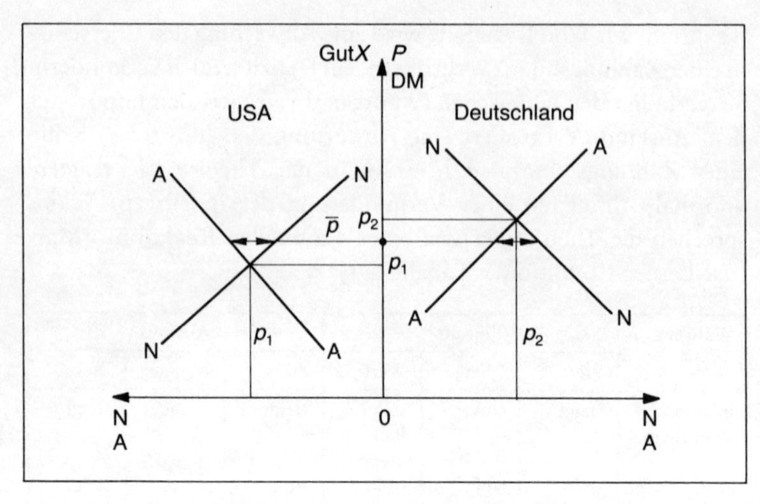

Bild 4.1 Internationaler Warenhandel

liegenden Preis gedeckt, bei dem beide gleich groß sind ($\bar{p}$). In diesem Fall ist das betreffende Gut ein Überschußgut des Auslandes und ein Bedarfsgut des Inlandes. Ist p1 größer als p2, dann liegen die Dinge umgekehrt: Jetzt ist das Gut ein Überschußgut des Inlandes und ein Bedarfsgut des Auslandes. Das Gut wird von Deutschland in die Vereinigten Staaten exportiert. Ist schließlich p1 gleich p2, so geht das betreffende Gut nicht in den internationalen Handel ein; es ist ein «neutrales Gut».

Theorien zur Erklärung

Die Kaufkraftparitätentheorie ist von WHEATLY, BLAKE und RICARDO zur Erklärung des Verfalls des Pfundkurses (1797 Suspension der Goldeinlösung durch die Bank von England) verwandt worden. Sie ist 1912 von LUDWIG VON MISES in Österreich, nach 1914 von GUSTAV CASSEL vertreten worden. Ihren Vertretern gebührt das Verdienst, die innere Geldentwertung als ausschlaggebende Ursache der Wechselkursentwicklung erkannt zu haben. Demgegenüber besagt die sogenannte naive Zahlungsbilanztheorie lediglich, daß Angebot und Nachfrage nach Devisen, kurz die

Zahlungsbilanz (im Sinne des Devisenmarktes), den Wechselkurs bestimme. Die motivierte Zahlungsbilanztheorie ist besonders in Deutschland zur Zeit der Inflation am Beginn der zwanziger Jahre vorherrschend gewesen. Sie wurde, indem die wahren Zusammenhänge gleichsam auf den Kopf gestellt wurden, von der Reichsbank-Leitung – im Anschluß an die «Banking»-Lehre – zur amtlichen Erklärung der Inflationsursachen genutzt. Hier stand nämlich eine passive Zahlungsbilanz (Abfluß von Devisen) am Anfang der «Kausalkette». Dadurch, so hieß es, werde ein Wechselkursverfall verursacht, der wiederum zum Preisanstieg im Inland – über den Inflationsimport – führe. Diese Theorie ist besonders von WALTER EUCKEN scharf kritisiert worden. EUCKEN hat darauf hingewiesen, daß in Wirklichkeit während dieser Zeit eine unglaubliche Geldmengenvermehrung am Beginn der Kausalkette gestanden habe. Als eine – zwangsläufige – Folge seien die Preise gestiegen, die Zahlungsbilanz sei ins Defizit geraten und der Wechselkurs verfallen.

Fazit:

Eine über längere Zeit defizitäre Handelsbilanz spricht für einen Mangel an Wettbewerbsfähigkeit: Es wird zu wenig exportiert und zu viel importiert. Die Währung des betreffenden Landes wird – bei abfließenden Devisen – unter Abwertungsdruck geraten. Umgekehrt können auf Dauer auch hohe außenwirtschaftliche Überschüsse nicht Ziel einer Wirtschaftspolitik sein. Situation und Entwicklung der Zahlungsbilanz können der Wirtschaftspolitik wichtige Hinweise für den einzuschlagenden Kurs geben (Tabelle 4.2).

Teilbilanzen	1982	1983	1984	1985	1986	1987	1988
1. Handelsbilanz[1]	51,3	42,1	54,0	73,4	112,6	117,7	128,0
2. Ergänzungen[2]	0,8	3,3	− 1,1	− 1,3	− 1,5	− 1,8	− 0,3
3. Dienstleistungen[3]	−13,7	− 6,6	4,8	5,4	1,2	− 5,8	− 10,5
4. Übertragungen[4]	−25,9	−25,2	−29,7	−29,1	− 27,3	− 29,1	− 32,0
I. Leistungsbilanz[5]	12,4	13,5	27,9	48,3	85,1	81,2	85,2
5. Langfristiger Kapitalverkehr[6]	−14,2	− 7,0	−19,8	−12,9	33,8	− 23,3	− 84,9
6. Kurzfristiger Kapitalverkehr[7]	11,0	−11,5	−17,7	−41,7	−113,7	− 18,1	− 36,0
II. Kapitalbilanz[8]	− 3,2	−18,4	−37,5	−54,6	− 79,9	− 41,3	−120,9
7. Restposten[9]	− 6,2	0,8	6,5	8,1	0,8	1,4	1,1
8. Ausgleichsposten[10]	− 0,4	2,4	2,1	− 3,1	− 3,2	− 9,3	2,2
III. Devisenbilanz[11]	2,7	− 1,6	− 1,0	− 1,3	2,8	31,9	− 32,5

[1]) Warenhandel: Export minus Import. [2]) Zum Warenverkehr: U. a. Rückwaren. [3]) U. a. Reiseverkehr, Kapitalerträge. [4]) U. a. Gastarbeiterüberweisungen, Zahlungen an internationale Organisationen. [5]) Positionen 1. bis 4. [6]) Minus = Kapitalexport. [7]) Plus = Kapitalimport. [8]) Positionen 6. und 7. [9]) Nicht erfaßte Positionen und Ermittlungsfehler. [10]) U. a. Veränderungen der Devisenposition aufgrund von Aufwertungen der D-Mark, Zuteilung von Sonderziehungsrechten. [11]) Positionen 1. bis 8.; Differenzen durch Rundungen. Quelle: Deutsche Bundesbank.

Tabelle 4.2 Entwicklung der deutschen Zahlungsbilanz – Salden in Milliarden DM

Kapitel 5

WIRTSCHAFTSFORSCHUNG IN DER BUNDESREPUBLIK DEUTSCHLAND

5.1 Der Sachverständigenrat

Der Sachverständigenrat zur Begutachtung der gesamtwirtschaftlichen Entwicklung gilt in der Bundesrepublik als eines der angesehensten Beratungsgremien der Wirtschaftspolitik. Mit seinen regelmäßig am Jahresende vorgelegten Gutachten, gelegentlich ergänzt durch «Sondergutachten», liefert er nicht nur Diagnosen und Prognosen zum Konjunkturverlauf. Er ist darüber hinaus mit zahlreichen Vorschlägen zur Lohn-, Währungs-, Geld-, Finanz- und Sozialpolitik hervorgetreten. Die Gründung des Rates geht zurück auf eine Anregung des seinerzeitigen Wirtschaftsministers Ludwig Erhard, der danach trachtete – nach dem Eintritt in die Vollbeschäftigung –, den mobilisierten Gruppeninteressen unabhängigen Sachverstand gegenüberzustellen.

Nach dem Gesetz vom 14. August 1963 nahm der Rat seine Tätigkeit auf. Bereits sein erstes Sondergutachten im Sommer 1964 erregte Aufsehen. Getrieben von seinem «intellektuellen Motor», Herbert Giersch, empfahl er der Bundesregierung, sich von dem seinerzeit noch außer Frage stehenden Währungssystem von Bretton Woods loszusagen und den Wechselkurs der D-Mark dem freien Markt zu überlassen. Damit wollte der Rat dem ständigen Inflationsimport (Abschnitt 4.2) begegnen und die nationale Stabilitätspolitik außenwirtschaftlich absichern. Das erste Jahresgutachten hat dann das Konzept der kostenniveauneutralen Lohnpolitik gebracht, dessen Kern die Forderung nach einer produktivitätsorientierten Lohnpolitik war.

Kostenniveauneutrale Lohnpolitik

Mit diesen Vorschlägen schien der Verteilungsstreit zwischen Arbeitgebern und Gewerkschaften entschärft. Sie bereiteten den Boden, auf dem der seinerzeitige Wirtschaftsminister, Karl Schiller, die großen gesellschaftlichen Gruppen zur «Konzertierten Aktion» an den Tisch holen konnte. Dieser – scheinbare – Konsens zerbrach, als die Gewerkschaften nicht nur Teilhabe am Produktivitätszuwachs forderten, sondern Umverteilung. Die neue Bundesregierung ging den Weg der «inneren Reformen» und verlor, wie es der langjährige Ratsvorsitzende, Professor Olaf Sievert, in einem Beitrag für die Frankfurter Allgemeine Zeitung beschreibt, «den Boden der Solidität unter den Füßen».

Aus frühen Anfängen entstand das Konzept des konjunkturneutralen Haushalts, das der Finanzpolitik Orientierung geben und diese stabilitätspolitisch einzuschätzen erlauben sollte. Mit dem «konjunkturneutralen Haushalt» wird den tatsächlichen Ausgaben und Einnahmen des Staates als Meßlatte ein Haushalt gegenübergestellt, wie er sich bei mittelfristig normalem – am Wachstum der gesamtwirtschaftlichen Produktionsmöglichkeiten orientierten – Finanzverhalten des Staates ergeben hätte. Um wirtschaftspolitischen Fehldiagnosen vorzubeugen, erlaubt dieses Konzept anstelle des sonst üblichen Vorjahresvergleichs eine Gegenüberstellung mit den «mittelfristigen Normalgrößen».

Monetaristische Geldpolitik

Erst nach einigen Umwegen gelangte der Rat zu seinem – monetaristisch geprägten – Konzept für die Geldpolitik. Seit 1974 rät er zu einer möglichst konsequent am Wachstum des gesamtwirtschaftlichen Produktionspotentials ausgerichteten Geldmengensteuerung. Vorschlag des Rates war es auch, jährlich ein Geldmengenziel vorzugeben, um die Erwartungen der Wirtschaft auf die von der Bundesbank eingeschlagene geldpolitische Grundlinie einzustimmen. Es geht dabei um einen auch für andere Politikbereiche geltenden Grundgedanken: Das kurzfristig vorgegebene gesamtwirtschaftliche Produktionspotential ist als Obergrenze für die gesamtwirtschaftliche Summe aller materiellen Wünsche zu respektieren, nach Möglichkeit aber auch auszuschöpfen.

Von 1975 an stellte der Rat die antizyklische Nachfragesteuerung in Frage und empfahl, dieses Konzept vorläufig aufzugeben. Unter der Bezeichnung «angebotsorientierte Wirtschaftspolitik» entstand das Gegenkonzept. Neben der Forderung nach beschäftigungsorientierter Lohnpolitik und nach einer einem stabilen Geldwert verpflichteten Geldpolitik wurden nun statt antizyklischer Finanzpolitik erst einmal Konsolidierung der Staatsfinanzen gefordert, ferner Privatisierung, Deregulierung, Senkung der Einkommensbelastung. Ferner empfahl der Rat eine Umstrukturierung des Steuersystems zugunsten der Investitionen, Stimulierung von Innovationen, Förderung von Existenzgründungen und verbesserte Rahmenbedingungen für mittlere und kleinere Unternehmen.

Grenzen der Prognosen

Der Rat hat den Vorwurf, er habe die Nachfragesteuerung vernachlässigt, stets als Mißverständnis zurückgewiesen: Bei einem kumulativen Abschwung müsse – selbstverständlich – auch auf diese Politikinstrumente zurückgegriffen werden. Wie andere Prognostiker war auch der Rat mit seinen kurzfristigen Voraussagen nicht eben «unfehlbar». In der mittelfristigen Einschätzung hatte er jedoch besonders in jüngerer Zeit überzeugt, als er zum Beispiel seinem Jahresgutachten 1984/85 den Titel gab «Chancen für einen langen Aufschwung». Tatsächlich hat es dann, wenn die Bestandsaufnahme etwa um die Jahresmitte 1989 erfolgte, über sechs Jahre hinaus eine weitgehend spannungsfreie positive gesamtwirtschaftliche Entwicklung gegeben.

SIEVERT hat darauf hingewiesen, daß wirtschaftswissenschaftliche Politikberatung durch die Grenzen der Prognosemöglichkeiten nicht in Frage gestellt werde. «Dringend» sei eigentlich nur, einen kumulativen konjunkturellen Abschwung rechtzeitig zu erkennen. Wirtschaftspolitik sei auf gute Prognosen nicht angewiesen; diese müsse vor allem Ordnungspolitik sein: «Sie stellt die Wirtschaft unter Rahmenbedingungen, unter denen diese mit ihren Problemen regelmäßig am besten selbst fertig wird.»

Fazit:

Obwohl fast jede Bundesregierung zu (fast) jedem Gutachten eine «große Übereinstimmung» festgestellt hat, sind doch ganz konkrete Anregungen des Rates nur selten aufgegriffen worden. Aber das seien nicht die entscheidenden Gesichtspunkte für die Beurteilung der Arbeit des Rates: «Der komparative Vorteil des Rates liegt bei der Ordnungspolitik und der konzeptionellen Arbeit». SIEVERT sieht den Rat als einen «unerbittlichen Rechnungshof der Wirtschaftspolitik», als einen «notorischen Herausforderer», der kraft seiner Analysen «das Vernünftige zu erleichtern und das Unvernünftige zu behindern» habe, um den Politikern «über die Hürden der kurzfristigen Wahlrücksichten hinwegzuhelfen».

5.2 Die Forschungsinstitute

Einer breiteren Öffentlichkeit sind die wirtschaftswissenschaftlichen Forschungsinstitute vor allem durch ihre zweimal im Jahr, im Frühjahr und im Herbst, vorgelegten Gemeinschaftsgutachten bekannt geworden. In diesen Gutachten geben sie eine Einschätzung der wirtschaftlichen Lage sowie eine Prognose der voraussichtlichen Entwicklung gesamtwirtschaftlicher Schlüsselgrößen im jeweils laufenden und kommenden Jahr. Die Institute sind in der Bundesrepublik die wohl bedeutendste «Klammer» zwischen Wissenschaft und Praxis. Ihre Veröffentlichungen, außer Konjunktur- und Wachstumsanalysen unter anderem Einschätzungen zur Strukturentwicklung der Wirtschaft sowie Spezialberichte, sind in Politik und Wirtschaft gleichermaßen geschätzte Ratgeber. An den Gemeinschaftsgutachten sind fünf Institute beteiligt: Das Ifo-Institut, München, das Deutsche Institut für Wirtschaftsforschung (DIW), Berlin, das Rheinisch-Westfälische Institut für Wirtschaftsforschung (RWI), Essen, das HWWA-Institut für Wirtschaftsforschung, Hamburg, sowie das Institut für Weltwirtschaft (IfW) an der Universität Kiel. Nicht an den Gemeinschaftsgutachten beteiligt sind das Institut der deutschen Wirtschaft (IW), Köln, sowie das Wirtschafts- und Sozialwissenschaftliche Institut des Deutschen Gewerkschaftsbundes (WSI), Düsseldorf.

Das Münchener Ifo-Institut

Mit seinen regelmäßigen Umfragen wendet sich das Institut direkt an die Unternehmen, die die Ergebnisse für ihre Geschäftspolitik auswerten können. Ifo hat die bei den Konjunkturumfragen (Konjunktur- und Investitionstest, «Prognose 100») anfallenden Informationen in einer Datenbank gespeichert. Die Konjunkturtest-Daten sind das Ergebnis von monatlichen Befragungen bei Unternehmen des Handels, der Industrie, der Bauwirtschaft. Gefragt wird unter anderem nach Geschäftslage und Erwartungen für die kommenden Monate, auch nach der voraussichtlichen Preisentwicklung. Am bekanntesten ist inzwischen das Ifo-Geschäftsklima, ein Indikator, der aus den Urteilsangaben zur Geschäftslage und den Geschäftserwartungen berechnet wird.

Eine weitere Säule der Ifo-Befragungen ist der Investitionstest. In der «Prognose 100» erfaßt das Institut die mittelfristigen Pläne von größeren Unternehmen; Sondererhebungen fragen nach dem Grad der Kapazitätsauslastung, nach der Reichweite der Auftragsbestände, nach Produktionsbehinderungen, Überstundenarbeit, Beschäftigtenzahl, Entwicklung der Rohstoff- und Fertigwarenbestände. Ifo spricht von einer «Informationsgemeinschaft» mit den Unternehmen und wirbt für eine Nutzung seiner Methoden und Datenbanken.

HWWA-Institut für Wirtschaftsforschung, Hamburg

Das Institut, das früher den Namen «Hamburgisches Welt-Wirtschafts-Archiv» getragen hat, hat von jeher gute Beziehungen zur Wirtschaft gehabt. Im Jahre 1949 ist die Gesellschaft der Freunde und Förderer des HWWA e. V. gegründet worden, deren Zweck es ist, die Beziehungen zwischen Wirtschaftsforschung und -praxis auszubauen und zu vertiefen. Das Institut sieht seine Aufgabe vor allem darin, «der Praxis in Wirtschaft und Politik durch empirisch-wissenschaftliche Analysen Entscheidungshilfen zu geben». Mit seiner umfangreichen Forschungstätigkeit, mit seiner international bedeutenden Bibliothek, mit dem Archiv- und Dokumentationsbereich gehört es zu den führenden deutschen Forschungsinstituten. Die Richtlinien seiner Politik werden vom Präsidenten zusammen mit den Leitern der Hauptabteilungen bestimmt. In die Öffentlichkeit hinein und damit für die Unternehmen wirkt das HWWA zunächst einmal durch seine zahlreichen Veröffentlichungen. Regelmäßig erscheinende Publikationen sind vor allem die «Konjunktur von morgen», «Weltkonjunkturdienst», «Wirtschaftsdienst», «Finanzierung und Entwicklung» sowie «Intereconomics». Darüber hinaus gibt es Sonderveröffentlichungen, die sich entsprechend der Forschungstätigkeit des Instituts der allgemeinen Wirtschafts- und Konjunkturpolitik, Finanzwirtschaft und Raumordnung, den Ost-West-Beziehungen, der Außenwirtschaft, Integrations-, Entwicklungs- und Währungspolitik widmen.

Aus diesen Veröffentlichungen können zum Beispiel Unternehmen bereits wichtige Hinweise für die Geschäftspolitik entnehmen. Zu einer wahren Fundgrube wird die Abteilung Dokumentation, Bibliothek und Archive. Die Bibliothek gilt als eine der größten Spezialbibliotheken in Europa. Sie sammelt unter anderem Monographien, Handbücher, Nachschlagewerke, Statistiken, Biographien und Adreßbücher. Im Firmen-Archiv sind Unternehmen, Institutionen, Institute und Organisationen erfaßt. Außer Zeitungsausschnitten werden hier vor allem Geschäftsberichte und andere Firmen-Publikationen gesammelt.

Das Deutsche Institut für Wirtschaftsforschung, Berlin

1925 von Ernst Wagemann, damals Präsident des Statistischen Reichsamtes, gegründet, zählt das DIW heute zu den führenden wirtschaftswissenschaftlichen Forschungsinstituten. Das Institut finanziert sich aus den Beiträgen seiner Kuratoriumsmitglieder (Organe des Bundes und der Länder, der Bundesbank, Bundesbahn, Bundesanstalt für Arbeit, Verbände und Unternehmen), aus Zuschüssen der Bundesländer, aus den Erlösen von Aufträgen und Zuwendungen von Unternehmen. Das Kuratorium bestimmt den Vorstand, genehmigt die Arbeitspläne, die Jahresrechnung und den Haushaltsplan. Der Präsident führt die laufenden Geschäfte und leitet zusammen mit den Abteilungsleitern die wissenschaftliche Arbeit.

Aus der Vielzahl der Veröffentlichungen sind vor allem der «Wochenbericht», die «Vierteljahreshefte zur Wirtschaftsforschung» sowie die «Sonderhefte» und die «Beiträge zur Strukturforschung» zu nennen. Während die Abteilung Öffentliche Finanzen zum Beispiel finanzpolitische Maßnahmen von Bund und Ländern untersucht, werden in der Abteilung Volkswirtschaftliche Produktionsfaktoren die Komponenten des wirtschaftlichen Wachstums, Produktionspotential, Investitionen und Anlagevermögen in den einzelnen Wirtschaftsbereichen analysiert. Die Mitarbeiter der Industrie-Abteilung erforschen zum Beispiel die Komponenten des mittel- und langfristigen Wachstums der Industriezweige und berechnen sogenannte Input-Output-Tabellen. Traditionell bestehen enge Beziehungen zur Berliner Wirtschaft. Zahlreiche Unternehmen wenden sich mit direkten Aufträgen an das Institut. Beispiele sind Marktanalysen bis hin zu Absatz- und Umsatzvorausschätzungen.

Institut für Weltwirtschaft, Kiel

Das IfW an der Christian-Albrechts-Universität zu Kiel gehört zu den ältesten wirtschaftswissenschaftlichen Forschungsinstituten in Deutschland. Seine Entstehung geht zurück auf das Staatswissenschaftliche Seminar an der Universität Kiel, das durch einen Erlaß des preußischen Kultusministeriums vom 16. Oktober 1899 mit einer jährlichen Dotation von 300 Mark gegründet wurde. Zu der im Jahre 1911 ins Leben gerufenen «Abteilung für Seeverkehr und Weltwirtschaft» schrieb der erste wissenschaftliche Direktor, BERNHARD HARMS: «Mit ihr wird an den deutschen Hochschulen zum ersten Male die Weltwirtschaft in den Mittelpunkt systematischer Studien gestellt und die Aufgabe in Angriff genommen, die Volkswirtschaftslehre zur Weltwirtschaftslehre fortzubilden.» Die

Kombination von Forschungs- und Lehrinstitut hat HARMS besonders am Herzen gelegen. Diese Linie ist von den Direktoren und Präsidenten des IfW, unter anderem von ANDREAS PREDÖHL, FRITZ BAADE, ERICH SCHNEIDER und HERBERT GIERSCH fortgesetzt und erweitert worden. Unternehmen, die die allgemeinen Forschungsziele des Instituts unterstützen, haben die Möglichkeit, der Fördergesellschaft des Instituts beizutreten. Dieser Förderkreis finanziert zu einem Teil die Arbeit des IfW. Neben Spenden der privaten Wirtschaft kommen die Beiträge überwiegend vom Bund sowie vom Land Schleswig-Holstein.

Generell profitiert die Wirtschaft von der umfassenden Bibliothek, vom Archiv und den zahlreichen Veröffentlichungen. Die Bibliothek hat die Funktion einer zentralen Fachbibliothek der Wirtschaftswissenschaften in der Bundesrepublik; sie gibt die Bibliographien «Kieler Schrifttumskunde» und die «Bibliographie der Wirtschaftswissenschaften» heraus. Aus dem Publikationsprogramm ist vor allem die Halbjahresschrift «Die Weltwirtschaft» mit Konjunkturanalysen und -prognosen sowie mit Branchen- und Strukturuntersuchungen interessant. Die Reihe der «Kieler Studien» enthält zahlreiche Untersuchungen zur Branchenentwicklung, Untersuchungen zu Wachstum und Struktur der deutschen Wirtschaft, über technologische Neuerungen und internationale Arbeitsteilung.

Rheinisch-Westfälisches Institut für Wirtschaftsforschung, Essen

Das RWI ist bekannt vor allem wegen seines betont stabilitätspolitischen Engagements. Dabei hat das Institut vor unbequemen Wahrheiten nie zurückgescheut: «Am schwierigsten ist das Problem der Arbeitslosigkeit zu lösen, denn jene Arbeitsplätze, die in den letzten Jahren wegen zu hoher Lohnkosten aufgegeben wurden, sind wohl endgültig verloren. Es müssen also neue Arbeitsplätze geschaffen werden, was nur in einer stark und nachhaltig wachsenden Wirtschaft mit einem weitgehend stabilen Geldwert gelingen kann. Eine wichtige Voraussetzung hierfür sind stabilitätsgerechte Lohnerhöhungen.» (Diese Sätze stehen in dem Minderheitsvotum zum Herbstgutachten 1976.)

Während sich die direkte Zusammenarbeit mit den Unternehmen eher auf Ausnahmefälle beschränkt, kann die Wirtschaft jedoch allgemein aus den Arbeiten und Veröffentlichungen eine Fülle von Anregungen und Informationen – nicht nur zur Lohnpolitik – gewinnen. Im nationalen Rahmen liegt der Schwerpunkt der Forschungsarbeit auf der Beobachtung und Analyse der konjunkturellen und strukturellen Entwicklung der Bundesrepublik. Daneben ist – der Tradition entsprechend – die Wirtschaft des Landes Nordrhein-Westfalen ein herausgehobener Gegenstand der Beobachtung, wobei den Fragen des Ruhrgebiets und seiner Industriebereiche Kohle, Eisen und Stahl besondere Beachtung geschenkt wird.

Als Institution der Wirtschaftsforschung besteht das Institut seit 1926. Damals gegründet von Walter Däbritz als die «Abteilung Westen» des Berliner Deutschen Instituts für Wirtschaftsforschung, ist das RWI seit 1943 rechtlich selbständig.

Institut der deutschen Wirtschaft, Köln

Das IW kann auf eine erfolgreiche Arbeit von mehr als einem Vierteljahrhundert zurückblicken. Der Wuppertaler Textilfabrikant Carl Neumann hat den Gründungsauftrag des seinerzeitigen «Deutschen Industrieinstituts» wie folgt formuliert: «Die Ziele der unternehmerischen Wirtschaft und die gemeinsamen Auffassungen der industriellen Unternehmerschaft auf wissenschaftlicher Grundlage insbesondere der Öffentlichkeit gegenüber vertreten.» Inzwischen ist das IW seiner breiten Verankerung in der Wirtschaft entsprechend 1973 in «Institut der deutschen Wirtschaft» umbenannt worden. Anders als die sogenannten unabhängigen Forschungsinstitute hat das IW mithin als eine Institution der Wirtschaft einen eindeutig gruppenspezifischen Auftrag. Es ist in diesem Sinne vergleichbar mit dem Wirtschafts- und Sozialwissenschaftlichen Institut des Deutschen Gewerkschaftsbundes.

Eine Abteilung «Publizistik» hat vor allem die Aufgabe, die Arbeitsergebnisse der wissenschaftlichen Abteilungen journalistisch aufzubereiten. Hier werden allgemeine Strategien und Konzepte der Öffentlichkeitsarbeit der Unternehmen entwickelt und die Kontakte zu den verschiedenen Zielgruppen der Bevölkerung gepflegt. Charakteristisch für die Vielzahl der Veröffentlichungen sind die Informationsdienste «iwd» und «iw eil» sowie «iw-trends». Wachsendes Interesse finden auch die öffentlichen Tagungen mit Vorträgen zu aktuellen Leitthemen und Podiumsdiskussionen.

Oberstes Organ des Instituts ist ein aus ehrenamtlich tätigen Persönlichkeiten bestehendes Präsidium; die wissenschaftliche Verantwortung liegt beim Präsidenten. Der Vorstand, dem die Repräsentanten der Mitgliedsverbände (organisiert im Bundesverband der Deutschen Industrie), vor allem Unternehmen, angehören, legt die Arbeitsrichtlinien fest. Ferner sorgen in einem Beirat Vertreter aus Unternehmen und Verbänden für den stetigen Kontakt zur Wirtschaft. Die laufenden Geschäfte werden von der Geschäftsleitung, die aus dem Präsidenten und den Leitern der Hauptabteilungen besteht, wahrgenommen. Finanziert wird das IW vor allem von seinen ordentlichen Mitgliedern (BDI und BDA), ferner von außerordentlichen Mitgliedern wie nichtindustriellen Verbänden, Unternehmern und juristischen Personen.

Das Wirtschafts- und Sozialwissenschaftliche Institut des Deutschen Gewerkschaftsbundes, Düsseldorf

Das WSI hat seit 1946/47 maßgeblich dazu beigetragen, die Interessen der Gewerkschaften und der Arbeitnehmer gemäß seinem Auftrag wirksam zu vertreten. Die Satzung bestimmt: «Eigene Forschungen im Bereich der Wirtschafts- und Sozialwissenschaften, der Zukunftsforschung und des Umweltschutzes, Beteiligung an innerdeutschen und außerdeutschen Forschungsvorhaben, Erteilung von Forschungsaufträgen, Förderung des wissenschaftlichen Nachwuchses, Erstattung von Gutachten, Herausgabe von Publikationen.» Nach der Satzung hat das WSI «die ihm übertragenen Arbeiten in eigener wissenschaftlicher Verantwortung durchzuführen»; es «ist im Rahmen seiner wissenschaftlichen Tätigkeit an Weisungen nicht gebunden». Das WSI wird durch Zuschüsse und Spenden finanziert, nach Angaben der Geschäftsleitung ausschließlich aus dem regulären Etat des Deutschen Gewerkschaftsbundes. Nur in seltenen Fällen werden Forschungsaufträge von dritter Seite übernommen.

«Das WSI versteht sich in erster Linie als wissenschaftliche Dienstleistungseinrichtung für den DGB und seiner Gewerkschaften.» Es liegt auf der Hand, daß hier im Verhältnis zur Wirtschaft fast immer konträre Interessen vertreten werden. Gleichwohl sind die Aktivitäten und Veröffentlichungen des Instituts für die Unternehmen eine wichtige Informationsquelle für gewerkschaftliche Strategien.

Mit großem Engagement widmet sich das WSI der Verteilungsforschung. Immer wieder ist auf die Problematik von Einkommensvergleichen zwischen Selbständigen und abhängig Beschäftigten auf der Basis der volkswirtschaftlichen Gesamtrechnung hingewiesen worden: Eine Reihe von Faktoren würde sowohl den Niveau- als auch den Entwicklungsvergleich der beiden Je-Kopf-Einkommen verzerren. Zur Vermögensverteilung, beklagt das WSI, existiere bis heute keine Primärstatistik.

Teil B

WIRTSCHAFTSPOLITIK

Kapitel 1

ZIELE DER WIRTSCHAFTSPOLITIK – DAS MAGISCHE VIELECK

In den westlichen Ländern mit freiheitlicher Wirtschaftsordnung besteht weitgehend Einigkeit darüber, daß zu diesen Zielen vor allem Vollbeschäftigung, Preisstabilität, außenwirtschaftliches Gleichgewicht und ein angemessenes Wachstum zu zählen hätten. Die «Magie» dieser Ziele besteht darin, daß sie in der Regel in Konkurrenz zueinander stehen. Die Wirtschaftspolitik muß also in solchen Situationen einen Ausgleich suchen oder aber sich für eine bestimmte Wertung entscheiden.

Die Erfahrungen aus der Weltwirtschaftskrise von 1929/32 mit den sozial und politisch katastrophalen Folgen haben die heute in der politischen Verantwortung Stehenden veranlaßt, die Maßnahmen der Wirtschaftspolitik vor allem so auszurichten, daß ein möglichst hohes Beschäftigungsniveau erreicht wird. Mit dieser für die meisten Industrieländer geltenden Priorität ist bereits eine wichtige Entscheidung, wenn nicht «die wichtigste» überhaupt, gefallen. Die Bundesregierung hatte zu den Zeiten der sozialliberalen Koalition die Ansicht vertreten, daß Vollbeschäftigung herrsche, wenn die Arbeitslosenquote – das ist das Verhältnis von Arbeitslosen zu den unselbständigen Erwerbspersonen – nicht über einem Prozent liege.

Vollbeschäftigung und Preisstabilität

Wird bei einer Abschwächung der Wirtschaftsaktivität dieser Meßwert fühlbar überschritten, so würde die Regierung bei einer solchen Zielvorstellung zum Beispiel über verstärkte Staatsausgaben (unter anderem für den Straßenbau, für Krankenhäuser, Schulen), über Steuer- und Abschreibungserleichterungen sowie mit einer expansiven Geld- und Kreditpolitik versuchen, das Tempo der wirtschaftlichen Entwicklung und damit den Beschäftigungsgrad wieder nach oben zu ziehen. Besonders Ende der sechziger und Anfang der siebziger Jahre hatte sich allerdings der Eindruck verdichtet, daß statt Vollbeschäftigung eine «Überbeschäftigung» erreicht worden war, wobei die anderen Ziele der Wirtschaftspolitik als mehr oder weniger marginal abgedrängt worden waren.

Nach früheren Erklärungen hat die Bundesregierung das Stabilitätsziel dann als bedroht angesehen, wenn die Preise im Durchschnitt der Gesamtausgaben für Waren und Dienstleistungen (Warenkorb) um mehr als 2 Prozent je Jahr anziehen. Nach dem Gesetz zur Förderung des Wachstums und der Stabilität (Stabilitätsgesetz) wäre dann die Bundesregierung, nach dem Gesetz über die Deutsche Bundesbank (Abschnitt 2.2) die Notenbank gehalten, preisdämpfende (restriktive) Maßnahmen zu ergreifen. Dazu gehörten zum Beispiel die Verteuerung der Kredite durch Zinserhöhungen, eine Verknappung der Kredite durch Beschränkung der Bankenliquidität oder Kontingentierung, Erhöhung der Steuern, Verminderung der Staatsausgaben.

Das außenwirtschaftliche Gleichgewicht

Solche restriktiven Maßnahmen können – und hier deutet sich ein Teil der «Magie» der wirtschaftspolitischen Grundziele an – das außenwirtschaftliche Gleichgewicht gefährden. Hat eine Bremspolitik nämlich Erfolg, dann kann das dazu führen, daß die Preise im Inland fühlbar schwächer als im Ausland steigen. Dann würden die Handelspartner ihre Nachfrage nach den relativ preisgünstigen Waren und Dienstleistungen des «Stabilitätslandes» verstärken. Damit kann dessen Überschuß in der Handels- und Devisenbilanz (Teil A, Abschnitt 4.5) so stark anschwellen, daß über die Aufblähung der Geldmenge (die Auslandsdevisen werden in inländische Währung umgetauscht) die Inlandsnachfrage derart angeheizt wird, daß der Zuwachs des Angebots dahinter zurückbleibt und die Preise wiederum steigen. Die Auslandsinflation überträgt sich dann auf das Inland; sie wird «importiert» (Abschnitt 4.2). In die gleiche

Richtung wirkt eine Entwicklung, mit der verstärkt Waren ins Ausland ausgeführt werden: Damit kann sich im Inland das Warenangebot verknappen – die Preise werden steigen.

Solche außenwirtschaftliche Ungleichgewichte und ihre Auswirkungen versucht die Wirtschaftspolitik zu vermeiden. Als (quantitatives) Ziel hatte sich die Bundesregierung in früheren Jahren gesetzt, daß der Überschuß aus dem Handel mit Waren und Dienstleistungen («Außenbeitrag» im Sinne der volkswirtschaftlichen Gesamtrechnung) nicht mehr als 1,5 Prozent des nominalen Bruttosozialprodukts betragen sollte. Unter 1,5 Prozent sollte dieser Außenbeitrag deshalb nicht liegen, weil aus diesen Überschüssen Verpflichtungen gegenüber dem Ausland beglichen werden müssen: Überweisungen der Gastarbeiter, Zahlungen an internationale Organisationen (EG), Entwicklungshilfe und schließlich direkte Auslandsinvestitionen der deutschen Wirtschaft.

Wachstum und Lebensstandard

Das wirtschaftliche Wachstum (Teil A, Abschnitt 2.4) soll nach Möglichkeit so gesteuert werden, daß das in einer Volkswirtschaft vorhandene Produktionspotential wie zum Beispiel Arbeitskräfte und Maschinen so genutzt wird, daß bei optimaler Wohlstandsmehrung die anderen Ziele der Wirtschaftspolitik nicht ungünstig beeinflußt werden. Alle entwickelten Industrieländer stoßen mit der Zeit an «Wachstumsbarrieren». Deshalb sind die Fortschrittsraten im Verlaufe der Zeit gesunken; sie sind auch zumeist flacher als in den Entwicklungsländern. Das hängt natürlich auch damit zusammen, daß der wirtschaftliche Fortschritt in den meisten Industrieländern bereits ein beachtliches absolutes Niveau erreicht hat.

Wie die Zielkonkurrenzen ausgleichen?

Die hier erläuterten Ziele der Wirtschaftspolitik (Vollbeschäftigung, Preisstabilität, außenwirtschaftliches Gleichgewicht, angemessenes Wachstum) sind in der Vergangenheit mehrfach erweitert und ergänzt worden. Aus dem magischen Drei- oder Viereck ist inzwischen ein Vieleck (Polygon) geworden. Vorgetragen werden besonders Forderungen nach «gerechter Einkommensverteilung» sowie nach besseren Umweltbedingungen. Das Adjektiv «magisch» haftet diesen Zielen an, weil es außerordentlich schwierig ist, sie gleichzeitig – das schwebt der Wirtschaftspolitik als Idealzustand vor – zu verwirklichen. Eine betonte Vollbeschäftigungspolitik, die in der Regel mit Kreditverbilligungen, Steuersenkungen, Abschreibungserleichterungen und verstärkten Staatsausgaben einhergeht, wird aller Erfahrung nach die Nachfrage stärker als das Angebot anregen: Eine solche Entwicklung ginge dann zu Lasten der Preisstabilität. Umgekehrt kann eine überzogene Stabilitätspolitik das Wachstum und die Sicherheit der Arbeitsplätze beeinträchtigen.

Eine forcierte Wachstumspolitik (Kreditverbilligungen, Geldmengenvermehrung) geht zwar kurzfristig nicht zu Lasten der Vollbeschäftigung, jedoch mit Sicherheit zu Lasten der Preisstabilität, damit zu Lasten der Exportfähigkeit und internationalen Konkurrenzkraft. Die Minderung der Wettbewerbsfähigkeit könnte – unter anderem – dazu führen, daß der Außenbeitrag in einem unerwünschten Ausmaß zurückgeht oder sogar negativ wird. Geht eine «Verteilungspolitik» (Teil A, Abschnitt 2.5) zu stark zu Lasten der Gewinne (Anteil der Selbständigen am Volkseinkommen), dann könnte die Investitionsneigung, damit Wachstum und Vollbeschäftigung gefährdet werden.

Fazit:

Die Beispiele zeigen, daß die Wirtschaftspolitik insgesamt – unter Berücksichtigung aller Ziele – möglichst ausgeglichen sein sollte. Weil das in der Praxis häufig schwierig ist, hat der Sachverständigenrat zur Begutachtung der gesamtwirtschaftlichen Entwicklung (Teil A, Abschnitt 5.1) vorgeschlagen, jeweils dem Ziel die größte Aufmerksamkeit zu widmen, das im Augenblick am meisten gefährdet erscheint.

Kapitel 2

DEUTSCHE WIRTSCHAFT

2.1 Wirtschaftsordnung in der Bundesrepublik Deutschland

Im Frühjahr 1948 schrieb der Schweizer Nationalökonom WILHELM RÖPKE: «Deutschland ist in einem Maße vernichtet und in ein Chaos verwandelt, das niemand sich vorstellen kann, der es nicht mit eigenen Augen gesehen hat.» Nur wenige Monate später – dazwischen lag die Währungsreform – kam der französische Wirtschaftswissenschaftler JACQUES RUEFF zu folgendem Urteil: «Von Juni 1948 an änderte sich alles mit einem Schlage. Die Produktion der Landwirtschaft und die Industrie erwachten im gleichen Augenblick. Alle Kurven stiegen steil an ... Von einem Tag zum anderen füllten sich die Läden, begannen die Fabriken zu arbeiten.» Gut drei Jahrzehnte später resümierte der damalige deutsche Wirtschaftsminister OTTO Graf LAMBSDORFF: «Ein Land, das zertrümmert war und hungerte, rückte in diesen Jahren in die Spitzengruppe der Industriestaaten vor, mit einem Netz sozialer Sicherheit, das seinesgleichen in der Welt sucht. Dies alles wurde erreicht dank ... vor allem eines Wirtschaftssystems, das Leistung förderte und Leistung honorierte.» Gemeint ist die Soziale Marktwirtschaft, die Wirtschaftsordnung, die Wirtschaftsverfassung der Bundesrepublik Deutschland.

Es lohnte sich wieder

Am 18. Juni 1948 hatte das «Wirtschaftsparlament» der amerikanischen, britischen und französischen Besatzungszone in Frankfurt mit 50 gegen 36 Stimmen das «Gesetz über die wirtschaftspolitischen Leitsätze nach der Währungsreform» beschlossen; es war der entscheidende Markstein für den Übergang von der Planwirtschaft zur Sozialen Marktwirtschaft. Es lohnte sich plötzlich wieder, Waren aus den Lagern zu holen und anzubieten. Mit einem stabilen Geld war es wieder attraktiv, mehr zu arbeiten und mehr zu produzieren. Die Lebensmittelkarten, die 1948 vorsorglich für die wichtigsten Nahrungsmittel zunächst beibehalten worden waren, erwiesen sich binnen Jahresfrist als überflüssig. Was kam, war «die Freßwelle».

So ging es weiter, Jahr um Jahr, trotz mancher Schwierigkeiten wie der «Dollar-Lücke» (Devisenknappheit), hoher Arbeitslosigkeit und starken Preissteigerungen. Aus der einstigen Dollar-Lücke ist längst ein Dollarüberfluß geworden. Die D-Mark zählt heute zu den stabilsten und international gesuchtesten Anlagewährungen. Den Deutschen geht es so gut wie nie zuvor. Innerhalb von nur zehn Jahren, bereits von 1950 bis 1960, hatte sich der Lebensstandard, gemessen am realen privaten Verbrauch je Einwohner, verdoppelt. Der Wohlstand hat sich von 1960 bis 1980 noch einmal verdoppelt; am Ende der achtziger Jahre ist es den Deutschen reichlich viermal so gut gegangen wie 1950. Das ist im wesentlichen ein Erfolg der Marktwirtschaft. Sie ist das logische Korrelat zum freiheitlichen, demokratischen Rechtsstaat.

Freiheit und sozialer Ausgleich

Ohne im Grundgesetz unmittelbar verankert zu sein, ist die Soziale Marktwirtschaft eingeführt worden vor allem von dem damaligen Wirtschaftsminister LUDWIG ERHARD («Wohlstand für alle») und seinem Staatssekretär ALFRED MÜLLER-ARMACK – gegen den anfänglichen Widerstand der Besatzungsmächte, gegen den Widerstand eines großen Teils der politischen Kräfte: Eine freie Wirtschaftsordnung in einem ökonomisch und politisch total ausgebluteten Land, das müsse in einem «Fiasko» enden, gingen damals die Kassandrarufe. «Sinn der Sozialen Marktwirtschaft ist es», formulierte MÜLLER-ARMACK, «das Prinzip der Freiheit auf dem Markte mit dem sozialen Ausgleich zu verbinden». Der Begriff der Sozialen Marktwirtschaft könne als ordnungspolitische Idee definiert werden, deren Ziel es sei, «auf der Basis der Wettbewerbswirtschaft die freie Initiative mit einem gerade durch die marktwirtschaftliche Leistung gesicherten sozialen Fortschritt zu verbinden» (siehe auch Teil A, Abschnitt 1.1).

Nur in einem marktwirtschaftlichen System, sagte MÜLLER-ARMACK, könnten die alle Schichten umfassenden, in ihrer Marktposition überdies schwach gesicherten Konsumenten die Wirtschaft nach ihren Bedürfnissen lenken. Diese Orientierung am Verbraucher bedeute bereits eine soziale Leistung der Marktwirtschaft. In gleicher Richtung wirkte die durch das Wettbewerbssystem gesicherte und laufend erzwungene Produktivitätserhöhung als eine soziale Verbesserung. Diese sei um so größer und allgemeiner, je mehr durch den Wettbewerb einseitige Einkommensbildungen, die aus einer wirtschaftlichen Sonderstellung herrührten, eingedämmt würden.

Entscheidend für das System der Sozialen Marktwirtschaft ist der Wettbewerb als eine vom Staat bewußt geförderte und gegen Mißbräuche geschützte «Veranstaltung». Der Sinn ist, ein Höchstmaß an produktiver Energie freizusetzen und gleichzeitig private Wirtschaftsmacht durch Öffnung der Grenzen, Erhöhung der Produzentenzahl und Verbot von Kartellen und Monopolen zu neutralisieren. «Marktwirtschaft» bedeutet dabei, daß alle entscheidenden wirtschaftlichen Vorgänge – die Kaufentscheidungen der Verbraucher ebenso wie die Investitionsentscheidungen der Unternehmer oder die Arbeitsplatzwahl der Arbeitnehmer – von beweglichen Preisen für Güter und Arbeitskraft (Löhne) gesteuert werden. Mit «sozial» sind alle jene Sicherungen umschrieben, die in dieses System zugunsten der jeweils schwächeren Marktpartei eingebaut sind.

Wettbewerb kontra Macht

Die «Soziale Marktwirtschaft» ist als Modell einer Wirtschaftsordnung wissenschaftlich in den zwanzig Jahren bis 1950 vor allem von der «Freiburger Schule» (Teil A, Abschnitt 1.1) entwickelt worden. LUDWIG ERHARD holte sich «die Freiburger» in den wissenschaftlichen Beirat seines Ministeriums: ERWIN VON BECKErath als Vorsitzenden, Walter Eucken, Franz Böhm, Adolf Lampe, Leonhard Miksch, Walter Hallstein. Franz Böhm («Wettbewerb als Aufgabe») stritt als Abgeordneter im Bundestag – zusammen mit vielen anderen – für ein Kartellverbot.

Franz Böhm hatte schon 1946 geschrieben: «Wer Macht besitzt, hat keinen Anspruch auf Freiheitsautonomie, die das Recht dem Machtlosen einräumt, der durch die Konkurrenz kontrolliert wird. Er schuldet dem Staat und der Gesellschaft positiv einen volkswirtschaftlich nützlichen Gebrauch seiner Macht, nicht bloß die Unterlassung eines schädlichen Gebrauchs. Infolge dessen sind Inhaber von Macht jeden Grads künftighin der Staatskontrolle in der Weise zu unterstellen, daß die Staatsaufsicht das Recht und die Pflicht hat, den Machtinhaber zu einem volkswirtschaftlich richtigen Verhalten zu veranlassen.» Auf diesem Grundgedanken beruht das «Gesetz gegen Wettbewerbsbeschränkungen» (Kartellgesetz) von 1957, das 1958 in Kraft getreten ist, wiederum gegen mannigfache Widerstände, vor allem in der Wirtschaft selbst.

Das Kartellgesetz ist mehrfach novelliert und dabei jedesmal verschärft worden. Es verbietet wettbewerbsbehindernde Absprachen (Kartelle) zum Beispiel über Preise und Marktanteile grundsätzlich. Allerdings können bestimmte Kartelle im Einzelfall erlaubt werden, zum Beispiel Rationalisierungsabsprachen, mit deren Hilfe kleinere Unternehmen versuchen, sich im Wettbewerb zu behaupten. Zusammenschlüsse von Unternehmen (Fusionen) unterliegen der Genehmigungspflicht beim Kartellamt, wenn an ihnen Großunternehmen beteiligt sind. Dadurch soll die Konzentration wirtschaftlicher Macht verhindert werden. Dahinter steht die Erkenntnis, daß die Zusammenballung wirtschaftlicher Macht den Wettbewerb bedroht: Ein Monopolist braucht die Konkurrenz nicht zu beachten und ist in der Preisgestaltung freier. Schon jetzt ist die Konzentration in der deutschen Wirtschaft, zumal in einzelnen Bereichen wie zum Beispiel im Lebensmittelhandel, außerordentlich hoch.

Manipulation durch Monopole

Während bei Wettbewerb auf beiden Marktseiten die Möglichkeit willkürlicher Beeinflussung der Preise, die in der Marktwirtschaft als Knappheitsanzeiger zentrales Steuerungsinstrument sind, denkbar gering ist, haben demgegenüber bei monopolistischen oder oligopolistischen Marktformen ein oder einige Marktteilnehmer die Möglichkeit, den Preis zugunsten einzelwirtschaftlicher Interessen und zu Lasten anderer Marktteilnehmer zu manipulieren. Oligopolistisch oder monopolistisch gebildete Preise können Überfluß oder Mangel an Produktionsfaktoren vortäuschen oder umgekehrt zum Beispiel Über- oder Unterbeschäftigung gar nicht anzeigen. Auf diese Weise werden die Pläne der Einzelwirtschaften desorientiert: Anpassungsprozesse werden falsch oder gar nicht veranlaßt.

Die Rolle des Staates

In der Marktwirtschaft hat der Staat nicht nur den Wettbewerb herzustellen und zu sichern. Er ist auch verantwortlich für die Wirtschaftspolitik, er setzt Steuern und Abgaben fest. Der Staat ist – in der Bundesrepublik mit einem Anteil von etwa 50 Prozent am Sozialprodukt – der größte Auftraggeber der Volkswirtschaft. Es gibt Schwierigkeiten, mit denen der Markt alleine nicht fertig werden kann, zum Beispiel den Schutz der Umwelt, die Sicherung der Schulbildung für jedermann, den Ausbau von Straßen und Kanälen (Infrastruktur).

Der Staat soll in der Marktwirtschaft für eine stetige wirtschaftliche Entwicklung sorgen. Zur gesamtwirtschaftlichen Globalsteuerung ist in der Bundesrepublik unter anderem das Gesetz zur Sicherung von Stabilität und Wachstum in Kraft gesetzt worden (1967).

Seit der Gründung der Bundesrepublik hat es bis 1989 sieben Bundeswirtschaftsminister gegeben: LUDWIG ERHARD (CDU, 1949 bis 1963), KURT SCHMÜCKER (CDU, 1963 bis 1966), KARL SCHILLER (SPD, 1966 bis 1972), HANS FRIEDRICHS (FDP, 1972 bis 1977), OTTO Graf LAMBSDORFF (FDP, 1977 bis 1984), MARTIN BANGEMANN (FDP, 1984 bis 1988) und HELMUT HAUSSMANN (FDP, seit

1988). Keiner von ihnen hat die Wirtschaftspolitik alleine «gemacht», auch nicht der Bundeskanzler, der nach dem Grundgesetz die Richtlinien der Politik bestimmt. Praktische Wirtschaftspolitik ist immer das Ergebnis zumeist widerstreitender Gruppeninteressen. Durchgesetzt und kontrolliert wird sie von der Regierung und dem Parlament, von der unabhängigen Notenbank sowie von amtlich bestellten Räten und Beiräten. An der Vorbereitung und Ausführung wirken mit der Bundestag, die Wirtschaftsverbände, die Gewerkschaften und die Träger der öffentlichen Meinung.

Fazit:

Niemand wird behaupten, die Soziale Marktwirtschaft sei a priori eine «ideale» Wirtschaftsordnung. Sie ist aber, das hat die Erfahrung erwiesen, allen anderen Wirtschaftssystemen, vor allem den zentralverwaltungswirtschaftlichen Ordnungen, eindeutig überlegen, wenn Freiheit und Wohlstand für den Bürger als entscheidende Differenzierungskriterien zugrunde gelegt werden.

2.2 Geld- und Notenbankpolitik der Bundesbank

Geldpolitik

Nach dem Gesetz über die Deutsche Bundesbank von 1957 hat die Bundesbank den Auftrag, «den Geldumlauf und die Kreditversorgung zu regeln mit dem Ziel, die Währung zu sichern». In der Begründung zum Regierungsentwurf für das Bundesbankgesetz heißt es: «Die Sicherung der Währung wird ... durch die richtige Dosierung der Menge des umlaufenden Geldes unter Vermeidung eines Geldüberhanges und andererseits eines Geldmangels gewährleistet.»

Notenbankpolitik bedeutet Einflußnahme auf die Gesamtnachfrage. Ein wichtiges Mittel dazu ist die Steuerung der Kreditgewährung der Banken, die ihrerseits ein Motor der Geldexpansion ist. Das Hauptinstrument der Bundesbank zur Steuerung der Kreditexpansion ist die Beeinflussung der Bankenliquidität. Diese Liquidität der Banken ist definiert mit ihren freien Liquiditätsreserven, gemessen an den Verbindlichkeiten.

Die Bundesbank ist eine bundesunmittelbare juristische Person des öffentlichen Rechts. Das Grundkapital gehört dem Bund als Träger der Währungshoheit. Rechte, die die Unabhängigkeit der Bank berühren, kann der Bund hieraus nicht ableiten. Vielmehr ist die Bundesbank trotz ihrer Verpflichtung, die allgemeine Wirtschaftspolitik der Bundesregierung zu unterstützen, von den Weisungen der Bundesregierung unabhängig. Verpflichtet ist sie indessen, die Bundesregierung in der Währungspolitik zu beraten. Die Bundesregierung soll ihrerseits den Präsidenten der Bundesbank zu währungspolitischen Beratungen hinzuziehen. Ebenso haben die Mitglieder der Bundesregierung das Recht, an den Sitzungen des Zentralbankrats teilzunehmen. Organe der Bundesbank sind der Zentralbankrat, das Direktorium und die Vorstände der Landeszentralbanken. Der Zentralbankrat, das oberste Organ der Bundesbank, setzt sich zusammen aus dem Präsidenten und Vizepräsidenten der Bundesbank, den weiteren Mitgliedern des Direktoriums und den Präsidenten der elf Landeszentralbanken. Der Zentralbankrat bestimmt die Währungs- und Kreditpolitik.

Das Geld muß knapp sein

Weitgehend Einigkeit besteht heute darin, daß das Ziel eines stabilen Geldes und damit eines störungsfreien Wirtschaftswachstums auf Dauer nur erreichbar ist, wenn die Versorgung der Wirtschaft mit Geld möglichst knapp gehalten wird. Die binnenwirtschaftliche Stabilität wird im allgemeinen mit annähernder Stabilität des Preisniveaus bei den Verbraucherpreisen gleichgesetzt. Eine Grundvoraussetzung dafür, daß eine Zentralbank das Wachstum der Geldbestände in den stabilitätspolitisch erwünschten Grenzen halten kann, ist ihre Fähigkeit, die Geldschöpfung unter Kontrolle zu halten. Dem stand in der Bundesrepublik lange Zeit die unbeschränkte Interventionspflicht auf den Devisenmärkten im Wege, die die Bundesbank im System fester Wechselkurse gegenüber dem Dollar hatte. Damals mußte die Notenbank zeitweise in großem Umfang Dollar ankaufen, um zu verhindern, daß der Dollarkurs unter den vereinbarten Interventionspunkt fiel. Damit sind zeitweise Zentralbankguthaben in einer Höhe geschaffen worden, die weit über das geldpolitisch vertretbare Ausmaß hinausgegangen sind. Mit dem Übergang zu flexiblen Wechselkursen am Beginn der siebziger Jahre ist dieses Hemmnis für eine wirksame Stabilitätspolitik im Prinzip beseitigt worden. Völlig abgeschirmt von außenwirtschaftlichen Einflüssen ist die Geldpolitik freilich auch unter den Bedingungen flexibler Wechselkurse nicht (Abschnitt 3.2).

Indikator für die Geldpolitik

Die Monopolstellung bei der Ausgabe des benötigten Bargeldes stellt die eigentliche Grundlage dafür dar, daß die Bundesbank die Ausweitung der gesamten Geldbestände einschließlich des Buchgeldes wirksam kontrollieren kann. Gleichzeitig hat die Bundesbank die Funktion einer «Bank der Banken», einer «Bank des Staates» sowie einer «Verwalterin der nationalen Währungsreserven». Für die Geldpolitik ist vor allem die Frage zu beantworten, woran die Bundesbank die Wirkungen ihrer Geld- und Kreditpolitik praktisch messen und ausrichten soll. Sie hat sich dazu entschlossen, ihre stabilitätspolitischen Absichten gegenüber der Öffentlichkeit im voraus anhand von jährlichen Zielen für die Ausweitung der sogenannten Geldmenge bekanntzugeben. Insgesamt verwendet sie die folgenden Geldmengen-Indikatoren:

- □ M1 = Bargeld und Sichteinlagenbestände inländischer Nichtbanken,
- □ M2 = M1 zuzüglich Termingelder inländischer Nichtbanken unter 4 Jahren,
- □ M3 = M2 zuzüglich Spareinlagen inländischer Nichtbanken mit gesetzlicher Kündigungsfrist,

Zentralbankgeldmenge = Bargeld in Händen von Nichtbanken plus Mindestreservesoll für inländische Verbindlichkeiten der Banken (mit konstanten Reservesätzen berechnet).

Geldmengenziele in der Praxis

Im Dezember 1974 hat die Bundesbank zum erstenmal ein jährliches Geldmengenziel im voraus bekanntgegeben. An dieser Praxis hat sie grundsätzlich festgehalten, auch wenn das Ziel seither unterschiedlich formuliert worden ist. Es beruhte stets auf einer mit der Bundesregierung abgestimmten gesamtwirtschaftlichen Projektion. Im Vordergrund haben dabei Eckwerte für das Wachstum des gesamtwirtschaftlichen Produktionspotentials sowie für die angestrebte Preisentwicklung gestanden. Die Geldmengensteuerung schließt mithin auf längere Sicht eine Verstetigungsabsicht ein. Wenn der Wirtschaftsablauf nicht nachhaltig gestört ist, wächst die Geldnachfrage der Wirtschaft auf mittlere Sicht im Einklang mit der Zunahme des realen Produktionspotentials. Eine Ausweitung der Zentralbankgeldmenge im Ausmaß des Produktionspotentials sichert damit zugleich einen ausreichenden Finanzierungsspielraum für das zur Ausschöpfung der Angebotsmöglichkeiten benötigte Ausgabenwachstum. Seit 1979 gibt die Bundesbank ausschließlich ein Verlaufsziel vor; es soll im Verlaufe eines Jahres erreicht werden. Ferner hat die Bundesbank seit 1979 das Geldmengenziel nicht mehr durch eine einzige Zahl, sondern durch eine Bandbreite (zum Beispiel zwischen 6 bis 9 Prozent) vorgegeben.

Die Monopolstellung der Notenbank, allein das von Wirtschaft und Banken nachgefragte Zentralbankgeld bereitstellen zu können, befähigt die Bundesbank dazu, die Ausweitung der Geldbestände der Wirtschaft zu kontrollieren. Sie gibt ihr damit auch die Möglichkeit, die im voraus verkündeten Geldmengenziele zu erreichen. Die Geldschöpfung der Banken geht stets mit einer Zunahme des Bargeldumlaufs und bei der Bundesbank zu haltenden Mindestreserven einher. Sie erfordert also Geld, das die Kreditinstitute selbst nicht schaffen können.

Instrumente der Notenbankpolitik

Im Unterschied zu manchen anderen Ländern beschränken sich die Instrumente der deutschen Geldpolitik auf Eingriffsmöglichkeiten, die das freie Spiel der Marktkräfte und des Wettbewerbs weitgehend unangetastet lassen. So verfügt die Bundesbank nicht über die Möglichkeit, die Kreditaufnahme der Nichtbanken unmittelbar durch Kontingentierung zu beschränken oder die an den Kredit- und Wertpapiermärkten geltenden Zinssätze administrativ festzusetzen. Zu den zinspolitischen Instrumenten der Bundesbank zählen vor allem die Festsetzung des Diskont- und Lombardsatzes. Ein wichtiges liquiditätspolitisches Instrument stellt ferner die Veränderung der Mindestreservesätze dar. Außerdem kann die Bundesbank den Zugang der Kreditinstitute zum Lombard- oder Diskontkredit quantitativ oder qualitativ begrenzen, durch Einschleusen öffentlicher Kassenmittel in den Geldmarkt die Bankenliquidität anreichern und durch liquiditätspolitisch motivierte An- und Verkäufe von Wertpapieren und Devisen die Zentralbankguthaben der Kreditinstitute erhöhen oder vermindern (Offenmarktgeschäfte).

Diskont- und Lombardpolitik

Die Bundesbank hat das Recht, im Verkehr mit den Banken Handelswechsel, aber auch Schatzwechsel des Bundes, der Länder und der Sondervermögen des Bundes wie zum Beispiel Bundesbahn und -post zu dem von ihr festgelegten Diskontsatz zu kaufen und zu verkaufen. Erhöht die Bundesbank diesen amtlichen Zinssatz, dann verteuert sie den Kredit; umgekehrt ist es, wenn sie den Diskontsatz senkt. Liquiditätspolitisch besonders wichtig ist die quantitative Begrenzung der Höhe des den Banken insgesamt zur Verfügung stehenden Diskontkredits durch Rediskontkontingente. Für die Höhe des Diskontsatzes legt das Bundesbankgesetz weder eine Obergrenze noch eine Untergrenze fest. Die tatsächliche Höhe des Diskontsatzes bewegte sich bisher zwischen 2,5 Prozent (Dezember 1987 bis Ende Juni 1988) und 7,5 Prozent (1970 und von Mai 1980 bis August 1982).

Die Bundesbank ist berechtigt, den Kreditinstituten verzinsliche Darlehen gegen Verpfändung von bestimmten Wertpapieren und Schuldbuchforderungen (Lombardkredite) zu gewähren. Die Festsetzung des Diskont- und Lombardsatzes stellt den Kern der Zinspolitik dar. Der Diskontsatz ist in einem Bankensystem, das ständig im Diskontkredit bei der Notenbank verschuldet ist, eine Art untere Grenze der Zinssätze für Monats- und Dreimonatsgeld. Noch größere Bedeutung für die Zinsentwicklung am Geldmarkt hat im allgemeinen der Lombardsatz. Er bildet eine Art Obergrenze für den Tagesgeldsatz, da normalerweise keine Bank bereit ist, am Geldmarkt höhere Zinsen zuzugestehen, als sie für eine kurzfristige Inanspruchnahme des Lombardkredits bezahlen müßte.

Mindestreserve- und Offenmarktpolitik

Obligatorische Mindestreserven sind in Deutschland zum erstenmal mit der Gründung der Bank deutscher Länder, die die Vorgängerin der Bundesbank war, 1948 eingeführt worden. Nach dem Bundesbankgesetz kann die Bundesbank verlangen, daß die Kreditinstitute in Höhe eines Prozentsatzes ihrer Verbindlichkeiten aus Sichteinlagen, befristeten Spareinlagen sowie aus aufgenommenen kurz- und mittelfristigen Geldern – mit Ausnahme der Verbindlichkeiten gegenüber anderen mindestreservepflichtigen Kreditinstituten – Guthaben auf Girokonto bei ihr unterhalten (Mindestreserve). Die Bank darf den Prozentsatz für Sichtverbindlichkeiten nicht über 30, für befristete Verbindlichkeiten nicht über 20 und für Spareinlagen nicht über 10 Prozent festsetzen. Für Verbindlichkeiten gegenüber Gebietsfremden (Ausländern) darf sie jedoch einen Satz bis zu 100 Prozent festsetzen.

Als Offenmarktpolitik wird der An- und Verkauf von Wertpapieren durch die Zentralbank für eigene Rechnung am offenen Markt bezeichnet. Zur Regelung des Geldmarktes darf die Bundesbank am offenen Markt zu Marktsätzen folgende Wertpapiere kaufen und verkaufen:

- ☐ bundesbankfähige Wechsel,
- ☐ Schatzwechsel und Schatzanweisungen des Bundes, seiner Sondervermögen oder der Länder,

□ Schuldverschreibungen und Schuldbuchforderungen von Bund und Ländern.

Einlagen- und Swappolitik

Nach dem Bundesbankgesetz sind der Bund, die Länder, das Sondervermögen Ausgleichsfonds sowie das ERP-Sondervermögen gehalten, die jeweiligen flüssigen Mittel bei der Bundesbank zu halten. Wollen diese Institutionen ihre Mittel anderweitig einlegen, so muß die Bundesbank dazu ihre Einwilligung geben. Besteht die Bundesbank auf der Einlage auf ihren Konten, dann sind diese Beträge den Dispositionen der betroffenen Institutionen entzogen (restriktive Geldpolitik). Erlaubt sie hingegen anderweitige Verwendung, so verfolgt sie damit in der Regel eine expansive Geldpolitik. Die im Bundesbankgesetz verankerte Einlagenverpflichtung der öffentlichen Hand ist durch das Stabilitäts- und Wachstumsgesetz erweitert worden, das für bestimmte Situationen die Bildung beziehungsweise Auflösung einer Konjunkturausgleichsrücklage vorsieht, die bei der Bundesbank zu halten ist.

Um die von den Devisenmärkten ausgehenden Störungen der Geldpolitik zu begrenzen, hat die Bundesbank in der Zeit der festen Wechselkurse devisenpolitische Instrumente entwickelt, mit denen sie die internationalen Geldströme beeinflussen konnte. Hierbei handelte es sich um Swapgeschäfte und Outright-Operationen am Devisenterminmarkt. Bei einem Swapgeschäft werden von der Bundesbank Devisen per Kasse gekauft (verkauft) und gleichzeitig per Termin verkauft (gekauft). Es handelt sich um eine Koppelung von Kassa- und Termingeschäften, bei der der in Rechnung gestellte Swapsatz ein Zinsäquivalent darstellt.

Outright-Terminoperationen unterscheiden sich von einem Kassageschäft dadurch, daß sie erst zu einem späteren Termin, zum Beispiel in drei Monaten, zu erfüllen sind. Um Liquidität zeitweilig zu neutralisieren, hat die Bundesbank seit Sommer 1979 mit den Kreditinstituten auch sogenannte Devisenpensionsgeschäfte abgeschlossen. Dabei wird den Banken der «Herausgabeanspruch» auf Auslandsaktiva der Bundesbank für eine befristete Zeit übertragen. Die Auslandsaktiva selbst bleiben im Eigentum der Bundesbank;

Die Auslandsaktiva selbst bleiben im Eigentum der Bundesbank; ihr fließen deshalb auch die Zinsen hieraus zu. Die Liquidität beeinflußt ein Devisenpensionsgeschäft in gleicher Richtung wie ein Swapgeschäft, bei dem Dollar per Kasse an die Kreditinstitute verkauft werden: Die Einlagen der Banken bei der Bundesbank nehmen ab.

Fazit:

Die Bundesbank hat die Aufgabe, die Stabilität der Währung zu sichern, dabei die Wirtschaftspolitik der Bundesregierung zu unterstützen. Sie ist jedoch von den Weisungen der Bundesregierung unabhängig. Um die Wirksamkeit ihrer Geld- und Kreditpolitik messen zu können, orientiert sich die Bundesbank an einem Geldmengenziel, das sie jeweils am Beginn eines Jahres vorgibt. Um ihre kreditpolitischen Ziele zu erreichen, steht ihr eine Reihe von Instrumenten zur Verfügung. Mit am bekanntesten sind Diskont-, Lombard-, Mindestreserve- und Offenmarktpolitik.

2.3 Lebensstandard in der Bundesrepublik Deutschland

Nie zuvor in der deutschen Wirtschaftsgeschichte hat es einen solchen Aufschwung wie in der Zeit nach dem Zweiten Weltkrieg gegeben. Gemessen am Sozialprodukt ist die Bundesrepublik in internationalen Statistiken hinter den Vereinigten Staaten und Japan an dritter Stelle zu finden. Vor allem seit dem Beginn der sechziger Jahre hat sich ein ungeahnter Massenwohlstand entwikkelt. Immer mehr Menschen sind in geräumige Neubauwohnungen mit Bad und Zentralheizung gezogen; das «Häuschen im Grünen» ist nicht nur ein Wunschtraum geblieben. Immer mehr Wohnungen sind mit Telefon, Tiefkühlschrank, Wasch- und Geschirrspülmaschinen ausgestattet. Das Auto, nicht selten der Zweitwagen, die Urlaubsreise ins Ausland, mehr Freizeit und Erholung als je zuvor sind (fast) zu Selbstverständlichkeiten geworden. Man könnte sagen, Ludwig Erhards Marktwirtschaft habe den «Wohlstand für alle» gebracht. Wenn da nicht – kurz vor dem Eintritt in die neunziger Jahre – immer noch jene rund 2 Millionen Arbeitslose wären (Abschnitt 2.4).

Höchster Reallohnzuwachs

Nach den Zahlen des Statistischen Bundesamtes hat sich die Versorgung der Bevölkerung mit Gütern und Dienstleistungen von 1950 bis 1988 real mehr als verfünffacht. Da gleichzeitig auch die Bevölkerungszahl zugenommen hat, ist der Zuwachs im Lebensstandard nicht ganz so hoch gewesen. Je Kopf der Bevölkerung ist der private Verbrauch real aber immer noch auf weit mehr als das Vierfache seines Ausgangsstandes gestiegen (Tabelle 2.1). Das ist

Jahr	Privater Verbrauch		Privater Verbrauch je Kopf der Bevölkerung	
	Mrd. DM	+/–% 10 Jahre	DM	+/–% 10 Jahre
1950	86,2	–	1725	–
1960[1])	183,2	112,5	3304	91,5
1970	298,5	62,9	4921	48,9
1980	409,5	37,2	6648	35,0
1988	463	–	7586	–
1990[2])	484	17,2	7970	19,9

[1]) In Preisen von 1962. [2]) Schätzung. Quelle: Statistisches Bundesamt; eigene Berechnungen.

Tabelle 2.1 Realer privater Verbrauch in der Bundesrepublik – Entwicklung seit 1950

ein Ergebnis, um das die Deutschen in anderen Industrieländern nicht selten beneidet werden. Im Vergleich der zehn wichtigsten Industrieländer sind zum Beispiel Löhne und Gehälter in der Bundesrepublik real relativ am stärksten gestiegen. Diese Spitzenposition nehmen die deutschen Arbeitnehmer ein, obwohl die Nominallöhne und -gehälter weitaus schwächer als in den meisten anderen

Ländern gewachsen sind. Dahinter steht die Tatsache, daß sich in der Bundesrepublik im langfristigen Vergleich die Lebenshaltung deutlich weniger stark als in anderen Ländern verteuert hat.

Schwung bei den Einkommen

Gemessen am realen privaten Verbrauch je Einwohner hat sich der Wohlstand seit 1950 mit einem jahresdurchschnittlichen Zuwachs von fast 4 Prozent vermehrt. Während sich die monatlichen Bruttolöhne und -gehälter im Durchschnitt je Beschäftigten von 243 DM (1950) auf 3290 DM (1988) erhöht haben, sind die Nettolöhne und -gehälter je Beschäftigten (abzüglich Steuern und Sozialabgaben) von 213 auf 2197 DM im Monat gestiegen. Wird die Teuerung berücksichtigt, dann haben sich die Bruttoeinkommen real immer noch von 243 auf 1074 DM, die Nettoeinkommen von 213 auf 717 DM erhöht (Tabelle 2.2).

Jahr	Nominallöhne und -gehälter je Besch.[1]) monatlich in DM		Reallöhne und -gehälter je Beschäftigten [2]) monatlich in DM		Preisindex für die Lebenshaltung[3])
	brutto	netto	brutto	netto	1950 = 100
1950	243	213	243	213	100,0
1960	512	432	425	359	120,5
1970	1148	888	741	573	154,9
1980	2500	1765	996	703	251,1
1988	3290	2197	1074	717	306,3
1990[4])	3455	2270	1070	703	323

[1]) Brutto- und Nettolohn und -gehaltssumme je Beschäftigten. [2]) Deflationiert mit dem Preisindex für die Lebenshaltung. [3]) Vier-Personen-Arbeitnehmerhaushalt mit mittlerem Einkommen. [4]) Geschätzt. Quelle: Statistisches Bundesamt; eigene Berechnungen.

Tabelle 2.2 Löhne und Gehälter in der Bundesrepublik

Klarer Trend zum Wohlstand

Mit steigenden Einkommen und wachsendem Wohlstand haben vor allem jene Erzeugnisse und Dienstleistungen innerhalb des privaten Verbrauchs an Bedeutung und Gewicht gewonnen, die der Befriedigung des sogenannten höherwertigen Bedarfs dienen; demgegenüber ist die Bedeutung von lebensnotwendigen Gütern relativ zur gesamten Verbrauchssumme zumeist gesunken. So hat zum Beispiel ein Vier-Personen-Haushalt mit mittlerem Einkommen 1950 noch mehr als die Hälfte seiner Gesamtausgaben für Nahrungs- und Genußmittel aufwenden müssen; heute ist dieser Anteil auf wenig mehr als ein Fünftel des gesamten Verbrauchsbudgets gesunken (Tabelle 2.3). Dafür haben Aufwendungen für das eigene Auto, für Urlaub und Freizeit, für höherwertige Haushaltswaren immer größeren Raum eingenommen. Waren und Dienstleistungen für Verkehrszwecke und Nachrichtenübermittlung sind an den Gesamtausgaben eines Vier-Personen-Arbeitnehmerhaushalts 1950 noch nicht einmal mit 4 Prozent beteiligt gewesen; in der zweiten Hälfte der achtziger Jahre hat dieser Haushalt fast ein Sechstel seines Budgets dafür aufgewendet. Zu laufenden Preisen gemessen hat sich ferner der Anteil für Wohnungsmiete kräftig erhöht, ferner für Waren und Dienstleistungen für Bildung und Unterhaltung, für Elektrizität, Gas, Brennstoffe. Abgenommen hat demgegenüber die Bedeutung der Aufwendungen für Kleidung und Schuhe, für Körper- und Gesundheitspflege.

Bereiche	Mrd. DM[1])	in %
Nahrungs- und Genußmittel[2])	250,8	21,7
Kleidung, Schuhe	98,4	8,5
Wohnungsmieten[3])	181,8	15,7
Haushaltsenergie[4])	49,8	4,3
Haushaltsführung	106,8	9,2
Gesundheits-/Körperpflege	56,7	4,9
Verkehr, Nachrichtenübermittlung	179,1	15,5
Bildung, Unterhaltung, Freizeit	113,7	9,8
Persönl. Ausstattung, Sonstiges[5])	120,1	10,4
Privater Verbrauch	1157,2	100,0

[1]) 1988; zu jeweiligen Preisen. [2]) Einschl. Verzehr in Gaststätten. [3]) Einschl. Mietwert der Eigentümerwohnungen. [4]) Elektrizität, Gas, Brennstoffe. [5]) Dienstleistungen des Beherbergungsgewerbes, Banken, Versicherungen. Quelle: Deutsches Institut für Wirtschaftsforschung, Berlin.

Tabelle 2.3 Struktur des privaten Verbrauchs

Als mit Holz geheizt wurde ...

Die Aufwendungen für ein eigenes Auto waren 1950 im Budget einer vierköpfigen Arbeitnehmerfamilie noch gar nicht zu finden. Unter «eigene Beförderungsmittel» sind damals Herrenfahrrad und Fahrradbereifung, dagegen nicht einmal ein Moped ausgewiesen worden. Mehr als ein Zehntel des Budgets für Heizung entfiel auf Brennholz. Die Wohnungen hatten weitgehend Ofenheizungen; moderne Haushaltsmaschinen fehlten, für Erholungsreisen blieben im schmalen Budget keine Mittel. Das hat sich innerhalb nur weniger Jahre schnell und bemerkenswert geändert. 1958 sind mit Motorrad und Auto das Benzin, die Kraftfahrzeugreparatur, die Garagenmiete, die Kraftfahrzeug-Haftpflichtversicherung, der Elektroherd, Rundfunk- und Fernsehgerät, Staubsauger, Waschmaschine, Kühlschrank, private Krankenversicherung ebenso wie die Urlaubsreise zum erstenmal in den vom Statistischen Bundesamt zusammengestellten Warenkorb gekommen. Bereits von 1958 bis 1962 erhöhte sich das Gewicht der Urlaubsreisen um 50 Prozent; der Anteil der Ausgaben für das eigene Auto stieg auf das Fünffache. Bei den Nahrungs- und Genußmitteln sind in wachsendem Maße alkoholische Getränke, Zigaretten, Fleisch und Fleischwaren nachgefragt worden. Mit steigenden Einkommen hat sich diese Entwicklung – in der Tendenz – fortgesetzt. Später ist dann die «Gesundheitswelle» über die Bundesbürger gekommen: Der Konsum von Alkohol und Tabakwaren wurde eingeschränkt; demgegenüber standen «Naturprodukte» zunehmend höher in der Gunst der Käufer.

Fazit:

Es lassen sich für die Nachkriegszeit mehrere große Verbrauchswellen feststellen. Während am Anfang der fünfziger Jahre die Nachfrage nach lebensnotwendigen Gütern im Vordergrund gestanden hat, war es danach bis zum Anfang der siebziger Jahre die Nachfrage nach Personenkraftwagen und den damit zusammenhängenden Gütern und Leistungen. Von Anfang der siebziger Jahre an hat sich die Nachfrage immer stärker zu Gütern des gehobenen Bedarfs, auf hochwertige Geräte für den Haushalt, auf Schmuck, Versicherungs- und Bankleistungen verlagert. Vereinfacht ausgedrückt, aber dennoch aussagekräftig ist die Unterteilung in «Freßwelle», «Kleiderwelle», «Einrichtungswelle» sowie «Reise-, Urlaubs-, Luxus- und Gesundheitswelle».

2.4 Wachstumsschwäche und Wachstumsperspektiven

Das Kernproblem der deutschen Wirtschaft ist der Mangel an Wachstumsdynamik, auf den letztlich sowohl die hohen Außenhandelsüberschüsse als auch die hohe Arbeitslosigkeit zurückzuführen sind. Kennzeichnend für den Mangel an Dynamik ist die Schwäche der Investitionstätigkeit.» So steht es im Frühjahrsgutachten 1988 der fünf wirtschaftswissenschaftlichen Forschungsinstitute. Was die Institute hier beklagt haben, ist keineswegs eine Erscheinung erst der achtziger Jahre gewesen; und von einer solchen Schwäche ist auch nicht allein die Bundesrepublik betroffen (siehe auch Tabelle 2.4).

Zeitraum	USA	Japan	Bundesrepublik Deutschland	Frankreich	Großbritannien	Italien
Bruttosozialprodukt, real Durchschnittliche jährliche Veränderungsraten						
1950–1960	3,3	4,2	8,8	5,0	2,8	6,3
1960–1970	3,8	11,7	4,5	5,6	2,9	5,7
1970–1980	2,8	4,7	2,7	3,8	1,9	3,1
1980–1987	2,6	3,8	1,5	1,7	2,3	2,1
1982–1987	3,8	4,0	2,3	1,6	3,2	2,6
Ausrüstungsinvestitionen, real Durchschnittliche jährliche Veränderungsraten						
1960–1970	6,4	–	6,7	8,7	3,7	–
1970–1980	4,8	3,0	2,2	5,1	2,2	2,4
1980–1987	4,2	6,9	1,5	1,0	1,9	2,8
1982–1987	7,7	8,2	4,5	1,8	4,7	5,7
Exportquoten						
1960	5,7	5,6	15,2	10,8	18,3	9,3
1970	6,6	8,6	20,4	14,3	22,0	15,3
1980	10,2	13,7	26,5	21,5	27,7	21,8
1986	8,7	15,9	31,0	22,5	29,2	24,0

Quellen: IWF, OECD.

Tabelle 2.4 Die Bundesrepublik im internationalen Vergleich

Allgemein ist für sogenannte reife, hochentwickelte Volkswirtschaften kennzeichnend, daß sich das Wachstum mit der Zeit abflacht. Allerdings sieht es so aus, als wäre nach dem Zweiten Weltkrieg die Verlangsamung in der Bundesrepublik besonders ausgeprägt gewesen. Während hier nämlich das Bruttosozialprodukt von 1950 bis 1960 im Jahresdurchschnitt noch um fast neun Prozent real zugenommen hat, hat sich dieser Zuwachs im darauffolgenden Jahrzehnt auf unter fünf, in den siebziger Jahren auf unter drei, in den achtziger Jahren auf unter zwei Prozent abgeflacht.

Seit Mitte der sechziger Jahre, als die Investitionsquote (Bruttoanlageinvestitionen in konstanten Preisen in Prozent des Bruttosozialprodukts) auf einen Höchststand von 27 Prozent gestiegen war, ist der relative Anteil der Investitionen am Sozialprodukt in der Tendenz gefallen (1985: 20 Prozent); für die achtziger Jahre ist die Investitionsentwicklung – bis 1987 – wohl am ehesten mit Stagnation zu beschreiben. Jedenfalls haben die Ausrüstungsinvestitionen von 1960 bis 1970 immerhin noch mit real fast sieben Prozent im Jahresdurchschnitt zugenommen, in den zehn Jahren danach nur noch mit wenig mehr als zwei Prozent, von 1980 bis 1987 schließlich mit 1,5 Prozent.

Ursachen und Hintergründe

Unter den Ursachen werden vor allem weltwirtschaftlich so bedeutsame Rezessionen wie die erste und zweite Ölkrise in den siebziger Jahren genannt, die zu schwerwiegenden Verwerfungen im internationalen Kosten- und Preisgefüge geführt haben. Solche Störungen belasten das Wirtschaftsgeschehen eines Landes in der Regel um so mehr, je stärker dessen weltwirtschaftliche Verflechtung ist. Ein Vergleich zwischen den wichtigsten Industrieländern zeigt einen relativ deutlichen Zusammenhang zwischen Außenhandelsabhängigkeit sowie Investitions- und Wachstumsentwicklung (siehe Tabelle 2.4). Die Bundesrepublik mit der höchsten Exportquote unter den wichtigsten Industrieländern liegt mit am unteren Ende beim Wachstum von Investitionen und Bruttosozialprodukt. Demgegenüber stehen die Vereinigten Staaten und Japan, die die vergleichsweise niedrigsten Exportquoten aufweisen, am oberen

Ende; Frankreich und Italien nehmen mittlere Positionen ein. Zu der besonders hohen Außenhandelsabhängigkeit der Bundesrepublik kommt hinzu, daß die Kosten- und Ertragsgrundlagen der deutschen Wirtschaft im Vergleich zu vielen anderen Ländern in mancher Hinsicht ungünstiger sind. Auch wenn die Löhne in den achtziger Jahren bei weitem nicht mehr so kräftig gestiegen sind wie in den siebziger Jahren, so hat die Bundesrepublik etwa in der Mitte der zweiten Hälfte der achtziger Jahre, nicht zuletzt wegen der besonders hohen Lohnzusatzkosten (gesetzliche und freiwillige Sozialleistungen wie Aufwendungen für Urlaub und Krankheit), weiterhin in der Spitzengruppe der Industrieländer gelegen. Die Deutschen waren zu dieser Zeit «Weltmeister in der Freizeit», die effektiv geleistete Arbeitszeit war mit am kürzesten – bei vergleichsweise starren arbeitsrechtlichen Regelungen. Ferner war die Steuerbelastung der Unternehmen im internationalen Vergleich sehr hoch, die Umweltschutzauflagen strenger als in anderen Industrieländern. Das alles hat die Rentabilität der Investitionen belastet.

Gewinne und Investitionen

Es ist vor allem in den achtziger Jahren immer wieder der Zusammenhang zwischen Gewinn- und Investitionsentwicklung entweder beschworen oder bezweifelt worden. Letzteres war besonders der Fall, als sich die Unternehmensgewinne etwa seit 1984 deutlich verbessert hatten, jedoch der erhoffte Aufschwung bei den Investitionen – bis 1987 – weitgehend ausgeblieben war. Tatsächlich hatte die Gewinnverbesserung, was zumeist übersehen worden war, zu jener Zeit ganz andere Bestimmungsgründe als in den vorangegangenen Phasen: Die Unternehmen erzielten nämlich in weitaus höherem Maße als früher Einkommen aus Finanzanlagen. Die Sachkapitalrendite hatte zwar im Vergleich zu den realen Kapitalmarktzinsen in den achtziger Jahren wieder zugenommen, jedoch zu einem nennenswerten Anteil durch Sondereinflüsse wie reale Abwertung der D-Mark und Verbilligung des Rohöls. Demzufolge sind die daraus folgenden verbesserten Gewinnmargen und kräftigen Absatzsteigerungen von den Unternehmen offensichtlich nicht als dauerhaft angesehen worden.

Hinzugekommen ist, daß die Investitionsrisiken höher als früher bewertet wurden, und zwar wegen stärkerer Wechselkursschwankungen, wegen eines zunehmenden Protektionismus, wegen der anhaltenden Verschuldungskrise der Entwicklungsländer sowie aufgrund der «Sprünge» in der technologischen Entwicklung. Nach Einschätzung der Unternehmen hat die Wirtschaftspolitik offenkundig zu wenig dazu beigetragen, diese Risiken zu kompensieren und damit die mittelfristigen Erwartungen zu verbessern. Im Gegenteil, Versäumnisse und Fehlentwicklungen haben die Unternehmen in ihren Investitionsentscheidungen eher verunsichert. Die deutschen Forschungsinstitute rügten vor allem die Verzettelung bei der Steuerreform, die noch immer ausstehende Entlastung bei der Unternehmensbesteuerung, mittelfristig fehlende Impulse für Wachstum und Beschäftigung, den nach wie vor viel zu geringen Subventionsabbau, die Defizite bei der «Deregulierung» (zu wenig Privatisierung besonders bei Städten und Gemeinden), eine «jämmerliche Postreform», nicht zuletzt mangelnde Flexibilität bei den Arbeitsbeziehungen. Als besonders verfehlt, sowohl wachstums- als auch konjunkturpolitisch, ist die Erhöhung der Verbrauchssteuern kritisiert worden.

Fazit:

Gewiß hat die Bundesrepublik auch bedeutende Standort-Vorteile: Dazu zählen vor allem die politische Stabilität, ein hoher sozialer Konsens sowie im allgemeinen beruflich gut qualifizierte Arbeitnehmer. Was indessen für Investoren zählt, das ist so etwas wie ein «Saldo» aus Aktiva und Passiva, wobei viele subjektive Bewertungselemente einfließen. Der damalige Bundesfinanzminister GERHARD STOLTENBERG hat im Herbst 1988 zu Recht darauf hingewiesen, daß die von der Bundesregierung beschlossenen Steuersenkungen (Steuerreform) die Zukunftserwartungen der Wirtschaft günstig beeinflußten. Wenn allerdings danach Beschlüsse für Steuererhöhungen gefaßt werden und gefaßt worden sind, dann kann davon das Vertrauen der Investoren eben nicht nachhaltig gestärkt werden.

2.5 Der Arbeitsmarkt – ein soziales Pulverfaß?

An der hohen Arbeitslosigkeit in der Bundesrepublik wird sich voraussichtlich bis weit in die neunziger Jahre hinein wenig ändern. Das ist die wirtschaftspolitisch bedrückendste Prognose aus dem Jahresgutachten 1988/89 des Sachverständigenrats. Eine vergleichbar hohe, über Jahre anhaltende Arbeitslosigkeit hat es in der Bundesrepublik selbst in der ersten Wiederaufbauphase nach dem Zweiten Weltkrieg nicht gegeben: In den sechs Jahren von 1983 bis 1988 sind jeweils rund 2,3 Millionen Menschen ohne Beschäftigung gewesen (Tabellen 2.5 und 2.6). In dieser Entwicklung sieht der Sachverständigenrat die «ärgste Zielverfehlung» der Wirtschaftspolitik.

Jahr	Erwerbstätige	Arbeitslose	Kurzarbeiter	Offene Stellen	Arbeitslosenquote[1]) in Prozent
	– in 1000 –				
1960	26247	271	3	465	1,3
1970	26817	149	10	795	0,7
1980	26328	889	137	308	3,7
1988	27292[2])	2242	208	189	8,7

[1]) Anteil der Arbeitslosen an den abhängigen Erwerbspersonen. [2]) Nach der Volkszählung revidiert.
Quelle: Sachverständigenrat, Bundesanstalt für Arbeit, Bundesbank.

Tabelle 2.5 Entwicklung auf dem Arbeitsmarkt

Dennoch wäre es nicht korrekt, die Situation in der Bundesrepublik insgesamt etwa mit «Massenarbeitslosigkeit» zu charakterisieren. Für den einzelnen Betroffenen ist Arbeitslosigkeit fraglos ein schweres persönliches Schicksal. Jedoch gibt es für die gesamtwirtschaftliche Bewertung außer den negativen Bestandszahlen auf dem Arbeitsmarkt eine Reihe von positiv einzuschätzenden Bewegungen und Entwicklungen. Die Arbeitslosen sind im Durchschnitt nicht länger als ein halbes Jahr ohne Beschäftigung; rund 4 Millionen vorher Arbeitslose erhalten jährlich einen neuen Arbeitsplatz.

	1982	1985	1987
Arbeitslose ohne Berufsabschluß	51,8	49,7	50,5
Arbeitslose mit gesundheitlichen Einschränkungen	21,1	19,0	20,0
Dauer der Arbeitslosigkeit			
– 1 bis 6 Monate	57,8	48,3	48,4
– 6 bis 12 Monate	24,3	20,7	19,7
– 1 Jahr und länger	17,9	31,0	31,9
Arbeitslose nach Altersgruppen			
– bis zu 25 Jahre	30,3	26,2	22,7
– 25 bis 45 Jahre	44,7	44,2	45,2
– 45 Jahre und älter	25,0	29,6	32,1
Bezieher von Leistungen nach dem Arbeitsförderungsgesetz			
– Arbeitslosengeld	44,1	31,6	38,4
– Arbeitslosenhilfe	16,4	25,8	22,6
– Leistungen beantragt	15,3	10,7	9,1
– keine Leistungen	24,2	31,9	29,9

Quelle: Bundesanstalt für Arbeit.

Tabelle 2.6 Struktur der Arbeitslosigkeit – Anteile in Prozent; jeweils im September

Wachsendes «Arbeitskräfte-Potential»

Die Kräftenachfrage der Unternehmen hat seit 1983 mit Beginn des Konjunkturaufschwungs stetig zugenommen; es sind bis zur Jahresmitte 1989 «per saldo» (Zugänge minus Abgänge) insgesamt rund 1,25 Millionen neuer Arbeitsplätze zur Verfügung gestellt worden. Warum ist dann die Arbeitslosigkeit nicht abgebaut worden? Es haben eben nicht nur Arbeitslose eine Beschäftigung gesucht oder bereits Beschäftigte den Arbeitsplatz wechseln wollen. Es sind vor allem in den achtziger Jahren immer mehr Menschen zusätzlich an den Arbeitsmarkt herangetreten, besonders Frauen, die zum erstenmal oder wieder arbeiten wollten, Übersiedler aus der DDR, deutsche Aussiedler aus den Ostblockländern sowie Ausländer (nachwachsende «zweite Gastarbeitergeneration» und die zunehmende Zahl der Asylbewerber). Gewachsen ist mithin das «Arbeitskräftepotential»: Mehr Menschen als vorher haben um vorhandene und neu geschaffene Arbeitsplätze konkurriert. Nach

Angaben der Bundesanstalt für Arbeit ist die hohe Zahl der Erwerbslosen seit 1973 rechnerisch zu zwei Dritteln vom zunehmenden Arbeitskräftepotential und zu einem Drittel durch Arbeitsplatzabbau verursacht worden.

Nach der Phase der Vollbeschäftigung in den sechziger Jahren und am Beginn der siebziger Jahre hat sich die Arbeitslosigkeit nach 1973 in zwei Schüben, die zeitlich den beiden Ölpreisexplosionen folgten, aufgebaut. Die Auswirkung waren in allen Industrieländern Konjunktur- und Beschäftigungseinbrüche. Der Mangel an Investitionsdynamik ist – auf lange Sicht – ein wichtiger Grund dafür, daß entweder nicht mehr Arbeitsplätze geschaffen worden oder vorhandene verlorengegangen sind. Beigetragen haben zu dieser Entwicklung in der Bundesrepublik ferner eine über weite Strecken überzogene Lohnpolitik, die Belastungen aus der ständigen Aufwertung der D-Mark, die Auswirkungen einer zeitweise stark restriktiven Geld- und Kreditpolitik sowie die Folgen der Strukturkrisen besonders in den Bereichen Stahl, Kohle und Werften.

Eine Million neuer Arbeitsplätze

Trotz allem darf nicht übersehen werden, daß die Zahl der Erwerbstätigen, wenn auch mehr aus mittelfristiger Sicht, als eine Folge des Aufschwungs in den achtziger Jahren deutlich zugenommen hat. Es sind zur Jahresmitte 1989 in der Bundesrepublik gut 27 Millionen Menschen – Arbeitnehmer oder Selbständige – erwerbstätig gewesen, fast 1,25 Millionen mehr als am Tiefstand der Beschäftigung am Jahresende 1983. Neue Arbeitsplätze hat besonders der Dienstleistungsbereich zur Verfügung gestellt, in dem inzwischen rund 11 Millionen der sozialversicherungspflichtig Beschäftigten tätig sind. Hier ist die Zahl der Erwerbstätigen sowohl insgesamt als auch vor allem bei den Kreditinstituten, im Gaststätten- und Beherbergungsgewerbe, im Gesundheits- und Veterinärwesen, in der allgemeinen öffentlichen Verwaltung, bei der Gebäudereinigung, in Wäschereien und Reinigungen gewachsen.

Das alles hat indessen nicht ausgereicht, um die Arbeitslosigkeit nennenswert abzubauen oder gar den Zuwachs im «Erwerbspersonenpotential» aufzunehmen. Um welche Größenordnungen es sich dabei handelt, wird daraus deutlich, daß allein für die drei Jahre von 1988 bis 1990 dieser Anstieg im Arbeitskräfteangebot nur von Aussiedlern und Asylbewerbern, also ohne die wachsende Frauenerwerbszahl, vom Kölner Institut der deutschen Wirtschaft auf über 1 Million Menschen geschätzt worden ist. Die Bundesbank spricht von «umfangreichen Einwanderungen».

Kein fester, starrer Block

Experten haben ausgerechnet, daß die Arbeitslosigkeit ohne diesen Zustrom aus dem Inland und aus dem Ausland am Jahresende 1988 nicht bei 2,3 Millionen gelegen hätte, sondern durch den anhaltenden Beschäftigungszuwachs vielmehr auf etwa die Hälfte oder sogar bis auf ein Drittel dieses Niveaus abgebaut gewesen wäre. Das ist (rechnerisch) durchaus plausibel, denn der Bestand an Arbeitslosen ist alles andere als ein fester, starrer Block: Es gibt am Arbeitsmarkt eine Vielzahl von Bewegungen. So sind seit Beginn der achtziger Jahre in jedem einzelnen Jahr (bis 1988) rund 6 Millionen neuer Arbeitsverträge abgeschlossen worden; davon sind jeweils 4 Millionen Kontrakte gewesen, mit denen vorher Beschäftigungslose einen neuen Arbeitsplatz gefunden haben. Bei einem Bestand von rund 2 Millionen heißt das, daß die Arbeitslosigkeit für die Betroffenen im Durchschnitt nicht länger als ein halbes Jahr gedauert hat. Tatsächlich haben jedoch vor allem jüngere und gut ausgebildete Kräfte schon nach wenigen Wochen oder Monaten eine neue Beschäftigung gefunden.

Rund die Hälfte aller Arbeitslosen hat keine abgeschlossene Berufsausbildung; bei den arbeitslosen Ausländern sind das vier Fünftel aller Betroffenen. Zu den sogenannten Problemgruppen gehören ferner Arbeitslose mit gesundheitlichen Einschränkungen sowie Beschäftigungssuchende, die älter als 55 Jahre sind. Da manche der Betroffenen mehrere dieser Merkmale auf sich vereinen, ist dieser Kreis von Arbeitssuchenden an die Unternehmen nur sehr schwer oder kaum noch zu vermitteln. So ist es zu erklären, daß sich eine Gruppe von «Langzeitarbeitslosen» herausgebildet hat; ihr Anteil an der Gesamtarbeitslosigkeit hat sich in den fünf Jahren bis 1988 von einem Sechstel auf rund ein Drittel erhöht. Der Sachverständigenrat meint in seinem Jahresgutachten 1988/89 daher zu Recht, daß die Bemühungen für die Reintegration dieser Arbeitslosen sozialpolitisch flankiert werden sollten: Der Rat hat unter anderem Beschäftigungsmöglichkeiten nach dem Bundessozialhilfegesetz vorgeschlagen.

Fazit:

Das Beschäftigungsproblem kann auf Sicht durch Wachstum allein nicht gelöst werden. Hilfreich wird es daher auf jeden Fall sein, wenn die berufliche Qualifikation der Arbeitslosen verbessert werden kann. Ferner empfiehlt sich die Einführung flexiblerer Arbeitszeiten sowie der Abbau von überzogenen Schutzbestimmungen im Arbeits- und Sozialrecht. In der Lohnpolitik kommt es auf eine stärkere Differenzierung nach Qualifikationen, Branchen, Regionen und Unternehmen an; das HWWA-Institut für Wirtschaftsforschung, Hamburg, fordert einen «niedrigeren Einstiegslohntarif» für die unter den gegenwärtigen Voraussetzungen schwer oder kaum vermittelbaren Arbeitssuchenden. Die arbeitsmarktpolitischen Maßnahmen der Bundesanstalt für Arbeit (Fortbildung, Umschulung, Einarbeitung) sollten fortgesetzt werden. Entscheidend wird indessen auch in Zukunft die Dynamik des wirtschaftlichen Wachstums im Verhältnis zum Zuwachs des Erwerbspersonenpotentials bleiben.

2.6 Das Süd-Nord-Gefälle

In den fünfziger Jahren ist unter den Bundesländern vor allem Nordrhein-Westfalen zum Beispiel für Flüchtlinge aus der DDR so etwas wie ein «Magnet» gewesen: Wirtschaftskraft und Wachstumschancen galten als überdurchschnittlich. Die Verhältnisse haben sich inzwischen umgekehrt. Seit den siebziger Jahren ist mit der Krise von Kohle und Stahl Nordrhein-Westfalen, aber auch das Saarland, zumindest relativ zurückgefallen. Küstenländer wie Schleswig-Holstein, Hamburg, Bremen und Niedersachsen sind durch Schwierigkeiten von Schiffahrt, Schiffbau, Häfen und Fischerei belastet worden. Auf der anderen Seite haben Bundesländer wie Bayern, Baden-Württemberg und Hessen zunehmend Standortvorteile gewonnen. Das Schlagwort vom «Süd-Nord-Gefälle» macht die Runde.

Eine «Bilanz» in der Mitte der zweiten Hälfte der achtziger Jahre hätte festzustellen: Seit Beginn der siebziger Jahre haben vor allem Bayern, Baden-Württemberg und Hessen im Wettlauf um wirtschaftlichen und technischen Fortschritt, um Wachstum, Sicherheit der Arbeitsplätze und Lebensqualität Punktgewinne verbuchen können. Während Rheinland-Pfalz und Niedersachsen die relative Position in den siebziger Jahren noch ganz gut behauptet haben, sind sie danach ebenfalls in Hintertreffen geraten. Großer Verlierer ist vor allem Nordrhein-Westfalen; deutlich an Terrain eingebüßt haben ferner das Saarland und der Stadtstaat Bremen.

Eine solche Einschätzung folgt ferner aus den Strukturveränderungen in den einzelnen Wirtschaftsbereichen, aus der Stärke der jeweiligen Investitionsaktivitäten, aus den Ausstrahlungen auf Beschäftigung und Arbeitslose. Ferner spielen eine Rolle die Entwicklung von Einkommen, Verbrauch und Ersparnis, die Steuerkraft, öffentliche Verschuldung, die Inanspruchnahme von Sozialhilfe sowie die Bevölkerungsentwicklung (Geburten und Wanderungen).

Bayern und Baden-Württemberg liegen vorn

Beim Wachstum hat sich in den achtziger Jahren im wesentlichen fortgesetzt, was schon in den siebziger Jahren zu einer Art «Trend» geworden war. Bayern, Baden-Württemberg und Hessen, nunmehr auch Berlin-West, haben mit mittleren Wachstumsraten zwischen 2,4 und 1,7 Prozent deutlich über dem Bundesdurchschnitt gelegen. Schlußlichter sind demgegenüber Bremen, Niedersachsen und Nordrhein-Westfalen gewesen. Gemessen an den Arbeitslosenquoten (Arbeitslose in Prozent der unselbständigen Erwerbspersonen) haben Baden-Württemberg und Bayern am besten, demgegenüber Hamburg und Bremen am ungünstigsten abgeschnitten. Die Nordstaaten Schleswig-Holstein, Hamburg, Niedersachsen und Bremen haben in den achtziger Jahren zusammen rund 200 000 Arbeitsplätze verloren; demgegenüber ist die Beschäftigung in Bayern und Baden-Württemberg von 1980 bis 1987 um etwa 150 000 Erwerbstätige aufgebaut worden.

Einer der Gründe für die unterschiedliche Entwicklung ist, daß zum Beispiel in Bayern und Baden-Württemberg gemessen am Sozialprodukt relativ mehr als in anderen Bundesländern investiert worden ist. Auch für den Export sind die beiden «Südstaaten» immer wichtiger geworden. Während zum Beispiel bis zur Mitte der zweiten Hälfte der achtziger Jahre der jeweilige Anteil an der Gesamtausfuhr in Nordrhein-Westfalen, Niedersachsen und im Saarland gesunken ist, haben demgegenüber Bayern und Baden-Württemberg ihren relativen Beitrag weiter steigern können. Es fällt auf, daß zum Beispiel in Baden-Württemberg das warenproduzierende Gewerbe mit rund 50 Prozent unter den Bundesländern den vergleichsweise höchsten Anteil an der gesamtwirtschaftlichen Wertschöpfung hat. Hier und in Bayern gibt es eine überdurchschnittlich hohe Konzentration von elektrotechnischen, elektronischen, feinmechanischen und optischen Industrien sowie von Unternehmen des Stahl-, Maschinen- und Fahrzeugbaus.

Hessen mit seinem großen Wirtschaftszentrum im Rhein-Main-Gebiet bringt es unter den Flächenstaaten innerhalb der gesamtwirtschaftlichen Wertschöpfung auf die jeweils höchsten Anteile für Handel und Verkehr sowie für Dienstleistungen. Frankfurt zum Beispiel besitzt nicht nur den größten kontinentalen Verkehrsflughafen und die wichtigste Wertpapierbörse in der Bundesrepublik; in der Main-Metropole haben ferner die Großbanken sowie zahlreiche bedeutende deutsche und internationale Unternehmen ihre Schaltzentralen. Im industriellen Bereich produzieren in Hessen Unternehmen wie Opel, Hoechst, Schenck, Merck, Kalle, AEG und VDO.

Länder wie Baden-Württemberg und Bayern haben sich frühzeitig bemüht, ihre Standorte für die Ansiedlung von wachstumsstarken und innovativen Industrien zum Beispiel durch kostengünstige Angebote von Gewerbeflächen in ökonomisch und landschaftlich attraktiven Gegenden anziehend zu machen. Offenkundig ist, daß das in diesen Gebieten besonders gut ausgebaute Autobahnnetz sowie die Zubringer sowohl von den Unternehmen (Transport- und Vertriebsstrategie) als auch von ihren Arbeitnehmern (Fahrten zum Arbeitsplatz, Erhöhung des Freizeitwertes) durch entsprechende Entscheidungen honoriert wurden.

Im Süden der Bundesrepublik sind die Aktivitäten so hochkarätiger Unternehmen wie Daimler-Benz, BMW, Siemens, Bosch, IBM, Bayerische Vereinsbank, Allianz konzentriert. Nach einer Strukturanalyse des Münchener Ifo-Instituts hat sich Südbayern zu einem Zentrum der Roboterforschung entwickelt; Luft- und Raumfahrt, Laser- und Medizintechnik haben in Bayern einen Schwerpunkt. Demgegenüber häufen sich im Norden und im Westen der Bundesrepublik eher traditionelle Gewerbe wie die eisenschaffende Industrie, Gießereien, Stahlwerke, die Textil- und Bekleidungsindustrie. Während Nordrhein-Westfalen und das Saarland mit der Kohle- und Stahlkrise zunehmend Schwierigkeiten bekommen haben, sorgten zum Beispiel im Raum Hamburg die Auswirkungen der Energiekrise dafür, daß zahlreiche Raffinerien und Schmierölwerke geschlossen werden mußten. Hinzu kamen die Folgen eines wachsenden Umweltbewußtseins: Kohlebergbau und Hüttenindustrie galten als «Dreckschleudern». Demgegenüber konnte sich der Süden von Anfang an auf ebenso hochentwickelte und wachstumsträchtige wie «saubere» Gewerbezweige wie Luft- und Raumfahrt (MBB, Dornier), Elektronik und Datenverarbeitung (Siemens, Bosch, IBM) sowie auf bewährte «traditionelle» Wachstumsbranchen wie die Automobilindustrie, hier mit Daimler-Benz, BMW, Porsche und Audi, konzentrieren.

Beschäftigung folgt Strukturwandel

In Bayern und Baden-Württemberg hat nicht nur die Zahl der Arbeitsplätze seit dem Beginn der siebziger Jahre zugenommen. Die beiden Südstaaten weisen auch den höchsten Wanderungsüberschuß aus und haben mit die höchste Geburtenrate. Trotz spürbarer Einbußen in der wirtschaftlichen Bedeutung insgesamt hat bei einem Vergleich der Finanzkraft der Flächenstaaten Nordrhein-Westfalen bisher eine gute Position behauptet: Die Steuereinnahmen je Einwohner sind in diesem Bundesland noch immer mit am höchsten. Unter anderem mit der unterschiedlichen Steuerkraft hängt offenkundig auch die relativ hohe Verschuldung (je Einwohner) des Saarlandes, von Niedersachsen und von Schleswig-Holstein zusammen. Vergleichsweise am höchsten verschuldet sind die Stadtstaaten Bremen, Berlin und Hamburg; am niedrigsten dagegen die Flächenstaaten Bayern und Baden-Württemberg.

Bezogen auf die Einwohnerzahl gibt es die meisten Sozialhilfeempfänger in den Stadtstaaten. Hier werden auch die vergleichsweise höchsten Beträge an Sozialhilfe (laufende Hilfen zum Lebensunterhalt, Hilfen in besonderen Lebenslagen) gezahlt. Unter den Flächenstaaten haben Nordrhein-Westfalen und das Saarland die meisten Bezieher von Sozialhilfe. Demgegenüber werden solche Leistungen am wenigsten in Baden-Württemberg und Bayern beansprucht. Je 1000 Einwohner gibt es zum Beispiel in Berlin mehr als dreimal soviel Sozialhilfeempfänger als in Bayern und Baden-Württemberg. Ein ähnliches Verhältnis gilt für die im Durchschnitt aufgewendeten Sozialhilfebeträge. Die Bundesbank nennt als Ursachen für dieses ausgeprägte Stadt-Land- sowie Süd-Nord-Gefälle außer einer regional unterschiedlichen Wirtschaftskraft die ungünstigere Altersstruktur sowie den hohen Ausländeranteil in den Städten. Vor allem seit Beginn der achtziger Jahre ist der Anteil der ausländischen Sozialhilfeempfänger besonders auffällig gestiegen. In manchen Großstädten ist der Anteil der Ausländer an der Gesamtzahl der Arbeitslosen rund doppelt so hoch wie an der Gesamtzahl der Arbeitnehmer.

Fazit:

Baden-Württemberg, Bayern und Hessen liegen gemessen am Wachstum, an den Investitionen sowie an der Sicherheit der Arbeitsplätze «an der Spitze». Gewiß ist sowohl der Norden als auch der Westen von traditionellen Industrien, von rohstoffgebundenen Branchen und Standorten benachteiligt gewesen. Auf der anderen Seite hat jedoch eine vielfach strukturkonservierende Wirtschaftspolitik diese Nachteile weiter verstärkt.

2.7 Strukturwandel in der Industrie

Der Strukturwandel in der Industrie hat bisher und insgesamt vor allem Arbeitsplatzverluste gebracht. Seit den siebziger Jahren ist die deutsche Wirtschaft von mehreren «Ölkrisen» betroffen worden. Zeitweise heftigen Schwankungen der Wechselkurse sowie Einbrüchen an den internationalen Finanzmärkten sind die Unternehmen mit einer zunehmend zurückhaltenderen Personalpolitik begegnet. Diese Entwicklungen, ferner eine auf mittlere Sicht eher flaue Weltkonjunktur, haben seit den siebziger Jahren das Produktionswachstum in der Bundesrepublik entsprechend gedämpft; in vielen Branchen ist die Erzeugung zurückgegangen. Der Abbau der Beschäftigung ist ein Spiegelbild dieser Verwerfungen.

Alles in allem sind in den fünfzehn Jahren von 1972 bis 1987 im Verarbeitenden Gewerbe (Grundstoffe und Produktionsgüter, Investitionsgüter, Verbrauchsgüter, Nahrungs- und Genußmittel) insgesamt rund 1,2 Millionen Arbeitsplätze verlorengegangen. Das sind fast eine halbe Million mehr, als in den sechziger Jahren in der Industrie an Beschäftigung aufgebaut worden ist. Insgesamt sind im Verarbeitenden Gewerbe 1987 noch 7,1 Millionen Menschen beschäftigt gewesen, nach 8,3 Millionen im Jahre 1972. Es ist bezeichnend, daß in dieser Zeit von vierzehn der untersuchten wichtigsten Branchen (siehe Tabellen 2.7 und 2.8) zehn Wirtschaftszweige auf lange Sicht Mitarbeiter entlassen haben; nur vier Branchen haben die Beschäftigung erhöht.

	Beschäftigte		Umsatz		
Bereiche/Branchen	1972 Anteile in %	1987	1972 Anteile in %	1987	+/−%Ø 1972/87
Grundstoffe/Prod.-Güter	21,2	19,5	30,0	27,1	5,1
– Steine und Erden	3,1	2,1	3,3	2,0	2,4
– Eisenschaff. Industrie	3,9	2,9	4,7	2,9	2,6
– Chemische Industrie	7,0	8,3	10,1	11,4	6,7
Investitionsgüter	48,5	53,1	39,9	46,0	6,8
– Stahl-/Leichtmetallbau	2,9	2,1	2,0	1,6	4,3
– Maschinenbau	13,4	14,1	11,4	11,2	5,7
– Straßenfahrzeugbau	8,7	11,9	7,9	13,9	9,9
– Elektrotechnik	12,9	14,6	10,1	11,2	7,3
– Feinmech./Optik/Uhren	2,1	2,0	1,2	1,2	6,0
– EBM-Waren	4,4	4,1	3,9	3,0	4,0
– Büromasch./ADV-Geräte	1,0	1,3	1,2	1,7	8,5
Verbrauchsgüter	23,4	17,8	17,1	13,2	4,0
– Holzverarbeitung	3,1	2,6	2,6	1,9	3,8
– Herst. v. Kunststoffwaren	2,1	3,1	1,7	2,6	8,7
– Textilgewerbe	5,5	3,2	4,3	2,4	1,7
– Bekleidungsgewerbe	4,5	2,5	2,6	1,5	2,0
Nahrungs- und Genußmittel	6,9	6,6	13,0	11,5	5,0
Verarbeitendes Gewerbe	100,0	100,0	100,0	100,0	5,8

Quelle: Statistisches Bundesamt; eigene Berechnungen.

Tabelle 2.7 Struktur und Wachstum – Verarbeitendes Gewerbe – Beschäftigung und Umsatz

Beschäftigungsgewinne hat es im Straßenfahrzeugbau, bei den Herstellern von Kunststoffwaren, bei Büromaschinen/Datenverarbeitungsgeräten sowie in einem ganz geringen Maße in der Chemie gegeben. Alle diese Wirtschaftszweige haben ihre Produktion seit Beginn der siebziger Jahre überdurchschnittlich gesteigert. Wird allerdings der Produktionszuwachs mit dem Beschäftigungsgewinn verglichen, dann ist letzterer in jedem Falle vergleichsweise bescheiden, also weit unterproportional ausgefallen. Man muß sich einmal vorstellen, daß die Hersteller von Büromaschinen und Datenverarbeitungsgeräten ihre Erzeugung seit 1972 mehr als vervierfacht (plus 317 Prozent) haben; demgegenüber ist in dieser Zeit die Mitarbeiterzahl lediglich um 14 Prozent gewachsen. Auf einem qualitativ anderen Niveau ist diese Relation ähnlich bei Wirtschaftszweigen mit Produktionsverlusten: Bei ihnen ist in aller Regel die Beschäftigung im Vergleich dazu erheblich stärker abgebaut worden: So ist im Textilgewerbe die Erzeugung um 13, die Beschäftigung um 51 Prozent geschrumpft (Tabelle 2.8).

Bereiche/Branchen	Produktion	Beschäftigte
Grundstoffe/Produktionsgüter	13,5	−22,1
– Steine und Erden	−22,3	−45,2
– Eisenschaffende Industrie	− 5,5	−37,2
– Chemische Industrie	38,4	1,5
Investitionsgüter	40,7	− 6,5
– Stahl-/Leichtmetallbau	−18,9	−36,4
– Maschinenbau	11,1	−10,6
– Straßenfahrzeugbau	52,3	16,2
– Elektrotechnik	58,6	− 3,1
– Feinmechanik/Optik/Uhren	26,8	−20,1
– EBM-Waren	27,1	−21,4
– Büromaschinen/ADV-Geräte	317,2	13,9
Verbrauchsgüter	1,3	−35,1
– Holzverarbeitung	−17,5	−28,8
– Herstellung von Kunststoffwaren	99,2	24,2
– Textilgewerbe	−13,4	−50,8
– Bekleidungsgewerbe	−39,7	−53,1
Nahrungs- und Genußmittel	19,4	−18,8
Verarbeitendes Gewerbe	22,4	−14,9

Quelle: Statistisches Bundesamt; eigene Berechnungen.

Tabelle 2.8 Produktion und Beschäftigte – Verarbeitendes Gewerbe; Veränderungen 1972/87 in Prozent

Anhaltender Lohnkostendruck

Außer den «externen» krisenhaften Belastungen, die auf die Unternehmen zugekommen sind, haben diese im «inneren Spannungsfeld» vor allem offenbar einem anhaltenden Lohnkostendruck auszuweichen versucht. Nach wie vor sind Löhne und Gehälter, der gesamtwirtschaftlich wichtigste Kostenblock, weiter erheblich stärker als die Produktivität gestiegen. Im gesamtwirtschaftlichen Durchschnitt etwa haben die Einkommen je Beschäftigten seit 1972 mit rund sechs Prozent im Jahresmittel fast dreimal so kräftig zugenommen wie die Produktivität. Diese Entwicklung sowie das weiter wachsende Gewicht der Lohnnebenkosten (Aufwendungen der Unternehmen für Krankheit, Urlaub, Sozialleistungen usw.) sind mit entscheidende Gründe für Rationalisierungen gewesen in dem Sinne, daß entweder Personal abgebaut worden ist oder aber Mitarbeiter nur sehr zurückhaltend eingestellt worden sind.

Durch diese Verwerfungen hat sich die Struktur innerhalb der einzelnen Wirtschaftszweige zum Teil stark verändert. Wichtigster Arbeitgeber mit einem Anteil von fast 15 Prozent an der Gesamtbeschäftigung war 1987 die Elektrotechnik; es folgten der Maschinenbau, der Straßenfahrzeugbau sowie die Chemie. In der «Rangordnung» entspricht das in etwa den relativen Anteilen am Umsatz. Hier ist allerdings der Straßenfahrzeugbau die bedeutendste Branche geworden: Die Automobilindustrie hat bei einem jahresdurchschnittlichen Umsatzwachstum von rund 10 Prozent ihren Anteil seit 1972 von knapp 8 auf inzwischen 14 Prozent kräftig erhöht.

Wird die reale, das heißt von Preiseinflüssen bereinigte Produktionsentwicklung zugrunde gelegt, dann erreicht die Automobilindustrie beim Wachstum mit einem mittleren Anstieg von knapp 3 Prozent zwar durchaus einen achtbaren Rang. Jedoch ist zum Beispiel das reale Wachstum bei Büromaschinen/Datenverarbeitungsgeräten sowie bei der Herstellung von Kunststoffwaren weitaus kräftiger gewesen. Allerdings sollte berücksichtigt werden, daß in der Automobilindustrie die Entwicklung des realen Produktionswertes vermutlich spürbar besser gewesen ist, als das in den nach Stückzahlen berechneten Daten des Statistischen Bundesamtes zum Ausdruck kommt. Dazu wird zunächst der sogenannte Struktureffekt beigetragen haben: Es sind nämlich von der Nachfrage zunehmend Fahrzeuge mit einem größeren Hubraum – zum Beispiel über 2 Liter – begünstigt worden. Hinzu kommt der sogenannte Qualitätseffekt: Im Hinblick auf Sicherheit, Verbrauchssparsamkeit und Umweltverträglichkeit sind die Fahrzeuge ständig verbessert und im Wert erhöht worden. Das Antiblockiersystem (ABS), leistungsfähigere Katalysatoren und der zunehmende Einsatz der Mikroelektronik sind Beispiele dafür.

Fazit:

In der Industrie hat sich seit Beginn der siebziger Jahre nicht nur das Wachstum abgeflacht; es sind auch insgesamt – auf lange Sicht – Arbeitsplätze abgebaut worden. Diese Entwicklung ist zwar in einzelnen Branchen sehr unterschiedlich verlaufen. Dennoch ist allgemein in der Industrie, auch oder gerade bei wachsenden Wirtschaftszweigen, eine Tendenz zur Rationalisierung erkennbar mit dem Zweck, den wichtigsten Kostenfaktor Löhne und Gehälter besser in den Griff zu bekommen. Diese Tendenzen in der Industrie stehen keineswegs «im Widerspruch» etwa zu Entwicklungen im Dienstleistungsbereich oder bei der öffentlichen Hand, wo entweder wegen besseren Wachstums oder wegen vielfach fehlender Rationalisierungsmöglichkeiten die Beschäftigung im Trend eher zugenommen hat.

2.8 Außenhandel und Aufwertung der D-Mark

Die Bundesrepublik Deutschland ist nach den Vereinigten Staaten und vor Japan die bedeutendste Handelsnation der Welt. In den Jahren von 1950 bis 1988 hat sich die deutsche Ausfuhr von wenig mehr als 8 auf rund 568 Milliarden DM erhöht; in dieser Zeit hat der Anteil am Weltexport von 3 auf gut 12 Prozent zugenommen (Tabellen 2.9 und 2.10). Gleichzeitig ist die Einfuhr von 11 auf 440 Milliarden DM, der Anteil an der Welteinfuhr von 4 auf etwa 10 Prozent gestiegen. Mit diesem Schwung sind traditionelle Welthandelsländer wie Großbritannien bald überrundet worden; Frankreich, die Niederlande und Italien sind hinter die deutsche Exportleistung zurückgefallen. Im Export hat die Bundesrepublik die Vereinigten Staaten 1986 überrundet.

	in Milliarden DM		
Jahr	Ausfuhr	Einfuhr	Saldo
1950	8,4	11,4	− 3,0
1960	48,0	42,7	+ 5,3
1970	125,3	109,6	+ 15,7
1980	350,3	341,4	+ 8,9
1988	567,8	439,7	+128,1

Quelle: Statistisches Bundesamt.

Tabelle 2.9 Deutscher Außenhandel seit 1950

	Deutscher Export	Anteile in Prozent	
Jahr	Mrd. Dollar	Welt-Export	Exp. Industrieländer
1970	34,2	12,1	16,4
1975	90,2	11,3	16,7
1980	192,9	10,2	15,6
1988	323,4	12,1	16,5

Quelle: Internationaler Währungsfonds; eigene Berechnungen.

Tabelle 2.10 Marktanteile des deutschen Exports

Es muß allerdings berücksichtigt werden, daß der deutsche Exportzuwachs, in Dollar gerechnet, zu einem nicht geringen Teil durch die Abwertungen der amerikanischen Währung und damit von Sondereinflüssen künstlich aufgebläht worden ist. Auch haben vor allem in den siebziger Jahren stärkere Preissteigerungen zu diesem Ergebnis beigetragen. Dennoch bleibt die dahinterstehende reale Leistung, verglichen mit der Mengensteigerung in anderen Ländern, überdurchschnittlich. Auch nach Abzug der Preissteigerungen haben sich Import und Export kräftig erhöht, in den zehn Jahren bis 1988 zum Beispiel mit einem realen jahresdurchschnittlichen Zuwachs von 4 bzw. 3,5 Prozent. Auch in binnenwirtschaftlicher Betrachtung sind sowohl Einfuhr als auch Ausfuhr überproportional gewachsen. Der Anteil des Warenexports am Bruttosozialprodukt hat sich seit 1950 von 8,5 auf 26 Prozent erhöht. Je Einwohner hat der Exportwert von 137 auf 9308, der Wert der Einfuhr von 186 auf 7196 DM zugenommen.

Ursachen des Exporterfolgs

Zum Aufstieg des deutschen Exports hat entscheidend beigetragen, daß Preise und Kosten in der Bundesrepublik deutlich schwächer als in anderen Ländern gestiegen sind. Ferner ist das Exportsortiment zielstrebig auf die Bedürfnisse der Nachfrage ausgerichtet worden. Die Absatzbemühungen haben sich besonders auf die überdurchschnittlich expandierenden Märkte der Industrieländer konzentriert, die für die weitere Entwicklung ihrer Volkswirtschaften vor allem am Bezug von hochwertigen Investitionsgütern interessiert waren und sind. Aber auch um die aufstrebenden Entwicklungsländer sowie um die Märkte der Ölländer haben sich deutsche Exporteure mit Erfolg bemüht.

Es werden aus der Bundesrepublik zu mehr als der Hälfte des gesamten Ausfuhrwertes Investitionsgüter, vor allem Maschinen, Kraftfahrzeuge und elektrotechnische Erzeugnisse, exportiert. Im Grundstoff- und Produktionsgüterbereich (fast ein Viertel der Gesamtausfuhr) werden besonders chemische Erzeugnisse sowie Eisen und Stahl an das Ausland geliefert. Außer von der Länder- und Warenstruktur ist der deutsche Export ferner von der im allgemeinen herausragenden Qualität und von der im internationalen Vergleich besonders hohen Zuverlässigkeit der Lieferungen begünstigt worden: In der Bundesrepublik ist weit weniger als in anderen Industrieländern gestreikt worden. Entscheidend ist auch das Bemühen um ein effektives Vertriebsnetz im Ausland gewesen, das Verteilung und Absatz rationalisiert und beschleunigt hat. Nicht zuletzt steht hinter dem Exporterfolg eine besondere Mentalität der meisten am Export beteiligten Unternehmer. Für viele bedeutet die Ausfuhr praktisch die Existenz. Auch bei lebhafter Binnennachfrage haben diese Unternehmer daher den Export nicht vernachlässigt.

Die wichtigsten Handelspartner

Fast vier Fünftel der deutschen Ausfuhr sind in der zweiten Hälfte der achtziger Jahre in die westlichen Industrieländer exportiert worden, mehr als die Hälfte in die Partnerstaaten der Europäischen Gemeinschaft. Der Anteil der Vereinigten Staaten, die zunächst der wichtigste Kunde gewesen sind, ist auf knapp 8 Prozent geschrumpft. Größter Abnehmer ist seit Jahren Frankreich, das 1988 mit rund 70 Milliarden DM fast 13 Prozent der deutschen Ausfuhrerzeugnisse gekauft hat. Auf den nächsten Rängen folgen vor allem die Handelspartner aus der Europäischen Gemeinschaft. Der kräftig gestiegene Anteil der Ausfuhr am Sozialprodukt läßt erkennen, wie abhängig die deutsche Wirtschaft von der Auslandskonjunktur geworden ist. Es haben daher die internationalen Rezessionen von 1975 sowie am Beginn der achtziger Jahre große Schwierigkeiten gebracht.

Aufwertung und Wettbewerbsfähigkeit

Es sind immer wieder Befürchtungen geäußert worden, die nahezu ständige Aufwertung der D-Mark werde den deutschen Export schließlich so verteuern, daß mit schwindender internationaler Wettbewerbsfähigkeit Märkte im Ausland verlorengehen. Nach Angaben der Deutschen Bundesbank ist die D-Mark gegenüber dem Durchschnitt der achtzehn wichtigsten Handelspartner von

Ende 1972 bis März 1989 um 74 Prozent aufgewertet worden. Tatsächlich hat sich jedoch das Angebot der Handelspartner in dieser Zeit erheblich stärker verteuert. Diese Differenz im Preisanstieg hat die Bundesbank berücksichtigt, wenn sie danach für den sogenannten realen Wechselkurs sogar eine leichte Abwertung der D-Mark errechnet hat. Das bedeutet: Die Verteuerungen durch die (nominalen) Aufwertungen der D-Mark sind von den im Ausland relativ stärkeren Kostensteigerungen mehr als ausgeglichen worden. Die reale Wettbewerbsposition der deutschen Anbieter hat sich daher gegenüber dem Durchschnitt der achtzehn wichtigsten Handelspartner in der Zeit von 1972 bis Anfang 1989 eher leicht verbessert, wobei das Ergebnis im einzelnen und zeitweise durchaus davon abweichen kann.

Marktanteile behauptet

Alles in allem sind damit die Marktanteile der deutschen Anbieter auf den Weltmärkten insgesamt – nach Ländern, Branchen und Produkten gibt es sicherlich Unterschiede – kaum beeinträchtigt worden. Nach den Angaben des Internationalen Währungsfonds (IWF) ist der Anteil am Weltexport seit 1970 annähernd unverändert bei rund 12 Prozent geblieben; der Anteil an der Ausfuhr der Industrieländer hat sich bei rund 17 Prozent gehalten (Tabelle 2.10).

Eine Analyse nach Ländern, Branchen und Produkten zeigt, daß die internationalen Warenströme außer von der Konjunktur sowie von Preis- und Kosteneinflüssen relativ stark vom Stand und der Entwicklung der Technologie, von der Qualität der Produkte, von der Lieferfähigkeit, von der Lieferzuverlässigkeit, von Service und Beratung bestimmt werden. Das wird unter anderem daraus deutlich, daß sich die Preiswettbewerbsfähigkeit der deutschen Güter gegenüber wichtigen Handelspartnern zeitweise durch eine fühlbare reale Aufwertung verschlechtert hatte. Dennoch ist die Ausfuhr gerade in diese Länder zum Teil sogar überproportional gewachsen.

Fazit:

Der deutsche Außenhandel hat sich in der Nachkriegszeit außerordentlich erfolgreich entwickelt. Eine steigende Einfuhr hat die Konjunktur in den Partnerländern gestützt sowie zum Abbau der internationalen außenwirtschaftlichen Ungleichgewichte beigetragen. Die Ausfuhr hat einen entscheidenden Beitrag zum wirtschaftlichen Aufstieg der deutschen Wirtschaft geleistet. Dabei ist der Export von der auf Sicht stetigen Aufwertung der D-Mark kaum beeinträchtigt worden. Die nominale Verteuerung der deutschen Lieferungen ist offensichtlich vor allem von einer in der Bundesrepublik relativ günstigen Preis- und Kostenentwicklung, vom technologischen Niveau, von Qualität und Design des Angebots sowie von der Lieferfähigkeit und -zuverlässigkeit mehr als ausgeglichen worden.

2.9 Sterben die Deutschen aus? – Prognosen der Bevölkerungsentwicklung

Seit Mitte der siebziger Jahre geht die Bevölkerungszahl in der Bundesrepublik zurück. Anfang 1989 lebten hier noch rund 61 Millionen Menschen; das waren 1 Million weniger als 1974, als die Einwohnerzahl ihren Höchststand erreicht hatte. In den meisten Prognosen wird unterstellt, daß sich der Rückgang bis etwa zur Jahrhundertwende in einem ähnlich relativ maßvollen Tempo fortsetzen werde, dann aber «dramatische Ausmaße» annehmen könnte. So nimmt das Bundeswirtschaftsministerium bis zum Jahre 2000 einen Rückgang der Wohnbevölkerung (einschließlich Ausländer) auf rund 60 Millionen, bis zum Jahre 2030 auf 47 Millionen an.

Bei (weiter) zunehmender ausländischer Wohnbevölkerung («Personen, die sich nicht nur vorübergehend im Bundesgebiet aufhalten») wird damit gerechnet, daß ausschließlich die deutsche Bevölkerung schrumpft, bis zum Jahre 2000 auf 55, bis zum Jahre 2030 auf nur noch knapp 43 Millionen. Eine solche Entwicklung entspräche bei der deutschen Bevölkerung gegenüber 1986 einem Rückgang von 13 Millionen. Bis zum Jahre 2040, sagen neuere Prognosen, könnte die deutsche Bevölkerung noch einmal um 5 Millionen Menschen abnehmen. Sterben die Deutschen aus?

Eine solche Entwicklung würde weitreichende Auswirkungen auf die gesamte Volkswirtschaft haben, von der Struktur des Erwerbspersonenangebots (mehr alte, weniger junge Menschen) über Änderungen in der Zusammensetzung des privaten Verbrauchs bis hin zu Wachstum und Einkommensniveau. Ausschlaggebend für die Entwicklung der deutschen Bevölkerung sind, heißt es in einer Untersuchung des Berliner Deutschen Instituts für Wirtschaftsforschung (DIW), die Veränderungen der «altersspezifischen Fruchtbarkeit»; demgegenüber fielen Änderungen in der Sterblichkeit weniger ins Gewicht. Für das generative Verhalten sei die Anzahl der Lebendgeborenen lediglich ein «grober Indikator»; besser geeignet sei die durchschnittliche Zahl der Mädchengeburten je Frau. Die Statistik zeigt, daß dieser Indikator, bei dem ein Wert von 1 gerade ausreicht, um den Bestand einer Bevölkerung zu sichern, seit Beginn der siebziger Jahre rückläufig ist. Die «Nettoreproduktionsrate» hat von damals knapp 1 stetig auf etwa 0,6 am Beginn der zweiten Hälfte der achtziger Jahre abgenommen. Nach den Beobachtungen des DIW sei der Geburtenrückgang bei jüngeren Frauen besonders augenfällig; in Zukunft werde die Ein- bis Zweikind-Familie noch stärker als bisher prägend sein. Rückläufig ist allerdings auch die Sterbehäufigkeit; das Institut erklärt das vor allem mit einer besseren medizinischen Versorgung.

Auf die Bevölkerungsentwicklung haben ferner die Wanderungen über die Staatsgrenze Einfluß. Bei der deutschen Bevölkerung hat es in den letzten Jahren die größten Nettozuwanderungen (Zuzüge minus Fortzüge) aus der DDR, aus Polen und Rumänien gegeben, seit den siebziger Jahren je Jahr zwischen 30000 und 66000 Menschen. Seit 1988 sind dann in zunehmendem Maße Aussiedler aus den Ostblockländern gekommen, deren Zuwanderung für die Zukunft mit 200000 bis 700000 Menschen je Jahr angenommen wird. Entscheidend ist jedoch in der Vergangenheit der Wanderungssaldo der Ausländer gewesen, die vor allem aus der Türkei, Griechenland, Spanien, Italien und Portugal in das Bundesgebiet gekommen sind. Auch in Zukunft wird – wegen des anhaltenden Wohlstandsgefälles – mit einer Nettozuwanderung gerechnet. So erwartet zum Beispiel das DIW, daß die Zahl der ständig im Bundesgebiet lebenden Ausländer von 1986 (4,7 Millionen) bis zum Jahre 2040 auf dann rund 7 Millionen zunehmen wird (Tabelle 2.11). Das würde bedeuten, daß der Anteil der Ausländer an der Gesamtbevölkerung von 7,6 auf über 15 Prozent stiege.

Jahresende	Insgesamt	Deutsche	Ausländer
1986	61,1	56,5	4,7
1990	61,1	56,1	5,0
2000	60,6	54,8	5,8
2030	50,1	43,2	6,9
2040	44,8	37,9	6,9

[1]) Bundesrepublik Deutschland. Quelle: Deutsches Institut für Wirtschaftsforschung, Berlin.

Tabelle 2.11 Bevölkerung[1]) bis zum Jahre 2040 in Millionen

Als eine Folge ist zunächst mit deutlichen Veränderungen in der Altersstruktur zu rechnen. So wird nach der DIW-Schätzung der Anteil der unter 20jährigen von 22 Prozent im Jahre 1986 auf 15 Prozent im Jahre 2040 zurückgehen. Bei einer starken Zunahme der älteren Menschen (60 Jahre und älter) erwartet das DIW einen deutlichen Rückgang der Personenzahl im erwerbsfähigen Alter. Es werden dann «Engpässe auf dem Arbeitsmarkt nicht mehr ausgeschlossen», was schließlich dazu führen könne, daß sich die Zuwanderung aus dem Ausland nochmals verstärkt. Dem könnte entgegenwirken, daß die Erwerbsneigung der Frauen weiter zunehme.

Wie stark sich das Verhältnis von Aktiven zu Rentnern verschieben könnte, geht aus der DIW-Prognose hervor, nach der die Gruppe der 60 Jahre und älteren Personen bis zum Jahre 2040 um fast 4 Millionen auf dann 16,5 Millionen zunehmen werde. Diese Verschiebung sei besonders für die Alterssicherung von Bedeutung.

Der Altenquotient, das Verhältnis von Personen im Rentenalter zu den Personen im erwerbsfähigen Alter, werde von 36 Prozent im Jahre 1986 bis auf 76 Prozent im Jahre 2040 steigen. Es müsse daher mit finanziellen Problemen im Bereich der Altersvorsorge und – in geringerem Maße – in der Krankenversicherung gerechnet werden. Auch im Bereich der Altenpflege zeichne sich vermehrter Handlungsbedarf ab.

Zu fragen bleibt, wie sich derartige Umwälzungen – außer für die Struktur der Erwerbstätigkeit – auf die Volkswirtschaft und ihre Bereiche auswirken könnten. Im Rahmen der Strukturberichterstattung für die Bundesregierung hat das HWWA-Institut für Wirtschaftsforschung, Hamburg, eine Untersuchung vorgelegt. Danach gibt es zum Beispiel für die Bauwirtschaft in den Jahren bis zur Jahrhundertwende «kaum hoffnungsvolle Zeichen». Demgegenüber könne die Automobilindustrie davon ausgehen, daß der Bestand an Personenkraftwagen weiter zunehmen wird. Bis zur Jahrtausendwende werde die Zahl der Erwachsenen über zwanzig Jahre noch stetig zunehmen. Einen «Sättigungsgrad» habe die Branche offensichtlich keineswegs erreicht. Denn es sei nicht damit zu rechnen, daß jugendliche oder erwachsene Autofahrer von heute in späteren Jahren ihre Einstellung zum Automobil änderten. Die Fahrzeuge würden vielmehr jeweils ersetzt werden; der hohe Motorisierungsgrad einer Generation werde im zunehmenden Alter beibehalten werden. Hinzu komme, daß mit steigendem Wohlstand Personengruppen – wie Rentner oder andere einkommenschwache Schichten –, die früher auf ein Auto verzichtet hätten, sich jetzt ebenfalls zu einem Kauf entschlössen.

Zuversichtlich zeigt sich das Institut auch für (fast) alle Wirtschaftszweige und Gewerbe, die Dienstleistungen für Urlaub und Freizeit anböten. Diese Verwendungsbereiche hätten bereits in der Vergangenheit einen zunehmenden Anteil am privaten Verbrauch gewonnen; hinzu komme, daß ältere Haushaltungsvorstände einen größeren Anteil ihres privaten Verbrauchs für den Urlaub als jüngere auszugeben pflegten. Tourismus, Gastronomie, Souvenir- und Geschenkartikelbranche, Wirtschaftszweige mit Waren und Diensten für das Automobil, das zunehmend für den Individualtourismus eingesetzt werde, würden davon profitieren.

Von den Staatsausgaben werde vermutlich ein zunehmender Anteil in die Bereiche Bildung, Gesundheit und Sozialhilfe fließen. Die Ausgaben für Gesundheit hätten sich bereits in den Jahren von 1970 bis 1985 auf rund 250 Milliarden DM fast vervierfacht. Die Ausgaben für die Sozialhilfe hätten sich (bis 1988) auf rund 28 Milliarden DM verachtfacht; sie hätten damit fast dreimal so schnell zugenommen wie das Bruttosozialprodukt. Während dieser Zeit habe sich die Zahl der Sozialhilfeempfänger von knapp 1,5 auf über 3 Millionen mehr als verdoppelt. Bei den Beziehern im erwerbsfähigen Alter wird als Grund vor allem der Verlust des Arbeitsplatzes genannt.

Fazit:

Durch eine abnehmende Bevölkerungszahl kann das Bruttosozialprodukt, die gesamtwirtschaftliche Wertschöpfung, vermindert werden. Für den Wohlstand der einzelnen Bürger kommt es jedoch entscheidender auf die Entwicklung des Einkommens je Kopf an; hierfür sind Produktivität und Erwerbsbeteiligung die wichtigsten Einflußgrößen. Es hat zu allen Zeiten in der Geschichte Bevölkerungsrückgänge und Bevölkerungszunahmen gegeben. Daß über die Jahrhundertwende hinaus in der Bundesrepublik ein Rückgang der – deutschen – Bevölkerung zu erwarten ist, das ist aus heutiger Sicht sicherlich eine realistische Prognose. Ein Rückgang der Bevölkerungszahl sollte – insgesamt – eher positiv empfunden werden. Zu denken ist vor allem daran, daß die Bundesrepublik zu den am dichtesten besiedelten Industrieländern der Welt zählt. Diesem Land und seinen Menschen würde es daher guttun, wenn die Umwelt durch die Aktivitäten von Industrie und privaten Haushalten weniger belastet würde. Um ein «sinkendes» Sozialprodukt bräuchte man sich nicht zu sorgen. Entscheidend ist das Volkseinkommen je Kopf. Und das könnte bei schrumpfender Bevölkerung und weniger Umweltschäden (noch) höher liegen als in der Vergangenheit.

Kapitel 3

WELTWIRTSCHAFT

3.1 Der Internationale Währungsfonds (IWF)

Das Währungssystem von Bretton Woods

Das Scheitern des Goldstandards (1914), der Zusammenbruch des Golddevisenstandards (1931), die darauf folgende Periode des «monetären Isolationismus» und der Kriegswirtschaft – diese historischen Erfahrungen waren die große Chance der 2. Weltwährungskonferenz in Bretton Woods (Vereinigte Staaten), auf der im Juli 1944 die Vertreter von 44 Ländern nach Möglichkeiten für eine stabile und funktionsfähige Währungsordnung für die Nachkriegszeit suchten. Unter dem Einfluß der Vereinigten Staaten (White-Plan) wurde Keynes' wichtigste Forderung, die Schaffung einer Weltzentralbank, verworfen. Statt dessen wurde mit dem amerikanischen Dollar als Hauptleitwährung der Golddevisenstandard restauriert, ergänzt durch zwei Institutionen, den Internationalen Währungsfonds (IWF) und die Weltbank.

Ziele und Aufgabe des IWF

Mit möglichst enger währungspolitischer Zusammenarbeit sollte vor allem die Stabilität der Währungen erreicht werden, ferner ein hoher Beschäftigungsgrad und ein hohes Realeinkommen. Angestrebt wurden eine Liberalisierung der Handels- und Kapitalbeziehungen, ein multilaterales Zahlungssystem sowie die Einrichtung internationaler Kreditlinien.

Das System von Bretton Woods ruhte auf drei Eckpfeilern:

☐ auf dem Golddevisenstandard,

- ☐ auf der freien Austauschbarkeit der Währungen,
- ☐ auf dem System der festen Wechselkurse.

Von den anfangs weniger als 50 Gründungsmitgliedern hatte sich die Zahl der Mitgliedsländer bis zur Mitte der zweiten Hälfte der achtziger Jahre auf über 150 erhöht, praktisch alle Länder der Erde mit Ausnahme der meisten Ostblockländer sowie der Schweiz. Grundlage der Rechte und Pflichten eines Mitglieds ist seine Quote, von der 25 Prozent in Gold, 25 Prozent in Landeswährung beim IWF einzuzahlen sind. Soweit feste Wechselkurse vereinbart sind, benötigt jedes Land zur Finanzierung von außenwirtschaftlichen Defiziten Währungsreserven. In Bretton Woods wurde beschlossen, daß diese in der Hauptsache aus Gold und Devisen (Dollar, Pfund Sterling) bestehen sollten.

Konvertibilität bei festen Wechselkursen

Eine Liberalisierung des Handels-, Dienstleistungs- und Zahlungsverkehrs ist ohne Konvertibilität (freie Austauschbarkeit) der Währungen nicht vorstellbar. Das IWF-Statut bestimmte: «Der Paritätswert einer Währung jeden Landes wird in Gold als gemeinsamer Maßstab oder in US-Dollar im Gewicht und in der Feinheit vom 1. Juli 1944 ausgedrückt.» Zum Beispiel wurde der Goldgehalt des Dollars damals auf 0,888671 Gramm Feingold festgelegt, der der D-Mark – nach der zweiten Aufwertung vom 27. Oktober 1969 – auf 0,242807 Gramm. Damit war der Wechselkurs bestimmt: 1 Dollar war gleich 3,66 DM oder 1 DM war gleich 27,3224 US-Cents. In dieser Weise oder über den Dollar waren bis zur Währungskrise im Frühjahr 1971 ebenso die Paritäten der anderen Währungen zueinander festgelegt.

In dem Glauben, die internationale Arbeitsteilung zu fördern und die Kalkulation des Außenhandels zu erleichtern, beschloß die Bretton-Woods-Konferenz 1944 feste Wechselkurse: Grundsätzlich sollte die einmal über das Gold gebundene Parität beibehalten werden. Um Angebots- und Nachfrageschwankungen etwas ausgleichen zu können, erlaubte das Statut Abweichungen der Kassakurse um 1 Prozent nach oben und unten. Jeweils am oberen oder unteren «Interventionspunkt» war die jeweilige Zentralbank gehalten zu intervenieren, um ein weiteres Steigen oder Absinken des Kurses zu verhindern.

Das bedeutete, die Bundesbank mußte – bis zum Beginn des Floating im Mai 1971 – jede Menge Dollar zu 3,63 DM kaufen oder zu 3,69 DM verkaufen. Interventionswährung für die Bundesrepublik war der Dollar. Die Vereinigten Staaten intervenierten grundsätzlich nicht auf ihrem Devisenmarkt. Den Wechselkurs des Dollars regulierten und garantierten bereits die anderen Notenbanken. Dafür bestand für die Vereinigten Staaten die Konversionspflicht, das heißt, sie mußten angebotene Dollarguthaben zur festgesetzten Parität gegen Gold eintauschen. Mit dem Nixon-Programm vom 15. August 1971 haben die Amerikaner diese Zusage für null und nichtig erklärt.

Wie wurde «interveniert»?

Bild 3.1 zeigt eine Konstellation von Devisenangebot (Kurve A–A) und Devisennachfrage (N–N), bei der es exakt bei der früheren amtlichen Parität von 1 Dollar gleich 3,66 DM zum Schnitt der beiden Kurven kommt. Ohne Probleme für die Bundesbank war jeder

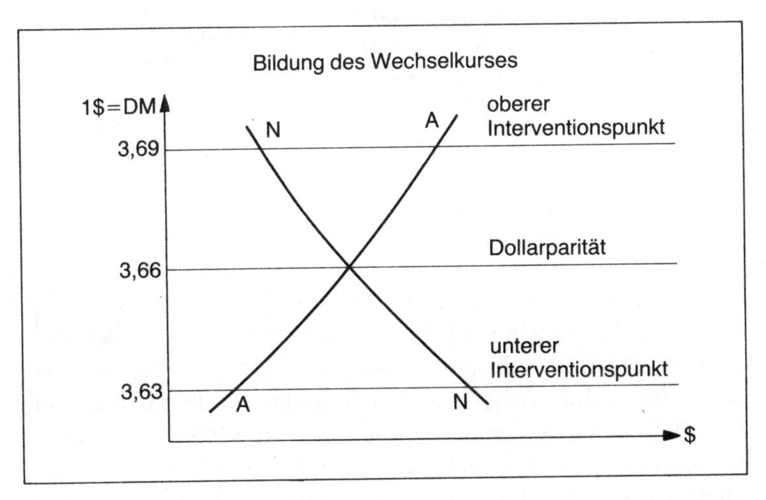

Bild 3.1 Angebot (A) und Nachfrage (N) nach Dollar treffen sich hier (Schnittpunkt) exakt zum seinerzeit amtlich festgesetzten Kurs (Idealfall).

Schnittpunkt der beiden Kurven innerhalb des Bereiches zwischen dem oberen Interventionspunkt (1 Dollar gleich 3,69 DM) und dem unteren Interventionspunkt (1 Dollar gleich 3,63 DM). Hier konnte die Bundesbank intervenieren, sie mußte es aber nicht: Der Wechselkurs pendelte sich innerhalb der offiziell vereinbarten Marge ein.

Bild 3.2 zeigt den ersten «Problemfall»: Das Angebot an Dollar (A–A) ist größer als die Nachfrage (N–N), es besteht ein Angebotsüberschuß. In dieser Situation mußte die Bundesbank früher soviel überschüssige Dollar zu 3,63 DM aus dem Markt nehmen, bis die Gesamtnachfrage wieder einen Wechselkurs innerhalb der offiziellen Bandbreite ergab.

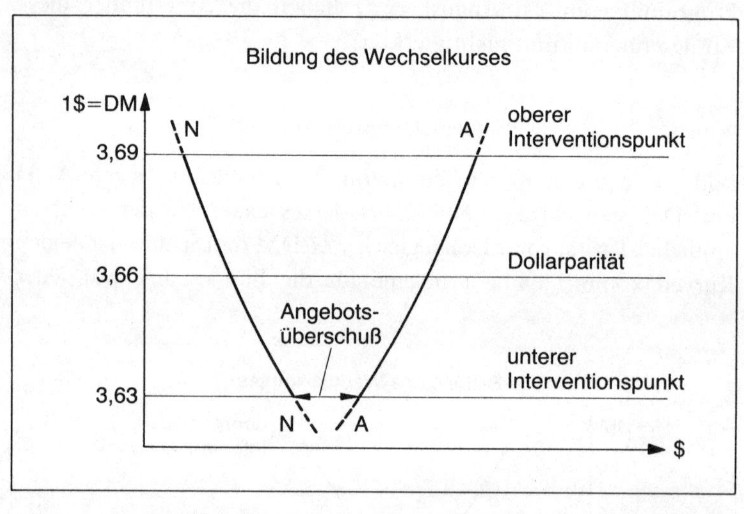

Bild 3.2 Das Angebot (A) an Dollar ist hier größer als die Nachfrage (N). Die Bundesbank mußte intervenieren, also Dollar aus dem Markt nehmen.

Bild 3.3 zeigt den umgekehrten Fall: Die Nachfrage nach Dollar übersteigt das Angebot auf dem Devisenmarkt. Um den Wechselkurs der D-Mark nicht unter 3,69 DM abgleiten zu lassen – das wäre eine «Abwertung» gewesen –, mußte die Bundesbank aus ihren Beständen, das ist der einzige Zweck von Währungsreserven in einem System fester Wechselkurse, Dollar auf den Markt werfen. Und zwar in jeder Höhe und so lange, bis ein Ausgleich innerhalb der amtlichen Bandbreite zustande kam.

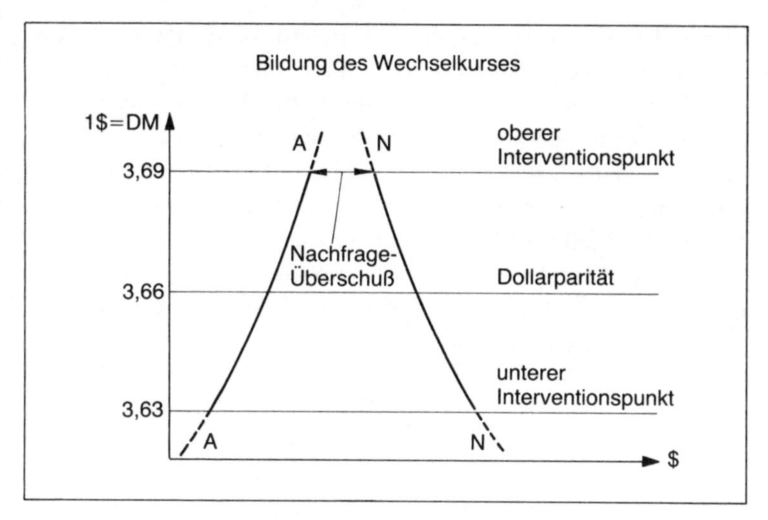

Bild 3.3 Hier war die Nachfrage nach Dollar größer als das Angebot. Die Bundesbank mußte Dollar auf den Markt werfen.

Die Sonderziehungsrechte (SZR)

Die Konstrukteure des Bretton-Woods-Systems hatten befürchtet, daß zur Finanzierung des wachsenden Welthandels nicht mehr ausreichend Gold und konventionelle Devisenreserven (Dollar, Pfund Sterling) zur Verfügung stehen könnten. Einen «Ausweg» sahen sie im Instrument der SZR. Damit bestanden die Währungsreserven eines jeden Landes vor allem aus Gold und Devisenforderungen, «unbedingten Ziehungsrechten», Stand-by-Krediten und Sonderziehungsrechten. Die SZR hatten eine unabdingbare Goldwertgarantie (1 Einheit SZR war zunächst gleich 0,888671 Gramm Feingold) und bedeuteten juristisch einen «Anspruch gegenüber der Gesamtheit der Teilnehmer auf Überlassung konvertierbarer Währung». Ökonomisch stehen sie etwa zwischen Reservemedium und Kreditlinie. Sie können nach Zuteilung uneingeschränkt zur Finanzierung von Zahlungsbilanzdefiziten verwandt werden.

Inflation zerstört das System

Ruiniert worden ist das Währungssystem von Bretton Woods in erster Linie von der sich zunehmend ausbreitenden Inflation, die gerade der IWF ausmerzen und verhindern sollte. Seit 1950 ist in allen wichtigen Industrieländern das Verbraucherpreisniveau stetig gestiegen. Ein Schwund der Kaufkraft der Währungen von 80 Prozent und darüber (bis zur Mitte der zweiten Hälfte der achtziger Jahre) ist keine Seltenheit gewesen. Diese Geldwertverschlechterung war zu einem nicht geringen Teil vom damaligen System der festen Wechselkurse verursacht worden. Die entscheidende Schwierigkeit ist, daß feste Wechselkurse und stabile Preisverhältnisse nur dann gleichzeitig möglich sind, wenn alle beteiligten Länder das gleiche Maß an Stabilität verfolgen. Setzt ein Land oder setzen mehrere Länder andere Prioritäten (zum Beispiel Vollbeschäftigung, Wachstum), so sind die anderen Teilnehmer aufgrund des Systems der festen Wechselkurse gezwungen, die Auslandsinflation zu importieren (Teil A, Abschnitt 4.2).

Da die Bretton-Woods-Konferenz Keynes' Forderung nach einer übernationalen Zentralbank abgelehnt hatte, verzichtete man damit auf jede wirksame Sanktion zur Einhaltung der Spielregeln. Die Folge ist gewesen, daß der Gleichschritt der nationalen Währungs- und Wirtschaftspolitiken nicht gesichert werden konnte. Bestimmte Länder expandierten und/oder inflationierten schneller als die anderen. Das Ergebnis war, daß die bis dahin stabilen Wechselkurse immer unstabiler und falscher wurden. Hier lag die Ursache der schleichenden und zeitweise abrupt aufbrechenden Währungskrisen.

Trend zum Dirigismus

Im System der festen Wechselkurse besteht eine starke Tendenz zur Beschränkung des internationalen Handels- und Kapitalverkehrs. Immer wieder haben Währungskrisen beziehungsweise die Furcht vor solchen Krisen direkte Kontrollen und andere Dirigismen heraufbeschworen. Das spektakulärste Beispiel und gleichzeitig die Bankrotterklärung für das System von Bretton Woods war die amerikanische Aufkündigung der Goldeinlösungspflicht des Dollars durch Präsident Nixon im August 1971, die mit zahlreichen Handels- und Kapitalverkehrsbeschränkungen verknüpft war.

Fazit:

Was bei Kriegsende mit großen Hoffnungen für eine bessere internationale Zusammenarbeit begann, endete in einem Fiasko. Gegen das System der festen Wechselkurse sprechen nicht etwa negative Erfahrungen für sich. Es ist aber immer dann zum Scheitern verurteilt, wenn eine international gleichgerichtete Wirtschaftspolitik nicht garantiert werden kann.

Die Währungsordnung nach Bretton Woods

Bei der im April 1978 in Kraft getretenen neuen Satzung des IWF geht es im wesentlichen um ein flexibleres Wechselkurssystem, um den Abbau der Rolle des Goldes, um die Stärkung der Sonderziehungsrechte, Erleichterung der finanziellen Operationen des Fonds und um Änderungen in der Organisation. Jedes Land hatte nunmehr das Recht, unter Beachtung gewisser wirtschaftspolitischer Verpflichtungen seine Wechselkursverfassung frei zu wählen und diese auch zu verändern. Jedes Land hatte die Möglichkeit, entweder für seinen Wechselkurs eine feste Relation zum Beispiel zu den Sonderziehungsrechten (nicht: zum Gold) zu wählen, eine feste Relation zu den anderen Währungen zu vereinbaren oder sich für frei schwankende Wechselkurse zu entscheiden. Die Gewährung von Zahlungsbilanzhilfen sollte von schärferen Auflagen abhängig gemacht werden. Von April 1978 an gab es keinen offiziellen Goldpreis mehr. An die Stelle des Goldes als Recheneinheit und Generalnenner war das Sonderziehungsrecht getreten. Der IWF ist mit der Überwachung des neuen Abkommens beauftragt worden.

Vorteile und Nachteile der Flexibilität

Das Wechselkurssystem nach Bretton Woods, das für die wichtigen Währungen freie Wechselkurse («floating») brachte, trug trotz tiefgreifender internationaler Ungleichgewichte dazu bei, ein offenes Welthandels- und Zahlungssystem weitgehend aufrechtzuerhalten. Es hat dabei einzelnen Ländern erlaubt, ihr Preisniveau gegen inflationäre Ansteckung von außen besser abzusichern. Diese Vorteile der Wechselkursflexibilität bergen allerdings auch das Risiko, daß einzelne Länder eine aus internationaler Sicht unzureichende Wirtschaftspolitik betreiben können. Die sich hieraus ergebenden unterschiedlichen Entwicklungen können in einem System freier Wechselkurse starke Schwankungen der nominalen und realen Wechselkurse verursachen. Nach Einschätzung der Bundesbank können länger anhaltende Fehlentwicklungen der realen Wechselkurse auf Dauer zu «unhaltbaren Wirtschafts- und Zahlungsbilanzstrukturen» führen. In den betroffenen Ländern könne es dadurch zu politischen Reaktionen zur Abwehr und Korrektur solcher Entwicklungen kommen, wodurch dann die durch die Wechselkursflexibilität zunächst bewahrte Freiheit des Handels und des Zahlungsverkehrs doch bedroht würde.

Im neuen System haben die internationalen Kreditmärkte die Zahlungsbilanzdefizite als Hauptquelle der internationalen Liquidität abgelöst. Diese und andere Entwicklungen des Währungssystems, vor allem die Herausbildung mehrerer sekundärer Reservewährungen neben dem Dollar relativieren die den Sonderziehungsrechten ursprünglich zugedachte Bedeutung bei der Liquiditätsversorgung. Vor allem ist das Ziel in den Hintergrund getreten, die Sonderziehungsrechte zum Hauptreservemedium zu machen.

Ausbruch der Schuldenkrise

Mit dem Ausbruch der Schuldenkrise bei den Entwicklungsländern zu Beginn der achtziger Jahre (Abschnitt 3.6), die zeitweise das gesamte internationale Finanzsystem zu bedrohen schien, fielen dem IWF neue Aufgaben zu. Als die Zahlungsunfähigkeit einige Großschuldner an den Rand des Zusammenbruchs brachte, besannen sich die kreditgebenden Banken in den Industrieländern darauf, daß der IWF seine Kredite mit Sanierungsauflagen verknüpfen könne – auch gegenüber souveränen Regierungen. Die Umschuldung alter und die Gewährung neuer Kredite wird seitdem häufig an die Auflage gebunden, daß der Schuldner mit dem IWF ein Sanierungsprogramm «vereinbart». Diese Programme zielen in der

Regel auf einen Ausgleich der Zahlungsbilanz, auf eine Verminderung des öffentlichen Defizits sowie auf eine Verringerung der Kreditexpansion. Die Wechselkurse sollen so festgesetzt werden, daß die Exporte des Schuldnerlandes steigen, die Importe aber gebremst werden. Der Fonds hat in dieser Situation neue «Kreditschalter» eröffnet, besonders für die sogenannten ärmsten Länder mit «weichen» Konditionen und längeren Laufzeiten. Einige Mitglieder des Fonds, so auch die Bundesregierung, stehen diesem Rollenwandel des Fonds vom Währungshüter zu einer Art Entwicklungsbank skeptisch bis ablehnend gegenüber.

1988 hatte der Fonds 151 Mitglieder, darunter die Volksrepublik China, Polen, Rumänien und Ungarn. Nicht zu den Mitgliedern zählten die Sowjetunion, einige ihrer Verbündeten und die Schweiz. Jedes Mitglied hat eine sogenannte Quote, die nach der wirtschaftlichen Stärke der Volkswirtschaft bemessen wird. Die Quote bestimmt einerseits die Höhe der Kapitaleinlage, andererseits aber auch weitgehend die Stimmrechte. Die meisten Stimmrechte hatten zu jener Zeit der Berliner Konferenz (Ende September 1988) die Vereinigten Staaten mit 19,29 Prozent aller Stimmen, gefolgt von Großbritannien mit 6,68 Prozent und der Bundesrepublik mit 5,84 Prozent. Alle Entwicklungsländer zusammen hielten rund 40 Prozent der Stimmen. Nach der Höhe der Quote richtet sich nicht zuletzt, wieviel Kredit ein Mitglied beanspruchen kann.

Die Organisation des IWF

Höchstes Beschlußorgan des Fonds ist der Gouverneursrat, in den jedes Mitglied einen Gouverneur und einen Stellvertreter, zumeist den Finanzminister oder Notenbank-Präsidenten, entsendet. Der Rat tritt einmal im Jahr zur sogenannten Jahrestagung zusammen; zwischenzeitlich gibt es schriftliche Abstimmungen unter den Mitgliedern. Das eigentliche Lenkungsgremium ist der Interimsausschuß des Gouverneursrates, dem 22 Mitglieder angehören. Der Interimsausschuß tagt jedes Jahr im Frühjahr sowie vor der Hauptversammlung. Verantwortlich für die Führung der laufenden Geschäfte ist das Exekutivdirektorium. Dem Stab des Fonds mit Sitz in Washington gehörten 1988 rund 1700 Mitarbeiter aus über einhundert Ländern an.

Fazit:

In dem Maße, wie sich der Fonds von einem Hüter der internationalen Währungsordnung zu einer «Entwicklungsbank» zu wandeln begann, ist die Kritik gewachsen. Während Entwicklungsländern und einigen Ökonomen in den Industrieländern die Unterstützung der Dritten Welt nicht weit genug geht, verfolgen andere Industrieländer, darunter die Bundesrepublik, diesen Wandel mit zunehmendem Unbehagen. Für Entwicklungshilfe, heißt es, seien Institutionen wie die Weltbank und deren Tochter- oder Schwesterorganisationen zuständig.

3.2 Das Europäische Währungssystem (EWS)

Motive und Konzeption

Die Wurzeln des Europäischen Währungssystems (EWS) reichen zurück bis zu den Römischen Verträgen, mit denen am Ende der fünfziger Jahre die Europäische Gemeinschaft gegründet worden ist. Diese Union der anfangs sechs, bis zur Mitte der zweiten Hälfte der achtziger Jahre zwölf Mitglieder hat vor allem auf dem Gebiet des Außenhandels beachtliche Erfolge erreicht. Da immer mehr Zoll- und andere Handelsschranken gefallen sind, ist bis zum Ende der achtziger Jahre rund die Hälfte des gesamten Außenhandels der EG-Länder innerhalb der Gemeinschaft abgewickelt worden. Diese Entwicklung hat das wirtschaftliche Wachstum maßgeblich angeregt. Es bleibt die Frage, welche Integrationsfortschritte außer einer florierenden Zollunion erreicht worden sind.

Daß eine Antwort darauf nicht unbedingt für jedermann zufriedenstellend ausfallen muß, das haben die Gemeinschaftsländer besonders während der vor allem von der Dollar-Schwäche verursachten Währungskrisen in den siebziger Jahren zu spüren bekommen. Dem von außen einströmenden Krisenpotential hatten die Mitglieder wenig entgegenzusetzen, weder eine gemeinsame Wirtschafts- und Sozialpolitik, noch gar eine gemeinsame Währungsverfassung. Dieser Eindruck einer wirtschaftlichen und politischen Ohnmacht ist offensichtlich einer der Gründe dafür gewesen, daß am Ende der siebziger Jahre besonders der deutsche Bundeskanzler und der französische Staatspräsident zu der Überzeugung gekommen waren, Europa über ein gemeinsames Währungssystem solchen Einflüssen gegenüber widerstandsfähiger zu machen. Wie im System von Bretton Woods waren wiederum feste Wechselkurse und Interventionsverpflichtungen der beteiligten Notenbanken vorgesehen. Bekannt war die Idee des Europäischen Währungssystems seit dem «Werner-Plan» von 1970.

Auf der Bremer Gipfelkonferenz im Juli 1978 drängten HELMUT SCHMIDT und GISCARD D'ESTAING auf einen schnellen Start. Das war um so erstaunlicher, als SCHMIDT – im Gegensatz zu ihm waren die Franzosen schon immer für feste Wechselkurse – vor allem nach dem Zusammenbruch des Systems von Bretton Woods überzeugt war, daß ein Währungsverbund mit festen Wechselkursen nur bei annähernd paralleler Wirtschaftspolitik und weitgehend gleichen Startbedingungen bei den beteiligten Ländern (Zahlungsbilanz, Geldwertstabilität, Preise, Löhne, Kosten) auf Dauer funktionieren könne. So vertraten die «Ökonomisten» die Auffassung, daß eine europäische Integration nur durch eine Angleichung der Wirtschafts-, Finanz-, Sozial-, Industrie- und Agrarpolitik erreicht werden könne; erst danach sei an eine gemeinsame Währungsverfassung zu denken («Krönungs-Theorie»).

Motive für das EWS

Demgegenüber glaubten die «Monetaristen» (nicht zu verwechseln mit der Chicago School, siehe Teil A, Abschnitt 4.3), durch eine straffe gemeinsame Währungsverfassung die Mitgliedsländer gleichsam zu einer Harmonisierung in den anderen Bereichen zwingen zu können. Innerhalb der Gemeinschaft gab es damals zwei Gruppen von Mitgliedern. Die einen gehörten dem europäischen Wechselkursverbund an, mit festen Wechselkursen untereinander und gemeinsam floatenden Kursen nach außen; sie gruppierten sich um die Deutsche Mark. Die anderen standen außerhalb und regulierten ihre Wechselkurse vorwiegend mit Blick auf den Dollar.

Paris empfand es damals schon seit längerem als Manko, daß es nicht mehr dem Europäischen Währungsverbund angehörte. Allgemein hatte man sich offenbar vorgestellt, daß durch stabilere Wechselkurse die Wachstumsschwäche und anhaltende Arbeitslosigkeit gemildert und die wachsende Neigung zum Protektionismus eingedämmt werden könne.

Die italienische Regierung hatte sich unter anderem zum Ziel gesetzt, die für die Stabilität ungünstige Indexierung der Löhne (scala mobile) abzuschaffen oder zumindest einzuschränken. Die wechselkurspolitische Verankerung der Geldpolitik sollte daher nicht nur Vorwand für eine restriktivere Geldpolitik, sondern auch möglichst Ersatz für die scala mobile sein. Hinzu kam die Erwartung, über den europäischen Regionalfonds und die Erweiterung, Verlängerung und Verbilligung von Währungskrediten zusätzliche Hilfen zu erhalten.

Auch für Großbritannien lag das Hauptinteresse in einem leichteren Zugang zu neuen Krediten. London verlangte mehr Geld für den Regional- und Sozialfonds der Europäischen Gemeinschaft und weniger Mittel für die kostspielige Agrarpolitik. Die deutsche Regierung war sich offensichtlich darüber im klaren, daß sie am meisten für die vielseitigen Wünsche der Partner würde zu zahlen haben.

Konstruktion des Systems

In den Zielen war das neue System weniger anspruchsvoll als der Werner-Plan, der eine Wirtschafts- und Währungsunion stufenweise herstellen wollte. Zu den festen Wechselkursen untereinander, die mit einer Bandbreite von plus/minus 2,25 Prozent beweglich sein sollten und bei deren Erreichen interveniert werden sollte (vorwiegend mit eigenen Währungen), kam ein Währungsfonds in der Größenordnung von anfangs umgerechnet 65 Milliarden DM in nationalen Währungen, der Beistandskredite vermitteln sollte. In der gleichen Größenordnung wurden Gold- und Dollarreserven der nationalen Notenbanken hinterlegt, um das ganze System zusätzlich abzustützen. Die Leitkurse sollten nur in gegenseitigem Einvernehmen geändert werden.

Den Kern des Systems bildet die Europäische Währungseinheit (EWE), in Englisch: European Currency Unit (ECU). Sie ist eine gewichtete Korbwährung aller beteiligten Währungen und soll als Verrechnungsmittel zwischen den Notenbanken verwendet werden. Die Teilnehmerländer sind gehalten, ihre Wechselkurspolitik gegenüber dritten Ländern, besonders gegenüber dem Dollar zu koordinieren. Einer der wichtigsten Punkte der Vereinbarung ist, daß das neue System nur dann erfolgreich sein kann, wenn die Teilnehmer eine Politik verfolgen, die sowohl im Inland als auch im Ausland zu einer größeren Stabilität führt. Es gibt für alle Mitgliedswährungen obere und untere Interventionspunkte, vor deren Überschreitung an den Devisenmärkten in den Mitgliedswährungen interveniert werden muß. Interveniert wird jeweils in der Währung des Partnerlandes.

Neue Kreditfazilitäten

Die Politiker meinten, zur Absicherung dieses Wechselkurssystems sei ein ausreichend großer Kreditspielraum erforderlich, der kurzfristige Devisenprobleme und mittelfristige Ungleichgewichte in den Leistungsbilanzen überbrücken helfen könne. Das EWS sollte durch einen Fonds abgesichert werden, der mit finanziellen Mitteln in Form von EWE ausgestattet ist. Bis zum Frühjahr 1989 hat es im EWS insgesamt elf Änderungen der Wechselkurse gegeben. Die D-Mark ist in dieser Zeit – ungewollt von der deutschen Politik – in die Rolle der wichtigsten Interventions- und Leitwährung («Anker»-Währung) hineingewachsen. Sie hat sich nach Einschätzung von Bundesbank-Präsident Karl Otto Pöhl zum Stabilitätsstandard des Europäischen Währungssystems entwickelt «und damit die entscheidende Grundlage für das erfolgreiche Funktionieren des Systems geliefert». Hier liegt indessen eine weitere Quelle unverkennbaren Unbehagens in den Partnerländern gegenüber einer – von manchen Regierungen so empfundenen – deutschen «Dominanz».

Fazit:

Während die Übertragung oder die Hinterlegung von Währungsreserven zumindest zunächst als liquiditätsneutral angesehen werden kann, wurde mit der Bereitstellung von nationalen Währungen ein zusätzliches Kreditschöpfungs- und Liquiditätspotential geschaffen. In diesen zum Teil recht «weichen» Kreditmöglichkeiten liegt einer der Hauptansatzpunkte der Kritik. Es wird befürchtet, daß damit die Stabilität nicht gefördert, sondern eher behindert wird. Die bis Anfang 1989 elf Währungsanpassungen im EWS sind sicherlich weit weniger spektakulär als vergleichbare Vorgänge im Bretton-Woods-System gewesen. Jedoch hängt diese relative «Stabilität» offensichtlich zu einem großen Teil damit zusammen, daß die erratischen Schwankungen der seinerzeitigen Hauptleitwährung, des Dollars, hier nicht zu verkraften waren und sich daher die vor allem von der D-Mark getragene Stabilität zum Nutzen des Systems auswirken konnte.

Pläne für eine europäische Währung

Vor allem im Hinblick auf die für Ende 1992 beschlossene Vollendung des Europäischen Binnenmarktes schien vielen Politikern und Ökonomen das EWS als bei weitem unzureichend. Abgesehen davon, daß Großbritannien, Portugal, Spanien und Griechenland noch nicht einmal diesem «Minimalstandard» beigetreten waren, hatte das System weder eine einheitliche Währung (der ECU war nicht viel mehr als eine symbolische Verrechnungseinheit) noch gar eine gemeinsame Zentralbank, die für alle Mitgliedsländer die Richtlinien der Geld- und Kreditpolitik verbindlich bestimmte.

Über den Sinn einer gemeinsamen Währung sowie einer europäischen Zentralbank ist in den Mitgliedsländern lange gestritten worden. Nachdem besonders Großbritannien einer zentralen Notenbank eine klare Absage erteilt hatte (Premierministerin MARGARET THATCHER: «Solange ich lebe, wird es eine europäische Zentralbank genausowenig geben wie eine europäische Regierung») und sowohl die deutsche Bundesregierung als auch die Bundesbank Bedenken angemeldet hatten, ist dieses Ziel selbst in Brüssel zunächst zurückgestellt worden. Im April 1989 veröffentlichte das «Delors-Komitee», dem die Notenbank-Präsidenten und einige Fachleute angehörten, einen Drei-Stufen-Plan für eine Währungsunion. Es wurde zwar eine einheitliche EG-Währung vorgeschlagen, demgegenüber jedoch eine völlig neue Institution wie eine europäische Notenbank für nicht mehr erforderlich gehalten.

Der Delors-Plan

Die erste Stufe soll vom 1. Juli 1990 an wirksam werden: Alle EG-Länder, also auch Großbritannien, Portugal, Spanien und Griechenland, sollen dem EWS beitreten. Die Unabhängigkeit der Notenbanken von Weisungen der Regierung solle in allen Mitgliedsländern verwirklicht werden. Für die zweite Stufe empfiehlt das Komitee für die gesamte Gemeinschaft einen neuen Vertrag. Es wird vorgeschlagen, eine Reihe von Kompetenzen auf das «Europäische System der Zentralbanken» zu übertragen. In der dritten Stufe sollen die Wechselkurse «unwiderruflich» festgeschrieben werden. Außerdem sollen Vorbereitungen für den Übergang zu einer einheitlichen EG-Währung geschaffen werden. Der ECU habe dafür alle Voraussetzungen, wenn er von einer «Korbwährung» zu einer «echten» Währung aufgewertet werde. In der Wirtschafts- und Finanzpolitik sollen in dieser Endstufe die Empfehlungen, die der Ministerrat in Zusammenarbeit mit dem Europäischen Parlament ausspricht, bindend werden.

Der britische Schatzkanzler NIGEL LAWSON hat diese Vorschläge sofort abgelehnt: Eine Änderung oder Ergänzung der Römischen Verträge zur Übertragung von Verantwortung von einzelnen EG-Notenbanken auf das zu schaffende Zentralbankensystem käme ebensowenig in Frage wie eine Einheitswährung. Für die Bundesregierung hat Staatsminister LUTZ STAVENHAGEN erklärt, den «neuen ECU» werde es kaum vor dem Jahr 2000 geben; bis dahin könne aber ein einheitliches europäisches Zentralbanksystem eingerichtet sein.

Haltung der Bundesbank

Bundesbank-Präsident KARL OTTO PÖHL hat abermals vor «Euphorie» gewarnt. Vorrangig sei zunächst ein Beitritt Großbritanniens und Spaniens zum EWS. Der in jüngster Zeit wieder vergrößerte Inflationsabstand innerhalb der EG sei eine «schlechte Basis» für die Einführung eines Systems fester Wechselkurse. Eine europäische Zentralbank sei nur unter der Voraussetzung vorstellbar, daß ein «hohes Maß an Koordinierung der Wirtschafts-, Finanz- und Geldpolitik bestünde. Ein vereinheitlichtes europäisches Währungssystem müsse sich am Bundesbank-Gesetz orientieren, das der Notenbank die Sicherung des Geldwertes als oberstes Ziel vorschreibe. Selbst bei einer klaren Zielvorstellung könne eine europäische Notenbank die Stabilität der Europa-Währung nur dann garantieren, wenn diese Notenbank unabhängig von nationalen Regierungen und Institutionen der Europäischen Gemeinschaft sei. Dazu müsse in fast allen Mitgliedsländern die Notenbank-Verfassung geändert werden. Als eine weitere Voraussetzung nannte PÖHL das Verbot, Staatsdefizite durch Geldschöpfung zu finanzieren.

Der Bundesverband der Deutschen Industrie hat – ebenso wie die Bundesbank – erkennen lassen, daß eine europäische Währungsunion erst am Ende eines Integrationsprozesses stehen könne. Eine Befragung des Münchener Ifo-Instituts hat – am Jahresanfang 1989 – ergeben, daß zwei Drittel der Führungskräfte in Industrie, Bauwirtschaft und Handel eine europäische Währungsunion für sinnvoll hielten.

Wie der wissenschaftliche Beirat beim Bundesministerium für Wirtschaft war im Frühjahr 1989 die überwiegende Mehrheit der deutschen Ökonomen der Überzeugung, daß «weitere Fortschritte zur Vollendung des Binnenmarktes ... nicht zwingend auch eine Währungsunion» (erfordern), dagegen aber die vollständige und irreversible Freizügigkeit des Geld- und Kapitalverkehrs. Es wird bezweifelt, daß Regierungen und Parlamente in Europa in absehbarer Zeit bereit seien, ihre geldpolitische Souveränität auf eine supranationale Organisation wie eine europäische Notenbank zu übertragen.

Für einen «qualitativen Sprung» in die Wirtschafts- und Währungsunion fehlten nach Auffassung des Ifo-Instituts im Frühjahr 1989 noch die politischen Voraussetzungen. Es dürfe nicht übersehen werden, daß der Prozeß der Binnenmarktintegration zu Ungleichgewichten in den Leistungsbilanzen der Mitgliedsstaaten und bei der Produktivitätsentwicklung führen könne. Daher dürfe das «Ausgleichsventil» von Wechselkursanpassungen in einer Übergangsphase des Binnenmarktes nicht vorschnell blockiert werden. Nach Meinung des HWWA-Instituts für Wirtschaftsforschung, Hamburg, sei auch ohne volle Währungsintegration ein Mehr an Wirtschaftsintegration möglich und effizient. Das Kieler Institut für Weltwirtschaft (IfW) wies darauf hin, daß in Europa die Preisniveaustabilität als vorrangiges Ziel nicht generell akzeptiert werde. Ferner scheine ein Dissens über die Unabhängigkeit der Notenbank zu bestehen. Es wäre daher gefährlich, Kompetenzen auf eine europäische Notenbank zu übertragen. Vielmehr sollte eine unabhängige europäische Notenbank neben die bestehenden nationalen Notenbanken treten. Diese solle ein europäisches Geld emittieren, das in allen Ländern als gesetzliches Zahlungsmittel zugelassen werde und dessen Wechselkurs gegenüber den nationalen Währungen frei flexibel sei.

Fazit:

Das Nein der britischen Premierministerin sowie fundamentale Auffassungsunterschiede zu den Voraussetzungen einer europäischen Währung und zu einer gemeinsamen Zentralbank sprechen zur Jahresmitte 1989 dafür, daß diese Idee zunächst wohl mehr eine Vision als praktische Politik sein wird. Solange kaum ein Land bereit ist, auf Souveränitätsrechte in der Wirtschaftspolitik zu verzichten, solange die Unterschiede in der wirtschaftlichen Entwicklung sowie in den wirtschaftspolitischen Zielen bleiben, wäre es in der Tat besser, auf verfrühte Experimente zu verzichten.

3.3 Die Euromärkte

Euromärkte sind internationale Finanzmärkte. Entstanden sind sie am Ende der fünfziger Jahre als eine Folge nationaler Kontrollen vor allem in den Vereinigten Staaten und in Großbritannien. Die wichtigsten Euro-Finanzzentren sind heute London und Luxemburg. Die Einschätzung ist nach wie vor zwiespältig. Otmar Emminger, der frühere deutsche Bundesbank-Präsident, hat einmal von einer «monetären Nebenregierung» gesprochen. Von «Transmissionsriemen der weltwirtschaftlichen Integration» über «bedeutendes Instrument des internationalen Liquiditätsausgleichs» bis «Zentrum der unkontrollierten Währungsspekulation» und «gefährliches Kreditschöpfungs- und Inflationspotential» reichen die Urteile über die Euromärkte, auf denen internationale Kreditgeschäfte mit weitgehend unbekannten Teilnehmern in einem wachsenden Milliarden-Volumen vor allem in Dollar, D-Mark, Pfund Sterling, Yen und Schweizer Franken abgewickelt werden.

Volumen von 2500 Milliarden Dollar

Aus dem Eurodollarmarkt ist inzwischen der «Euromarkt» geworden, an dem der Dollar durch andere Währungen, wie die D-Mark, ergänzt und zum Teil überflügelt worden ist. Längst ist die für den Geldhandel typische kurze Laufzeit von 48 Stunden bis zu drei Monaten oder allenfalls einem halben Jahr durch das «Revolving-System» ersetzt worden: Kurzfristig verfügbare Gelder werden immer wieder langfristig – bei variablem Zinssatz – ausgeliehen. Gleichzeitig hat das Kreditvolumen «explosionsartig» zugenommen. Sind am Anfang nur wenige Milliarden Dollar gehandelt worden, so ist das Volumen der Eurofinanzierungen über Banken und durch Anleihen etwa zur Mitte der zweiten Hälfte der achtziger Jahre auf umgerechnet rund 2500 Milliarden Dollar geschätzt worden, annähernd doppelt so viel wie am Beginn des Jahrzehnts.

Außer in London und Luxemburg sind «Eurozentren» in Paris und Zürich, aber – unter diesem Namen – auch außerhalb Europas entstanden, so in den Vereinigten Staaten, in Kanada, in der Karibik (Antillen, Panama, Cayman-Inseln), in Lateinamerika (Mexiko) und in Asien (Singapur, Hongkong). Euromarktgeschäfte werden in der Regel außerhalb des Bereiches abgeschlossen, in dem die verwendete Währung gesetzliches Zahlungsmittel ist; Euromärkte sind mithin Parallelmärkte zu den nationalen Finanzmärkten. Während auf dem Eurogeldmarkt Einlagen und Kredite mit einer Laufzeit von unter einem Jahr gehandelt werden, werden demgegenüber Einlagen und Kredite mit einer Laufzeit von einem Jahr und darüber zum Eurokreditmarkt gerechnet. Der Eurokapitalmarkt, oft auch als Euroanleihe- oder Eurobondmarkt bezeichnet, ist der Markt für die Emissionen und den Handel von Euroanleihen.

Teilnehmer und Handelsobjekte

Die Eurobanken treten an den Euromärkten sowohl als Vermittler zwischen Kapitalanlegern als auch als Anbieter und Nachfrager von Einlagen oder Krediten auf. Die nationalen Zentralbanken legen einerseits direkt an den Euromärkten Teile ihrer Währungsreserven an; zum anderen wirken sie indirekt durch ihre geldpolitischen Maßnahmen auf die Euromärkte ein. Nichtbanken treten als Erstanleger und Endkreditnehmer auf. Zu ihnen gehören große Industrie- und Handelsunternehmen, vor allem multinationale und staatliche Konzerne sowie Regierungen. Auch die nationalen Geschäftsbanken legen – wie die Nichtbanken – Mittel an und decken ihren Finanzierungsbedarf.

Das wichtigste Handelsobjekt auf der Einlagenseite ist die Termineinlage mit fester Laufzeit, die zwischen einem Tag und mehreren Jahren liegen kann; kürzerfristige Anlagemöglichkeiten werden bevorzugt: Mehr als neun Zehntel aller Einlagen von Nichtbanken entfallen zum Beispiel auf solche mit Laufzeiten von unter einem Jahr. Eine weitere Anlageform sind die Certificates of Deposits (CDs), die eine Art verbriefter Termineinlage sind. Im Unterschied zur Termineinlage hat der Anleger hier die Möglichkeit, schon vor Ablauf der vereinbarten Laufzeit über seine Mittel zu verfügen, da er das Zertifikat jederzeit veräußern kann.

Zu den wichtigsten Finanzierungs- und Refinanzierungsinstrumenten des Eurokapitalmarktes zählen die festverzinslichen Anleihen. Sie hatten nach OECD-Angaben etwa in der Mitte der achtziger Jahre einen Anteil von rund zwei Drittel an den Brutto-Emissionen von Euro- und traditionellen Auslandsanleihen. Neben den festverzinslichen gibt es variabel verzinsliche Euroanleihen, die sogenannten Floating Rate Notes; bei diesen Papieren wird der Zinssatz alle drei oder sechs Monate an das aktuelle Zinsniveau angepaßt. Euro-Commercial Papers sind kurzfristige, ungesicherte Wertpapiere, die von Schuldnern mit einwandfreier Bonität – Banken und Industrieunternehmen – auf dem Eurokapitalmarkt begeben werden und vielfach ein Qualitätsmerkmal (Rating) tragen. Ferner werden emittiert Euronote-Fazilitäten, Wandel- und Optionsanleihen, Nullkuponanleihen sowie Euro-Aktien.

Keine nationalen Kontrollen

Die Gründe, warum Banken selbständige Filialen an den bekanntesten Europlätzen gegründet haben, sind einleuchtend: Sie unterliegen hier keinerlei nationalen Kontrollen und genießen teilweise auch noch steuerliche Vorteile. So gibt es zum Beispiel keine Mindestreserven, die den Geldeinkauf wie in der Bundesrepublik (siehe Abschnitt 2.2) verteuern. Vor allem wegen der geringeren Kosten können die Banken an den Europlätzen ihren Kunden vergleichsweise günstige Konditionen bieten. Bevorzugte Kreditkunden sind zwar die «Multis» und die großen nationalen Unternehmen; aber auch zahlreiche mittlere und kleinere Unternehmen – mit entsprechender Bonität – haben inzwischen Zugang zum Euromarkt gefunden.

Beim Roll-over-Kredit werden längerfristige Kreditzusagen (bis zu zehn Jahren) mit kurzfristigen Mittelbereitstellungen (drei oder sechs Monate) finanziert. Je nach Zinsniveau sinkt oder steigt der Kreditzins alle drei oder sechs Monate. Dies hat zur Folge, daß für den Kreditnehmer eine feste Kalkulationsgrundlage nicht gegeben ist. Die Basis für den Einstandssatz bilden Interbanksätze von Referenzbanken in London, die als Libor (London Interbank Offered Rate) bekanntgegeben werden.

Fazit:

Zu den Vorteilen des Systems zählt, daß es völlig frei von staatlichen Kontrollen und Reglementierungen arbeitet. Das Geld kann ungehindert dorthin fließen, wo es die sicherste und rentabelste Anlage verspricht. Auf diese Weise haben die Euromärkte auf eine elegante und außerordentlich flexible Weise dazu beigetragen, internationale Liquiditätsspitzen auszugleichen. Andererseits sind Bedenken der Zentralbanken gegenüber «unkontrollierten Geldbewegungen» verständlich. Währungskrisen können so verstärkt werden; anonyme Kreditpyramiden bergen stets Gefahren für das Bankgeschäft.

3.4 Protektionismus bedroht den Welthandel

Die Geschichte des Welthandels nach dem Zweiten Weltkrieg ist die Geschichte eines beeindruckenden Aufschwungs. Es ist zugleich aber auch die Geschichte einer gefährlichen Gratwanderung. Mit den zeitweise aufgebrochenen Konjunktur- und Strukturkrisen, mit den Krisen im Wechselkurssystem sowie mit den drastischen Ölpreissteigerungen sind Schäden und Verwerfungen so gravierend geworden, daß es immer wieder Rückfälle in Dirigismus und Protektionismus gegeben hat. Trotz all dieser Hemmnisse ist der Welthandel (Export plus Import) von 1950 bis 1988 von 121 auf rund 5347 Milliarden Dollar gewachsen. Freilich ist zu berücksichtigen, daß die Welthandelswerte sowohl durch die Abwertungen des Dollars als auch durch eine zunehmende Inflation stark aufgebläht worden sind. Dennoch sind durchaus respektable reale Zuwächse übriggeblieben (Tabelle 3.1).

		Veränderung jeweils 10 Jahre in Prozent		
Jahr	Mrd. Dollar	nominal	real	Exportpreise
1950	60	–	–	–
1960	120	+102	+ 71	+ 18
1970	291	+142	+112	+ 14
1980	1892	+551	+ 76	+269
1988	2632	+ 39[1])	+ 29[1])	+ 8[1])

[1]) 8 Jahre. Quelle: IWF; eigene Berechnungen.

Tabelle 3.1 Weltexport 1950 bis 1988

Bis 1973 haben die Industrieländer ihren Anteil am Welthandel ständig erweitert; der Anteil der Entwicklungsländer ist zunehmend geschrumpft (Tabelle 3.2). Weil die Nachfrage nach Rohstoffen sowie nach Nahrungs- und Genußmitteln langfristig unterdurchschnittlich zugenommen hatte, hat das zwangsläufig die Chancen der Entwicklungsländer eingeschränkt. Während sie 1950 an der Weltausfuhr noch mit einem Drittel beteiligt gewesen sind, ist diese Quote im Laufe der Jahre bis auf knapp ein Fünftel geschmolzen. Unter den Industrieländern sind vor allem Japan und die Bundesrepublik «Gewinner» gewesen; Anteile verloren haben besonders die Vereinigten Staaten und Großbritannien. Durch die Ölpreis-Explosion in den siebziger Jahren haben die ölexportierenden Länder ihren Anteil in dieser Zeit stark ausgeweitet; er ist aber danach mit der Normalisierung und dem Fall der Ölpreise wieder auf etwa 7 Prozent des gesamten Welthandels gesunken.

Jahr	Industrieländer	Entwicklungsländer	Ölländer
1950	61	32	7
1960	70	24	6
1970	76	18	6
1980	66	18	16
1988	75	18	7

Quelle: IWF; eigene Berechnungen.

Tabelle 3.2 Struktur des Weltexports – Anteile in Prozent

Vom Nutzen der Handelsabkommen

Wegen wirtschaftlicher und politischer Schwierigkeiten glaubten viele Länder, mit Abwehrmaßnahmen gegen Erzeugnisse des Auslandes die inneren Probleme, zum Beispiel mangelnde Wettbewerbsfähigkeit und Arbeitslosigkeit, besser in den Griff zu bekommen. Deshalb waren förmliche internationale Übereinkommen wie das Allgemeine Zoll- und Handelsabkommen (GATT) erforderlich. Die Angst vor Vergeltungsmaßnahmen hatte zu immer subtileren Formen der Diskriminierung ausländischer Güter geführt. Längst ging es nicht mehr ausschließlich um Zölle oder andere direkte Einfuhrbeschränkungen wie Kontingente oder Verbote. Gleichviel, ob technische Normen zum Nachteil ausländischer Anbieter geändert wurden, Ursprungserzeugnisse strenger kontrolliert oder weniger Genehmigungen für ohnehin genehmigungspflichtige Importgüter erteilt wurden, stets stand dahinter die Absicht, die heimische Wirtschaft vor der ausländischen Konkurrenz abzuschirmen, um Produktion und Beschäftigung im eigenen Land zu halten oder zu fördern.

Besonders in den Vereinigten Staaten, dem nach wie vor wichtigsten Welthandelsland, hatte sich die Praxis herausgebildet, in sogenannten Antidumping-Verfahren die Preiskalkulation ausländischer Anbieter gerichtlich überprüfen zu lassen. Relativ am stärksten blieb indessen die «konventionelle Diskriminierung»: einseitige Mengen- oder Wertbeschränkungen, bilaterale Selbstbeschränkungsabkommen, Belastung einzelner Importe durch Sonderabgaben. Zusätzliche Handelsbeschränkungen sind von den Industrieländern vor allem zugunsten solcher Branchen eingeführt worden, in denen die Sachkapazitäten wenig anpassungsfähig und unausgelastete Kapazitäten daher besonders kostspielig waren. Dazu zählten besonders Wirtschaftszweige wie die Stahlindustrie oder der Schiffbau, ferner die Textil-, Bekleidungs- und Schuhindustrie.

Handelsbeschränkungen «legalisiert»

Die Amerikaner haben ihre handelspolitischen Aktionen zumeist durch Gesetze «legalisiert». So ist zum Beispiel 1970 mit der Mills-Bill die Einfuhr von Textilien, Schuhen und anderen Gütern durch Kontingente beschränkt worden. Ein Jahr darauf hatte Präsident NIXON mit dem Gesetz zur Sanierung der Zahlungsbilanz eine Einfuhrsteuer von 10 Prozent auf die meisten Außenhandelsgüter verhängt. Nach dem Handelsgesetz von 1974 haben Unternehmen und Wirtschaftszweige nicht nur Anspruch auf «Schutz» durch die Regierung, wenn sie sich «unfairer Konkurrenz» ausgesetzt glauben (Dumping, Exportsubventionen, Patentverletzungen), sondern auch alle jene Wirtschaftszweige, die «substantielle Schädigungen» reklamieren, die durch ganz normalen Wettbewerb zustande gekommen sind.

Die gesamtwirtschaftlichen Kosten des Protektionismus dürften außerordentlich hoch sein. Nach Berechnungen der deutschen Forschungsinstitute könnte die Beschäftigung in der Bundesrepublik 9 Prozent – das sind 2 Millionen Arbeitsplätze – höher sein. Nach den Angaben des Internationalen Währungsfonds könnte eine vollständige Handelsliberalisierung in den OECD-Ländern die Exporte der Entwicklungsländer um 10 Prozent, deren Sozialprodukt um 3 Prozent zusätzlich steigern.

Als Erfolg kann auf der einen Seite gewertet werden, daß durch zahlreiche multilaterale Handelsvereinbarungen im Rahmen der GATT-Runden die durchschnittliche Zollbelastung industrieller Fertigwaren – bei durchaus unterschiedlicher Entwicklung in einzelnen Bereichen – bis Ende 1987 auf nur noch 6,5 Prozent gesenkt wurde. Auf der anderen Seite war jedoch die Regulierung des Welthandels besonders durch nichttarifäre Handelshemmnisse (Mengenbeschränkungen wie Kontingente oder «freiwillige» Exportselbstbeschränkungen, administrative Handelsbeschränkungen wie Antidumping-Maßnahmen, Verbraucherschutzbestimmungen, technische Normen und Standards) besonders in den siebziger Jahren stark gewachsen. Schätzungen des GATT gehen davon aus, daß in der Mitte der zweiten Hälfte der achtziger Jahre etwa zwei Fünftel des Welthandels durch derartige nichttarifäre Hemmnisse betroffen gewesen sind.

Fazit:

Der Abbau der Agrarregelungen in der Europäischen Gemeinschaft könnte nach einer Untersuchung des Internationalen Währungsfonds schon auf kurze Sicht die Konsumentenpreise in der EG um 5 Prozent senken, die Beschäftigung um fast 5, das Sozialprodukt um 3 Prozent steigern. Noch wichtiger wäre vermutlich, daß die EG, die der zweitgrößte Exporteur von Agrarprodukten ist, durch eine solche Liberalisierung zu einem Netto-Importeur würde und die Entwicklungsländer zu Netto-Exporteuren. Gerade für die Verschuldung der Entwicklungsländer (Abschnitt 3.6) läge hier ein Ansatz für eine effiziente und marktwirtschaftliche Hilfe.

3.5 Die Zukunft der Entwicklungsländer

Situation und Perspektiven (Schuldenkrise)

So düster und hoffnungslos, wie die Lage der Entwicklungsländer zuweilen dargestellt wird, ist die Situation insgesamt nicht. Gewiß gibt es einige Länder, auf die solche negativen Einschätzungen zutreffen. Auch ist es richtig, daß die Schuldenkrise in den achtziger Jahren neue Schwierigkeiten geschaffen hat, für einige Länder mit ganz besonders schlimmen Folgen. Auf der anderen Seite gibt es zahlreiche Belege dafür, daß es durchaus Hoffnungen für die Zukunft der Entwicklungsländer geben kann.

Das trifft nicht nur auf «Parade-Beispiele» wie Singapur, Südkorea, Hongkong und Taiwan zu. Natürlich stimmt es, daß diese Länder ganz an der Spitze stehen. Danach ist Singapur in der Mitte der achtziger Jahre mit einem Je-Kopf-Einkommen von 7500 Dollar am erfolgreichsten gewesen; im Vergleich dazu hat das Durchschnittseinkommen der Entwicklungsländer bei 610, das Durchschnittseinkommen der Industrieländer bei rund 13000 Dollar gelegen. In Singapur hat das Bruttosozialprodukt je Kopf der Bevölkerung seit Mitte der sechziger Jahre mit einer durchschnittlichen Rate von fast acht Prozent zugenommen. Nur wenig darunter haben die mittleren Wachstumsraten in Südkorea und Hongkong gelegen – bei im allgemeinen im Vergleich zu den übrigen Entwicklungsländern «maßvollen» Inflationsraten.

Fortschritt auch in China

Ein relativ hohes Wachstum haben mit rund vier Prozent im Jahresdurchschnitt auch Malaysia, Brasilien, Ungarn und Jugoslawien aufzuweisen. In der darunterliegenden Einkommensgruppe (460 bis 1570 Dollar je Kopf) sind Länder wie Botswana, Indonesien, die Arabische Republik Jemen, Tunesien, Thailand, Kongo und Paraguay seit 1965 mit Wachstumsraten zwischen vier und neun Prozent besonders erfolgreich gewesen. Lesotho und die Volksrepublik China sind Beispiele dafür, daß es selbst in der Gruppe mit «niedrigen Einkommen» (120 bis 420 Dollar) nicht völlig trostlos aussieht. Es mag überraschen – trotz einer zentralverwaltungswirtschaftlichen Ordnung ist China mit einem mittleren Wachstum von fünf Prozent seit Mitte der sechziger Jahre eines der erfolgreichsten Entwicklungsländer. Zwar ist dort das Je-Kopf-Einkommen mit rund 300 Dollar (1986) nach wie vor sehr niedrig; jedoch hat das Land mit einer Bevölkerung von mehr als einer Milliarde Menschen, das entspricht einem Anteil von gut einem Viertel an den Entwicklungsländern, seinen Lebensstandard seit Mitte der sechziger Jahre immerhin mehr als verdoppelt.

Zu den Ländern, die beachtlich abgeschnitten haben, zählen ferner Algerien, Mexiko, Kolumbien, Ekuador, Mauritius, die Türkei, Kamerun und wohl auch Pakistan. Natürlich stehen auf der anderen Seite jene Länder, deren absolutes Einkommensniveau noch unter der «Armutsgrenze» liegt. In Ländern wie Äthiopien, Bhutan, Nepal, Bangladesch, Malawi, Zaire, Birma, Uganda, Tansania und Togo betrug das Einkommen zwischen 120 und 250 Dollar. Statt eines Fortschritts hat sich der Lebensstandard zum Beispiel in Zaire, in Madagaskar, Uganda, in Niger, Sambia, in Liberia und Jamaika verschlechtert. In Uganda und Zaire ist das durchschnittliche Je-Kopf-Einkommen mit etwa 230 und 160 Dollar zur Mitte der achtziger Jahre auf fast die Hälfte des Ausgangsstandes von 1965 gefallen.

Hohe Inflation in Lateinamerika

Argentinien hatte zwar mit 2350 Dollar ein noch immer relativ hohes Durchschnittseinkommen; jedoch hat dieses seit Mitte der sechziger Jahre kaum zugenommen. Hinzu kommt eine selbst für lateinamerikanische Verhältnisse ungewöhnliche Inflation: Die Verbraucherpreise sind dort zwischen 1965 und 1980 mit einer mittleren Rate von fast 80 Prozent im Jahr gestiegen; in den achtziger Jahren hat sich dieser Auftrieb auf über 300 Prozent je Jahr verstärkt. Noch katastrophaler hat die Teuerung die Bolivianer getroffen; im Vergleich dazu mutet das Inflationstempo in Brasilien mit annähernd 160 Prozent im Mittel der achtziger Jahre fast «bescheiden» an. Auch hier die «Kehrseite der Medaille»: In Singapur, das bei relativ kräftigem Wachstum den höchsten

Lebensstandard erreicht hat, ist die Teuerung mit unter zwei Prozent je Jahr seit 1980 mit am geringsten gewesen.

Alles in allem gibt es einerseits (nicht nur einzelne) erfolgreiche wie auch weniger erfolgreiche Länder, auf der anderen Seite ganz und gar negative Entwicklungen. Unter den «hausgemachten Ursachen» hat in der Regel am meisten Gewicht eine Wirtschaftsordnung, die nach zentralverwaltungswirtschaftlichem Muster (siehe auch Teil A, Abschnitt 1.2) den Kräften des Marktes wenig Chancen gelassen hat. Dazu kommen nicht selten korrupte und unfähige «Eliten», eine Monostruktur in der Wirtschaft (Rohstoffe, Landwirtschaft) sowie ein allgemein fehlendes Vertrauen für Investitionen.

Ländergruppe	1980	1986
Entwicklungsländer	670	610
– mit niedrigem Einkommen	270	270
– mit mittlerem Einkommen	1510	1270
– hochverschuldete Länder	1770	1400
– Afrika südlich der Sahara	600	370
Industrieländer	10760	12960

Quelle: Weltbank.

Tabelle 3.3 Bruttosozialprodukt je Kopf – in US-Dollar

Was der Protektionismus «kostet»

Schwer getroffen worden sind die Entwicklungsländer vom Verfall der Kaufkraft ihrer Rohstoffpreise in den achtziger Jahren, bei gleichzeitigem Anstieg ihrer Importkosten für Industrieerzeugnisse. Ein bestimmtes Maß an Verantwortung tragen nicht zuletzt die Industrieländer. Durch ihren Handelsprotektionismus, eine subventionierte Agrarpolitik, künstliche Marktbarrieren wie das Welttextilabkommen verlieren die Entwicklungsländer – darauf hat unter anderem die Weltbank hingewiesen – das Doppelte an Einnahmen, was sie an offizieller Entwicklungshilfe erhalten. Die nicht ausreichenden Exporterlöse sind auch ein wesentlicher Grund dafür, daß der Schuldendienst für Tilgung und Zinsen immer drückender geworden ist.

Ländergruppe	1965	1980	1987
I. Bruttoinlandsprodukt			
1) Entwicklungsländer	20	22	16
2) Industrieländer	80	78	84
II. Weltbevölkerung			
1) Entwicklungsländer	78	81	83
2) Industrieländer	22	19	17

Quelle: Weltbank.

Tabelle 3.4 Weltbevölkerung und -sozialprodukt – Anteile in Prozent

Alles in allem hat sich die Schuldendienstquote (Aufwendungen für Tilgung und Zinsen in Prozent der Güter- und Dienstleistungsexporte) seit Mitte der siebziger Jahre von knapp 14 Prozent bis 1987 auf 21 Prozent, bei den «hochverschuldeten Ländern» noch stärker erhöht. Die zunehmende Belastung aus dem Schuldendienst ist ein entscheidender Grund dafür, daß in diesen Ländern Kapital für dringend erforderliche Investitionen in ausreichendem Maße nicht zur Verfügung gestanden hat. Die absolute Höhe der Verschuldung hat sich von 75 Milliarden Dollar am Beginn der siebziger Jahre auf 1250 Milliarden Dollar im Jahre 1988 erhöht.

Ländergruppe	1975	1980	1987
I. Entwicklungsländer insgesamt			
1) Schuldendienstquote[1])	13,7	16,2	21,0
2) Schulden in % BSP[2])	15,7	20,7	37,6
II. Hochverschuldete Länder			
1) Schuldendienstquote[1])	24,0	27,1	32,7
2) Schulden in % BSP[2])	18,1	23,3	55,9

[1]) Dollarwert der Schuldendienstzahlungen (Zins und Tilgung) auf mittel- und langfristige Kredite, ausgedrückt als Prozentsatz des Dollarwertes der Güter- und Dienstleistungsexporte. [2]) Dollarwert der mittel- und langfristigen Schulden, ausgedrückt als Prozentsatz des Bruttosozialprodukts in Dollar.

Quelle: Weltbank.

Tabelle 3.5 Verschuldung der Entwicklungsländer

Fazit:

Bei deutlichen Unterschieden im Entwicklungsstand sowie in den Perspektiven kann es ein «Patentrezept» nicht geben. Allgemein ist von den Industrieländern mehr Freihandel, von den Entwicklungsländern mehr marktwirtschaftliche Orientierung zu fordern. Neue Hilfen sind nur dann sinnvoll, wenn die Gelder effizient eingesetzt werden und berechtigte Aussichten auf Rückzahlung bestehen. Von der Weltbank werden Zinserleichterungen und Schuldenerlaß für «hoffnungslose Fälle» als Möglichkeiten effizienter Hilfen empfohlen. Werden indessen in den betroffenen Ländern keine glaubhaften Anstrengungen zur Änderung der Politik in Richtung auf «mehr Markt» gemacht und bleiben vor allem die Industrieländer bei ihrer Protektions- und Subventionspraxis, dann schwinden mit der «Hoffnung für die Armen» auch die Chancen der Industrieländer.

Die Weltbank – Aufgaben und Konzeption

Die «Internationale Bank für Wiederaufbau und Entwicklung» (Weltbank) ist als Schwesterinstitut des Internationalen Währungsfonds (Abschnitt 3.1) aus der Bretton-Woods-Konferenz der Vereinten Nationen im Juli 1944 hervorgegangen; die Mitgliedsländer der Weltbank müssen gleichzeitig Mitglied des Währungsfonds sein. In der Gründungsakte wird als wesentlicher Zweck die Förderung privater Investitionen durch Garantien oder Beteiligungen an Darlehen oder anderen Investitionen privater Investoren genannt. Nachdem durch den Marshall-Plan den kriegsgeschädigten Ländern in Europa und Ostasien auf andere Weise beim Wiederaufbau geholfen wurde, ist die «Entwicklungsfinanzierung» rasch zur Hauptaufgabe der Weltbank geworden.

Das Institut ist der Kern der Weltbank-Gruppe, zu der ferner die Internationale Entwicklungsorganisation (Ida) und die Internationale Finanzcorporation (IFC) gehören. Wichtigste Aufgabe der Weltbank ist heute die Unterstützung der Entwicklungsländer durch Beratung und Vergabe langfristiger Darlehen. Die Weltbank ist Kreditinstitut in dem Sinne, daß sie die Mittel, die sie als Darlehen vergibt, überwiegend auf den internationalen Geld- und Kapitalmärkten beschaffen muß. Wie der Internationale Währungsfonds (IWF) hat die Weltbank in der Mitte der zweiten Hälfte der achtziger Jahre über 150 Mitglieder gehabt, die Kapitalanteile und entsprechende Stimmrechte hatten.

«Selbststarter»-Konzeption am Anfang

Ursprüngliche Konzeption der Entwicklungshilfe durch die Weltbank war, daß sich ein Land mit Hilfe von außen langsam und stetig die Vorbedingungen für eine eigenständige Entwicklung schaffen und schließlich zu einem «Selbststarter» werden sollte. In den ersten Jahren war die Vorstellung vorherrschend, daß mit der Herstellung einer besseren Infrastruktur alles andere gleichsam «von selbst» kommen werde, beispielsweise durch Staudämme, Bewässerungsanlagen, Straßen und andere Verkehrsverbindungen. Erst in den sechziger Jahren ist die Bank stärker zur Mitfinanzierung von industriellen Projekten übergegangen, die geeignet erschienen, auf die Entwicklung der ganzen Volkswirtschaft einen belebenden Einfluß zu nehmen. ROBERT MCNAMARA, von 1968 bis 1981 Präsident der Bank, sah in der Beseitigung der «absoluten Armut» eine Hauptaufgabe. Er richtete das Institut auf eine Verdoppelung der Kreditvergabe ein. Bei den Darlehen sollten Kleinbauern und Kleinunternehmer stärker berücksichtigt werden, sollten Stadtsanierungsprojekte in den Vordergrund rücken sowie Kredite für das Erziehungs- und Gesundheitswesen. Gegen Ende der siebziger Jahre ist dann die Mitfinanzierung der Energieversorgung, vor allem von Öl- und Gasexploration, stärker betont worden.

Hilflos gegenüber der Schuldenkrise

Der Nachfolger von McNamara, A. W. Clausen (1981 bis 1986), stand der am Beginn der achtziger Jahre ausgebrochenen Schuldenkrise (Abschnitt 3.6) ziemlich hilflos gegenüber. In dieser Zeit begann der IWF unter seinem geschäftsführenden Direktor Jacques de Larosiere einen aktiven Part in der Entwicklungshilfe zu spielen. Mitte 1986 wurde Barber Conable neuer Präsident der Weltbank. Er hat bereits in seiner ersten Rede herausgestellt, daß es nicht Aufgabe des Instituts sein könne, ein Schuldenmanagement zu betreiben; die Weltbank müsse in erster Linie eine Entwicklungsinstitution sein.

Weltbank und Ida waren in der Mitte der zweiten Hälfte der achtziger Jahre an 1700 Projekten im Gesamtwert von etwa 235 Milliarden Dollar beteiligt; ihre ausstehenden Darlehen und Kredite beliefen sich zu jener Zeit auf rund 110 Milliarden Dollar. Die Differenz (zu den insgesamt 235 Milliarden Dollar) ist aus anderen Quellen aufgebracht worden, zum Beispiel von privaten Investoren oder nationalen Entwicklungsorganisationen. Es wird geschätzt, daß die insgesamt 180 Milliarden Dollar an Darlehen für 4500 Projekte, die in der Summe etwa bis 1987 ausgeliehen worden waren, zu Investitionen im Gesamtvolumen von 400 bis 600 Milliarden Dollar beigetragen haben.

Für einige Länder, vor allem in Ostasien, hat die «Selbststarter-Theorie» gestimmt. Andere, Schuldnerländer mit mittlerem oder niedrigem Einkommen, sind weniger erfolgreich gewesen. Vor allem die armen Länder südlich der Sahara haben noch kein Fundament für eine tragfähige Entwicklung. Beide Gruppen haben den größten Teil der neuen Kredite erhalten. Trotz beachtlicher Erfolge insgesamt steht auch in der Gegenwart die Beseitigung der Armut noch immer ganz oben auf der Prioritätenliste der Weltbank. Es haben in jüngerer Zeit sogenannte technische Hilfe, Beachtung von Umweltverträglichkeit von Investitionen sowie die Bereiche Erziehung und Gesundheitswesen in der Entwicklungspolitik an Bedeutung gewonnen.

Fazit:

Die Regierung der Bundesrepublik Deutschland hat wiederholt bekräftigt, daß sie sich an geeigneten Maßnahmen zur Erleichterung der Schuldenlast der ärmsten Entwicklungsländer beteiligen werde. Sie unterstützt jedoch Forderungen nach einem pauschalen Schuldenerlaß für Entwicklungs- und Schwellenländer vor allem deshalb nicht, weil dadurch nach ihrer Auffassung die Kreditwürdigkeit der hochverschuldeten Länder leiden und deren wirtschaftliche Schwierigkeiten noch verschärft würden. In einem Beitrag für die Frankfurter Allgemeine Zeitung (F.A.Z. vom 20. August 1988) hat der Vizepräsident des Kieler Instituts für Weltwirtschaft, Professor JÜRGEN B. DONGES, die Auffassung vertreten, daß für eine Verbesserung der Lage in den Entwicklungsländern der Handelsliberalisierung eine besondere Bedeutung zukomme. Zu den wichtigsten Schritten gehörten der «durchgreifende Abbau» des Agrar-Protektionismus – auch in der Europäischen Gemeinschaft –, das endgültige Auslaufen des Welttextilabkommens im Jahre 1991 sowie die nichtdiskriminierende Anwendung des Systems der allgemeinen Zollpräferenzen für gewerbliche Halb- und Fertigwaren aus der Dritten Welt.

3.6 Kommt eine neue Depression?

Lehren aus der Weltwirtschaftskrise

Die tiefste Depression des Industriezeitalters, die Weltwirtschaftskrise, begann mit dem großen Börsenkrach in New York. Es sind auch in neuerer Zeit immer wieder Parallelen zu den Ereignissen am Ende der zwanziger und Beginn der dreißiger Jahre gezogen worden. Zuletzt schien im Herbst 1987 das «Gespenst der Weltwirtschaftskrise» wieder vor der Tür zu stehen. Nach heftigen

Börsenturbulenzen vor allem in den Vereinigten Staaten tauchte die Frage auf: Können sich die Ereignisse wiederholen? Wie war das damals von 1929 bis 1932? Gibt es heute in den westlichen Industrieländern größere Sicherheiten, die eine Wirtschaftskatastrophe vom Ausmaß der Großen Depression ausschließen?

Am Anfang stand der «schwarze Donnerstag» (nicht: Freitag), nämlich der 24. Oktober 1929. An jenem Tag sind nach einer maßlos übersteigerten, überwiegend mit Krediten finanzierten Superspekulation die Kurse der amerikanischen Aktien ins Bodenlose gefallen. Von unvorstellbarer Panik getriebene Verkäufe haben damals das Kursniveau innerhalb weniger Tage um durchschnittlich 40 Prozent gedrückt. Im Vergleich zu den meisten im September erreichten Höchstständen hatten bis zum Börsenschluß am 28. Oktober («der schwarze Montag») selbst so renommierte Werte wie Chrysler 70 Prozent, General Motors 50 Prozent, Good Year 50 Prozent, International Harvester 40 Prozent, General Electric 38 Prozent verloren (siehe auch Tabelle 3.6).

Aktienwerte	Beginn der Spekulation Frühjahr 1928	Höhepunkt der Spekulation September 1929	Ende der Baisse 8. Juli 1932
Anaconda	54	162	4
Burroughs	31	73	7
J. I. Case	256	350	23
Du Pont	98	215	22
General Electric	129	396	28
General Motors	140	182	8
Montgomery Ward	134	467	4
Radio Corporation	95	505	18
US Steel	140	262	22
Westinghouse	92	313	16
Dow-Jones-Index für Industrieaktien[2])	250	400	41

[1]) In US-Dollar. [2]) Index-Punkte. Quelle: Frankfurter Allgemeine Zeitung.

Tabelle 3.6 Der große Krach – Entwicklung der Börsenkurse[1]) an Wall Street

In Leitartikeln der Frankfurter Zeitung heißt es am 29. November und am 1. Dezember 1929 unter anderem: «Amerika hat seine schwarzen Tage noch nicht verwunden. Die Kursstürze an der New

Yorker Börse haben den Boden für eine Panikstimmung geschaffen. ... Der Börsensturz, in Deutschland parallel mit demjenigen in New York vor sich gehend, verschärfte hier nur eine Entwicklung, die sich in den letzten Jahren schon ruckweise vollzogen hatte. Die Aktienkurse hatten (vorher) einen Stand, der nicht durch Dividende, die Rentabilität der Aktienunternehmungen gerechtfertigt war, sondern lediglich in spekulativen Hoffnungen auf weitere Kurssteigerungen beruhte.»

Folgen der Krise

In Deutschland haben die hohen Reparationsforderungen aus dem Ersten Weltkrieg (132 Milliarden Goldmark) die Krise verschärft und beschleunigt. Der Liquiditäts- und Kreditmangel riß immer mehr Unternehmen in den Strudel des Bankrotts: Die Zahl der Firmenzusammenbrüche stieg von 13 180 im Jahre 1929 auf 19 254 im Jahre 1931. Auf dem Höhepunkt der Krise sind rund sieben Millionen Menschen oder ein Viertel aller unselbständigen Erwerbspersonen ohne Beschäftigung gewesen. Die gesamtwirtschaftliche Leistung, das Bruttosozialprodukt, ist damals in den drei Jahren von 1929 bis 1932 nominal um 36 und real – unter Einrechnung der Preisveränderungen – um 18 Prozent gefallen. Von diesem Einbruch sind vor allem die Investitionen betroffen worden: Sie sind in dieser Zeit in der gesamten Volkswirtschaft um zwei Drittel, in der Industrie noch stärker geschrumpft.

Im gleichen Zeitraum ist die Industrieproduktion um 42 Prozent zurückgegangen; die Stahlindustrie war im Tiefpunkt der Depression nur noch zu einem Viertel beschäftigt. Die Arbeitnehmereinkommen sind nominal um 39 Prozent gesunken. Da gleichzeitig die Preise der Lebenshaltung um 22 Prozent gefallen sind, ist die Kaufkraft der Einkommen zwar nicht ganz so stark geschrumpft; sie hat aber real im Vergleich zu 1929 immer noch rund 14 Prozent eingebüßt. Stark gesunken sind in dieser Zeit des allgemeinen Nachfrageverfalls auch die Preise für Industriewaren (25 Prozent) sowie für die Erzeugnisse des Großhandels (30 Prozent). Der Index der Aktienkurse ist von 1929 bis 1932 um fast 60 Prozent zurückgegangen. Der deutsche Import ist zwischen 1929 und 1932 von 13,5 auf nur noch 4,7 Milliarden Mark geschrumpft, das ist ein Rückgang auf fast ein Drittel. Vor allem diesem Einbruch ist es zuzuschreiben, daß in jener Zeit ein Überschuß in der Handelsbilanz ausgewiesen worden ist. Denn die Ausfuhr ist zwar ebenfalls ungewöhnlich stark, aber dennoch nicht in gleichem Ausmaß wie die Einfuhr gefallen. Insgesamt ist der Welthandel in diesen Jahren stark gesunken; alle Länder verbarrikadierten sich hinter Einfuhr-Kontingenten und anderen Handelsbeschränkungen.

Glaube an «ewige Prosperität»

Die «Goldenen zwanziger Jahre» waren von einem ungeheuren Fortschrittsglauben geprägt. In den Vereinigten Staaten war die Industrieproduktion damals um etwa sechs Prozent jährlich gewachsen. Die moderne Technik, Auto, Radio und Elektrizität faszinierten Unternehmen, Verbraucher und Politiker gleichermaßen. Von Amerika ausgehend, wurde die Welt mit Krediten geradezu überschwemmt. Die Aktienkurse an der Wall Street waren bereits seit 1921 gestiegen; der Dow-Jones-Index für Industriewerte hatte sich – unter Schwankungen – seit August 1921 von damals 64 auf 250 Punkte am Beginn der Superspekulation im Frühjahr 1928 erhöht.

Mit Hilfe der amerikanischen Kredite gab es in Deutschland ebenfalls so etwas wie ein «Wirtschaftswunder». Noch im August des gleichen Jahres hatte sich das Berliner Institut für Konjunkturforschung zuversichtlich zu einem «einheitlichen Aufschwung in den Industrieländern» geäußert; von einer heraufziehenden Krise oder Depression war keine Rede.

Kein Krisenmanagement

Für das Ausmaß der Katastrophe war mitentscheidend, daß es damals ein internationales Krisenmanagement nicht gegeben hat. Zutreffend war eher das Gegenteil: So hat der deutsche Reichsbank-Präsident HANS LUTHER 1931 in den westlichen Hauptstädten – in frustrierenden Missionen – vergeblich versucht, einen Devisenkredit von nur einigen hundert Millionen Mark zu bekommen. Der amerikanische Präsident HOOVER schrieb in seinen Erinnerungen: «Kein Präsident war bis dahin auf den Gedanken gekommen, daß in solchen Fällen dem Staat irgendeine Verantwortlichkeit zufalle.» Finanzminister MELLON meinte sogar, der Staat solle alles «dem Zusammenbruch überlassen und sich selbst liquidieren».

Die gewaltigste Deflation aller Zeiten ist in den einzelnen Ländern nicht etwa mit Zinssenkungen, mit einer expansiven staatlichen Finanzpolitik und öffentlichen Beschäftigungsprogrammen, sondern mit Zins- und Steuererhöhungen, Haushaltskürzungen und anderen Restriktionen beantwortet worden. Die deutsche Wirtschaftspolitik hielt sich an die Regeln des Golddevisenstandards: Abfluß von Gold und Devisen ist mit binnenwirtschaftlichen Restriktionen begegnet worden. Entgegen den Regeln der Krisenbekämpfung sind im Deutschen Reich die (gesamten) Staatsausgaben von fast 21 Milliarden Mark 1929 auf nur noch 14,5 Milliarden Mark 1932 gesunken. Demgegenüber hat die Staatsverschuldung in dieser Zeit lediglich um 3 auf 24 Milliarden Mark zugenommen. Die Reichsbank hatte den Diskontsatz von fünf über sieben und zehn auf schließlich fünfzehn Prozent, den Lombardsatz auf zwanzig Prozent erhöht. Das alles hat den Währungstheoretiker und Bankpraktiker L. ALBERT HAHN veranlaßt, vom «Brüning-Lutherschen Deflationsmasochismus» zu sprechen. Diese Kritik, zumindest in der Zuspitzung, wie sie von HAHN vorgetragen worden ist, übersieht indessen, daß die Reichsregierung in der Währungs-, Geld- und Kreditpolitik durch völkerrechtliche Vereinbarungen gebunden war. So war im Young-Plan ausdrücklich festgelegt, daß der Goldgehalt der Mark nicht geändert werden dürfe. LUTHER schrieb später in seinen Erinnerungen: «Diese Zinserhöhungen wurden uns von New York und London aufgezwungen.»

Das Währungssystem

Vor allem den Vereinigten Staaten, die der Welt größter Goldeigentümer und Gläubiger gewesen sind, wird vorgeworfen, entgegen den Regeln des Golddevisenstandards die Goldzuflüsse spielregelwidrig «sterilisiert» zu haben: Nach den Regeln des Systems hätten die Vereinigten Staaten den Notenumlauf erhöhen und somit ihre Nachfrage nach ausländischen Erzeugnissen steigern müssen. Statt dessen sind die wachsenden Goldbestände – ohne daß der Notenumlauf erhöht worden wäre – «eingefroren» worden. Das bedeutete für die gesamte Weltwirtschaft einen ungeheuren Entzug an Kaufkraft und damit an potentieller Nachfrage. Im Oktober 1933 löste die amerikanische Regierung den Dollar von der Goldparität und ging zu freien Wechselkursen über. Großbritannien hatte bereits am 21. September 1931 die Goldeinlösungspflicht suspendiert und das Pfund «floaten» lassen; es kam zu einer Abwertung von 30 Prozent. Andere Länder führten die Devisenbewirtschaftung ein, wie es zum Beispiel in Deutschland im August 1931 auf Vorschlag von Hjalmar Schacht geschah. Otmar Emminger, viele Jahre an der Spitze der Deutschen Bundesbank, hat dem Golddevisenstandard von 1922/31 «eine wesentliche Mitschuld an der verhängnisvollen Weltwirtschaftskrise der dreißiger Jahre» gegeben.

Die Rolle Frankreichs

Als der «eigentliche Ausgangspunkt der Weltwirtschaftskrise» wird gelegentlich die Rückkehr Frankreichs zum reinen Goldstandard im Juli 1928 beschrieben. Als die französische Währung – im Unterschied zum britischen Pfund – bis 1926 deutlich unterbewertet war, war dies ein entscheidender Grund für hohe Leistungsbilanzüberschüsse. Von 1926 bis 1931 hatten sich die französischen Währungsreserven noch einmal verfünffacht, während die deutschen Reserven in der gleichen Zeit auf ein Viertel geschrumpft waren. In jener Zeit hatte Frankreich – wie die Vereinigten Staaten – Geld im Ausland vor allem kurzfristig angelegt. Im Herbst 1928 hatte Frankreich damit begonnen, seine Geldanlagen zunächst aus den Vereinigten Staaten, dann auch aus anderen Ländern abzuziehen. Diese Kreditkündigungen werden als mitentscheidend unter anderem für den Zusammenbruch der österreichischen Creditanstalt im Mai 1931 angesehen. Nur zwei Monate später folgte die Bankenkrise in Deutschland.

Protektionismus und «lange Wellen»

Währungspolitische Fehlentwicklungen sind begleitet und verstärkt worden durch einen unglaublichen Handelsprotektionismus: Zwischen 1929 und 1932 ist zum Beispiel der amerikanische Zollsatz von 39 auf 53 Prozent erhöht worden; zusätzlich haben Kontingente und Einfuhrverbote die Konkurrenz aus anderen Ländern abgeblockt. In Deutschland ist die Große Depression dadurch verschärft worden, daß die amerikanischen Banken 1929 ihre kurzfristig an das Ausland vergebenen Kredite, die dort zumeist langfristig angelegt worden waren, zurückgerufen haben. Einige Anhänger der «Theorie der langen Konjunkturwellen» behaupten, die Krise sei vor allem dadurch verursacht worden, daß zwei Abschwungphasen, nämlich die eines Juglar-Zyklus (sechs bis zehn Jahre) und die eines Kondratieff-Zyklus (50 bis 60 Jahre) zusammengefallen seien. Solche Tiefpunkte hatte der russische Wirtschaftsforscher NIKOLAI D. KONDRATIEFF für 1823, 1873 und 1929 ausgemacht. Der amerikanische Nationalökonom und Diplomat JOHN KENNETH GALBRAITH nennt als Ursache für die Krise für die Vereinigten Staaten die exzessive Börsenspekulation, eine «disproportionale Einkommensverteilung», eine ungünstige Gesellschaftsstruktur (dubioses Management), Labilität des Bankwesens, den desolaten Zustand der Außenhandelsbilanz sowie ein unterentwickeltes wirtschaftliches Informationswesen.

Politische Gründe

Nach dem spektakulären Wahlerfolg der Nationalsozialisten bei den Wahlen zum Reichstag im Herbst 1930 sind – weitere – Auslandsgelder in großem Umfang gekündigt worden. Als die zweitgrößte deutsche Bank, die Darmstädter und Nationalbank (Danat-Bank), am 10. Juli 1931 ihre Zahlungen einstellen mußte, hat das im gesamten Reichsgebiet eine ungeheure Panik ausgelöst. Der Zusammenbruch von großen und vielen kleinen Unternehmen (Norddeutsche Wollkämmerei, Frankfurter Versicherung) verschärfte die Bankenkrise. Am 13. Juli 1931 mußten durch Brüningsche Notverordnung die Schalter geschlossen werden.

Fazit:

Im Unterschied zu den dreißiger Jahren sind heute die Erkenntnisse über eine Anti-Deflationspolitik besser; es gibt ein internationales Krisenmanagement. Ein entscheidender Vorteil ist das Währungssystem mit – außerhalb des Europäischen Währungssystems (EWS) – zumeist flexiblen Wechselkursen; es erlaubt prinzipiell eine autonome nationale Finanz- und Konjunkturpolitik. Die öffentlichen Ausgaben haben heute einen Anteil von rund 50 Prozent am Sozialprodukt. Der Staat kann, soweit er nicht überschuldet ist, zusätzliche Investitionshaushalte verabschieden. Hinzu kommt: Das Netz der sozialen Absicherung, zum Beispiel gegen die Arbeitslosigkeit, ist unvergleichbar besser als am Beginn der Großen Krise.

Trotz mancher neuer Belastungen spricht also vieles dafür, daß eine Wiederholung der Ereignisse am Ende der zwanziger und zu Beginn der dreißiger Jahre unwahrscheinlicher geworden ist. Dennoch gibt es nach wie vor ernstzunehmende Risiken wie die zeitweise erratische Dollarkurs-Entwicklung, die anhaltend hohen Haushalts- und Zahlungsbilanzdefizite vor allem in den Vereinigten Staaten, die zunehmende Verschuldung in den Entwicklungsländern sowie den immer weiter um sich greifenden Handelsprotektionismus. Nicht zu vergessen ist das weitgehend unkontrollierte, inzwischen sehr hohe Finanzvolumen besonders an den Euromärkten. Wenn zu alledem weitere Ereignisse – wie zum Beispiel eine schwerwiegende Börsenschwäche – hinzutreten, dann kann es trotz aller «Errungenschaften» der Wirtschaftspolitik (immer noch) zu unkontrollierbaren Kettenreaktionen kommen.

3.7 Indexklauseln – helfen sie gegen die Inflation?

Einige deutsche Professoren haben schon am Beginn der siebziger Jahre – damals gab es in der Bundesrepublik Inflationsraten zwischen 5 und fast 7 Prozent – gefordert, die Folgen des Geldwertschwundes durch Einführung von sogenannten Indexklauseln auszugleichen. So hat damals der Präsident des Kieler Instituts für Weltwirtschaft, HERBERT GIERSCH, «19 Thesen» vorgelegt, nach denen solche Klauseln geeignet seien, eine Stabilisierungskrise zu vermeiden und mehr Geldwertstabilität zu erreichen. Für Preis- und Einkommensforderungen, sagte GIERSCH, dürfe nicht die Teuerung der Vergangenheit maßgebend sein, «sondern nur jene niedrigeren Inflationsraten der Zukunft, die die Geldpolitik zulassen wird». Seien nämlich Indexklauseln verboten und nicht in Gebrauch, dann bestehe eine starke Neigung, die bisherigen Inflationsraten in die neuen Tarifverträge zu übernehmen. Wären dagegen Indexlöhne zulässig und üblich, könne die Inflationsrate gedrückt werden, ohne daß sich unbeabsichtigte Reallohnsteigerungen ergäben, die einen Beschäftigungseinbruch brächten. Allerdings räumt GIERSCH ein: «Sind viele Verträge mit Indexklauseln in Kraft, so kann es bei laxer Geldpolitik durchaus zu stärkeren Preissteigerungen kommen.»

Prinzip des Nominalismus

Für den Sparer wäre ein Verfahren mit Indexklauseln in der Praxis wie folgt denkbar: Immer wenn die Verbraucherpreise in einem bestimmten Ausmaß stiegen, zum Beispiel um 5 Prozent und mehr, dann erhöhte sich auch der Nominalwert des Sparguthabens um diesen Satz. Zwar wäre ein Sparer immer noch durch die zeitlich verzögerte Anpassung benachteiligt, jedoch stünde er offenbar erheblich besser da als ohne jeden Schutz. Nach dem Währungsgesetz von 1948 ist indessen das Prinzip des Nominalismus in der Bundesrepublik verbindlich. Die Höhe einer festgesetzten Zahlungspflicht ändere sich danach nicht, wenn der Preis von Gütern und Leistungen steigt oder sinkt. Für Geldschulden oder -forderungen ist der Nennwert und nicht die Kaufkraft des Geldes maßgebend. Nach den Beschlüssen des Zentralbankrates (Abschnitt 2.2) genehmigt die Deutsche Bundesbank Indexklauseln nur in Ausnahmefällen, zum Beispiel für langfristige Miet- oder Pachtverträge oder wenn bei Grundstückskäufen dem Verkäufer eine lebenslange Rente gezahlt wird.

Die restriktive Haltung der Bundesbank beruht in erster Linie auf der Überzeugung, daß mit Indexklauseln die Inflation noch weiter angeheizt werde. Zur Begründung wird vor allem auf die negativen Erfahrungen im Ausland hingewiesen: In zahlreichen europäischen und außereuropäischen Ländern (unter anderem Frankreich, Niederlande, Italien, Belgien, Luxemburg, Schweiz, Norwegen, Dänemark, Finnland, Irland, Island) hätten sich Indexklauseln – neben Spareinlagen sind dort zumeist auch Mieten, Pachten, Steuern, Sozialrenten, Honorare, Hypotheken, Agrarpreise, Löhne und Gehälter indexiert worden – eindeutig als «Schwungrad der Inflation» erwiesen.

«Schwungrad der Inflation»

Zu diesem Urteil ist das Münchener Ifo-Institut bereits Anfang der siebziger Jahre gekommen. Zwar ist danach die Lohn-Preis-Indexbindung nicht die eigentliche Ursache der Inflation; sie leiste jedoch der Verstetigung und Beschleunigung des inneren Kaufkraftverfalls selbst dann noch Vorschub, wenn die Wirtschaftspolitik bereits massiv gegenzusteuern versuche. Das Ifo-Institut hat nachgewiesen, daß Lohn-Preis-Indexbindungen die staatliche Fiskal- und Konjunkturpolitik aushöhlten: Erhöhe eine Regierung zum Beispiel die Steuern, um die Nachfrage zu dämpfen, so führe das über die Indexautomatik sofort zu einem neuen Einkommensstoß und damit zu einem Ausgleich der gerade abgeschöpften Kaufkraft. Die staatliche Wirtschaftspolitik, meint Ifo, begebe sich damit aus ihrer Autonomie; sie degeneriere in der Regel zur reinen «Index-Kosmetik»: Um den Index stabil zu halten, würden neue Subventionen verstreut, die Preise gestoppt und kontrolliert. Riskiert werde mit solchen Experimenten nicht zuletzt eine rasche Aushöhlung der

Marktwirtschaft. Wenn zum Beispiel Spareinlagen über den Preisindex für die Lebenshaltung wertgesichert würden, hätten offenbar zunächst die Banken diese Kosten zu tragen. Die naheliegende Konsequenz wäre, daß diese ihre Kredite und Sollzinsen an einen Index bänden. Die Folge höherer Kreditkosten wären verteuerte Investitionen, was vermutlich – außer zur Investitionszurückhaltung – zu Preisüberwälzungsversuchen führte. Betroffen wären jetzt auch die Hypothekarschuldner. Diese würden dann bestrebt sein, ihre «Inflationskosten» über indexgesicherte Mieten hereinzuholen.

Bevor die Mehrzahl der Bürger solche automatischen Mieterhöhungen hinzunehmen hätte, wären aller Erfahrung nach bereits Löhne und Gehälter an einen Index gekettet worden. Diese Kosten wiederum hätten die Unternehmen – außer indexbedingt steigenden Kredit- und Investitionskosten – zu tragen. Die Preise stiegen abermals, Löhne, Gehälter, Mieten, Pachten, Spareinlagen würden angepaßt – jede Runde triebe den Teuerungsprozeß weiter nach oben. In der Praxis sind, gleichsam als letzter Ausweg, Indexklauseln schließlich in Österreich (1919), in den Vereinigten Staaten (1943), in Australien (1953), in Frankreich (1958) und in Finnland (1968) abgeschafft und verboten – wenngleich danach verschiedentlich wieder eingeführt – worden.

Das Beispiel Finnland

Um den drohenden Staatsbankrott abzuwenden, hat das finnische Experiment nach 1945 mehrfach abgebrochen und untersagt werden müssen. Obwohl ein solches Verbot der Indexklauseln jeweils mit einer Phase relativer Stabilität belohnt worden ist, sind die Finnen dennoch wiederholt zur Indexierung zurückgekehrt. Indexiert worden ist in Finnland nach dem Zweiten Weltkrieg so gut wie alles: Löhne und Gehälter, Mieten, Pachten, Zinsen, Kredite, Anleihen, Spareinlagen, Sozialrenten, Verträge in der Baubranche; selbst Produktionsprämien für die Zuckerfabriken hatte die Regierung an einen Index gebunden. Die ganze Volkswirtschaft war ein einziges «Rechenbüro» geworden: Jede Preiserhöhung löste über die Indexautomatik eine neue Teuerungswelle aus.

Fazit:

Außer der Erfahrung einer inflationsfördernden Wirkung haben die Experimente mit Indexklauseln vor allem in Finnland drei wichtige weitere Erkenntnisse gebracht: Es sind alle diejenigen widerlegt worden, die sich von geldwertgesicherten Anlagen einen Anstieg der Sparneigung und damit höhere Wachstumsraten versprachen. Auch haben Indexklauseln Sozialkonflikte weder verhindern noch mildern können; die harten und langen Streiks sind ein Hinweis darauf. Warnen sollte das finnische Beispiel auch vor der Annahme, daß mit Indexklauseln dirigistische Eingriffe vermieden werden könnten: Der «Index-Fetischismus» hat Lohn- und Preiskontrollen geradezu herausgefordert.

Kapitel 4
STATISTIK

4.1 Das Sozialprodukt – eine Meßlatte für den wirtschaftlichen Fortschritt

Das «Bruttosozialprodukt» ist die wichtigste Meßlatte für den wirtschaftlichen Fortschritt, in bestimmter Abgrenzung gleichzeitig für den Wohlstand der Bürger eines Landes. Die gesamtwirtschaftliche Leistung ist in der Bundesrepublik 1988 gut zwanzigmal so hoch gewesen wie am Beginn der fünfziger Jahre. Werden die Preissteigerungen abgezogen, verbleibt immer noch ein Anstieg auf gut das Fünffache. Die «Volkswirtschaftliche Gesamtrechnung» gibt einen Überblick über Entstehung, Verwendung und Verteilung des Sozialprodukts. Das Statistische Bundesamt hat das Bruttosozialprodukt definiert mit der «Summe aller im Laufe eines Jahres produzierten verbrauchs- und investitionsreifen Güter und Leistungen». Es ist der umfassendste Ausdruck für die wirtschaftliche Leistung eines Landes. In Verbindung mit der Bevölkerungszahl ergibt es einen Maßstab für die Entwicklung von Lebensstandard und Wohlstand.

Das Bruttoinlandsprodukt

Ausgangspunkt ist das Ergebnis der gesamten Wertschöpfung im Inland, das Bruttoinlandsprodukt (Tabelle 4.1). Es ergibt sich aus der Addition der Beiträge der inländischen Wirtschaftssubjekte. Addiert werden die Beiträge der Unternehmen in Industrie, Landwirtschaft, Handel, Verkehr sowie des Dienstleistungsbereichs. Dazu kommen die Leistungen des Staates, der privaten Haushalte

+/–	Bruttoinlandsprodukt Saldo der Erwerbs- und Vermögenseinkommen zwischen Inländern und der übrigen Welt
= –	Bruttosozialprodukt zu Marktpreisen Abschreibungen
= – +	Nettosozialprodukt zu Marktpreisen indirekte Steuern Subventionen
=	Nettosozialprodukt zu Faktorkosten (Volkseinkommen)

Tabelle 4.1 Sozialprodukt und Volkseinkommen

ohne Erwerbscharakter (Tabelle 4.2). In einer offenen und in die Weltwirtschaft integrierten Volkswirtschaft ist dieses Ergebnis um jenen Posten zu ergänzen, der die wirtschaftlichen Beziehungen zum Ausland widerspiegelt: Inländer beziehen Einkommen aus dem Ausland, Ausländer beziehen Einkommen aus dem Inland. Da dieser Saldo sowohl positiv als auch negativ sein kann, ist das daraus über das Bruttoinlandsprodukt abgeleitete Bruttosozialprodukt zu Marktpreisen entweder größer oder kleiner als das Bruttoinlandsprodukt. Hiervon ziehen die Statistiker die Abschreibungen, das ist der Verschleiß für technisches und wirtschaftliches Veralten von Anlagegütern, ab und erhalten so das Nettosozialprodukt zu Marktpreisen. Die Notwendigkeit der Berechnung eines Nettosozialprodukts zu Faktorkosten ergibt sich aus der Existenz von Kostensteuern und Subventionen. Werden die Subventionen zum Nettosozialprodukt zu Marktpreisen addiert, die indirekten

Bereiche	1950[2])	1960	1970	1980	1988
Land- und Forstwirtschaft	9,1	3,6	2,6	2,1	2,1
Produzierendes Gewerbe	44,5	46,8	48,3	44,4	39,6
Handel und Verkehr	20,7	15,2	15,6	15,9	15,7
Dienstleistungen[3])	12,3	19,8	19,9	23,5	26,3
Staat, private Haushalte	13,6	14,6	13,6	14,1	13,3

[1]) In Preisen von 1980. [2]) In Preisen von 1962. [3]) Banken, Versicherungen, sonstige Dienstleistungen.

Tabelle 4.2 Wachstum und Strukturwandel – Reales Bruttoinlandsprodukt; Anteile in Prozent[1])

Steuern (zum Beispiel Umsatzsteuer, Kapitalverkehrssteuer, Wechsel-, Vergnügungs-, Getränkesteuer) subtrahiert, dann verbleibt das Nettosozialprodukt zu Faktorkosten. Dieses ist identisch mit dem Volkseinkommen. Es ist die Summe aller individuellen, im Produktionsprozeß der Verkehrswirtschaft erworbenen Geldeinkommen. Dazu werden Löhne, Gehälter, Zinsen, Mieten und Gewinne gerechnet.

Das Volkseinkommen

Das Volkseinkommen besteht aus dem Bruttoeinkommen aus unselbständiger Arbeit (Kontrakteinkommen) und dem Bruttoeinkommen aus Unternehmertätigkeit und Vermögen (Tabelle 4.3). Die Bruttoeinkommen aus unselbständiger Arbeit sind definiert mit der volkswirtschaftlichen Bruttolohn- und -gehaltssumme, erweitert um die Arbeitgeberbeiträge zur Sozialversicherung und zusätzliche Sozialaufwendungen der Arbeitgeber. Demgegenüber setzt sich das Bruttoeinkommen aus Unternehmertätigkeit und Vermögen zusammen aus den unternehmerischen Einkommen der privaten Haushalte sowie aus dem Unternehmereinkommen des Staates. Erfaßt werden hier sowohl die Gewinne, Nettozinsen, -mieten, -pachten als auch die nicht ausgeschütteten Gewinne der Unternehmen mit eigener Rechtspersönlichkeit.

Das Einkommen aus Unternehmertätigkeit und Vermögen wird zum größten Teil als Gewinn von den privaten Unternehmen erwirtschaftet. Für den Fall, daß die Einkommen auf Personen bezogen werden, müssen nicht unwesentliche Bestandteile Arbeitnehmern, Rentnern und Pensionären zugerechnet werden. Dieser auf Arbeitnehmer entfallende Anteil an dem Block «Bruttoeinkommen aus Unternehmertätigkeit und Vermögen» setzt sich zunächst zusammen aus jenen freiwilligen Sozialleistungen der Unternehmen, die aus Mangel an Unterlagen nicht den Bruttoeinkommen aus unselbständiger Arbeit zugerechnet werden können. Hinzu kommen die Einkommen aus der Wohnungsvermietung, soweit die Hauseigentümer Arbeitnehmer, Rentner und Pensionäre sind. Ferner sind den Arbeitnehmern aus diesem Block der Unternehmereinkommen Einkünfte aus ihrem Kapitalvermögen, zum Beispiel als

Zinsen und Dividenden, zuzurechnen, schließlich Nebeneinkünfte von Arbeitnehmern und Rentnern aus unternehmerischer Tätigkeit.

Einkommensarten	1960	1970	1980	1988
	(Anteile in Prozent)			
Bruttoeinkommen aus				
1. unselbständiger Arbeit	60,1	68,0	73,5	67,7
2. Unternehmertätigkeit und Vermögen	39,9	32,0	26,5	32,3
Volkseinkommen Mrd. DM	240	530	1149	1658

Quelle: Statistisches Bundesamt.

Tabelle 4.3 Verteilung des Sozialprodukts – Volkseinkommen zu laufenden Preisen

Wie Tabelle 4.3 zeigt, ist der Anteil der Arbeitnehmer am Volkseinkommen bis zum Anfang der achtziger Jahre nahezu ständig gestiegen. Dieser Anstieg der «Lohnquote» ist jedoch nicht ausschließlich durch einen überproportionalen Zuwachs der Arbeitnehmereinkommen verursacht worden. Nach Kriegsende ist nämlich in der deutschen Wirtschaft der Anteil der unselbständig Erwerbstätigen an der Gesamtzahl der Beschäftigten ständig gewachsen, demgegenüber ist der Anteil der Selbständigen zurückgegangen (Tabelle 4.5). Das erklärt zu einem gewichtigen Teil, warum der den Arbeitnehmern zufließende Teil des Volkseinkommens, der in der Statistik als Block ausgewiesen wird, zu Lasten des Anteils der Unternehmereinkommen («Gewinnquote») bis zum Anfang der achtziger Jahre zugenommen hat. Eine weitere Ursache sind die relativ kräftigen Lohn- und Gehaltssteigerungen in dieser Zeit gewesen.

Jahr	Gesamt[1])	Abhängige[2])		Selbständige[3])	
	1000	1000	%	1000	%
1950	21 228	13 963	65,8	7265	34,2
1960	26 247	20 257	77,2	5990	22,8
1970	26 668	22 246	83,4	4422	16,6
1980	26 328	23 009	87,3	3319	12,7
1988	26 034	22 801	87,6	3233	12,4

[1]) Jahresdurchschnitte. [2]) Arbeitnehmer. [3]) einschließlich mithelfende Familienangehörige.
Quelle: Statistisches Bundesamt.

Tabelle 4.5 Entwicklung der Erwerbstätigkeit

Bestands- und Strömungsrechnung

Das Sozialprodukt ist Bestands- und Strömungsrechnung zugleich. Als Bestandsnachweis vermittelt es einen Überblick über die Höhe, den Wert und die Struktur der wirtschaftlichen Leistungen. Wichtiger jedoch ist der zeitliche Vergleich von Jahr zu Jahr oder über längere Zeitperioden, der Aussagen über die Entwicklung einer Volkswirtschaft ermöglicht. Die volkswirtschaftliche Gesamtrechnung gibt einen Überblick darüber, wie das Sozialprodukt entsteht, wie es verwendet und verteilt wird. Sie ist inzwischen zu einer wichtigen Voraussetzung für gesamtwirtschaftliche Projektionen, zu einem unentbehrlichen Instrument für die Wirtschaftsbeobachtung, damit zu einem gesuchten Hilfsmittel der Konjunktur- und Wachstumspolitik geworden. In steigendem Maße findet sie Verwendung auch für die Strukturpolitik einzelner Wirtschaftsbereiche und Regionen, für die Einkommens- und Sozialpolitik, für die Finanzpolitik, die Geld-, Kredit-, Zahlungsbilanz- und Regionalpolitik.

Ein geschlossenes Kontensystem

Um das System übersichtlich zu gestalten, wird die Vielzahl der Wirtschaftseinheiten und ihrer Tätigkeiten zu großen Gruppen zusammengefaßt. Die Ergebnisse werden in Form eines geschlossenen Kontensystems mit doppelter Verbuchung aller nachgewiesenen Vorgänge in einer Reihe von Tabellen dargestellt. Als kleinste Darstellungseinheit haben die Statistiker für ihr Kontensystem Institutionen ausgewählt, die entweder selbst bilanzieren (Unternehmen) oder aber eine eigene Einkommens- und Vermögensrechnung haben, wie unter anderem Gebietskörperschaften, Kirchen und private Haushalte.

In seinem Kern besteht das Kontensystem des Statistischen Bundesamtes aus vier Bereichen: den Unternehmen (Produktionsunternehmen, Banken und Versicherungen), dem Staat (Gebietskörperschaften und Sozialversicherung), den privaten Haushalten (private Haushalte im engeren Sinne und private Organisationen ohne Erwerbscharakter) und schließlich dem Bereich «Ausland», auf dessen Konto alle Transaktionen sämtlicher Bereiche mit der «übrigen Welt» registriert werden.

Wertschöpfung der Unternehmen

Als Unternehmen werden alle jene Institutionen erfaßt, die überwiegend Waren und Dienstleistungen produzieren oder verteilen und diese gegen ein Entgelt, das mindestens die Kosten deckt, auf dem Markt absetzen. Dazu zählen unter anderem auch landwirtschaftliche Betriebe, Handwerksbetriebe, Ein- und Verkaufsvereinigungen, Kreditinstitute, Versicherungsunternehmen, Bundesbahn, Bundespost, die gewerbliche Wohnungsvermietung einschließlich der Nutzung von Eigentümerwohnungen. Der Produktionswert der Unternehmen wird ermittelt aus dem Wert der Verkäufe von Waren und Dienstleistungen aus eigener Produktion sowie aus Handelsware. Dazu kommen die Bestandsveränderungen an halbfertigen und fertigen Erzeugnissen sowie der Wert der selbsterstellten Anlagen. Nicht einbezogen werden alle firmeninternen Lieferungen und Leistungen sowie alle Vorleistungen.

Produktionskonto eines Unternehmens	
1. Einkäufe von Unternehmen	1. Umsatz = Verkäufe an
2. Abschreibungen	a) Unternehmen
3. indirekte Steuern	b) private Haushalte
4. Wertschöpfung	c) Staat
a) Löhne und Gehälter	d) Ausland
b) Zinsen und Mieten	2. Bruttoinvestitionen
c) Betriebsgewinn	3. Subventionen

Leistungen des Staates

Neben den Unternehmen erscheint als zweite der von den Statistikern ausgewählten «kleinsten Darstellungseinheiten» der Staat als Gesamtheit der öffentlichen Haushalte (Gebietskörperschaften und Sozialversicherung). Da die überwiegend unentgeltlichen Leistungen des Staates nicht als Marktwert ermittelt werden können, wird die Wertschöpfung hilfsweise aus der Addition der Aufwands posten errechnet: Addiert werden hier die Einkommen aus unselbständiger Arbeit, die indirekten Steuern, die Beiträge zur gesetzlichen Unfallversicherung, die Abschreibungen und Vorleistungen. Auf dem sogenannten Produktionskonto der öffentlichen Haushalte erscheinen die folgenden Posten:

Produktionskonto der öffentlichen Haushalte	
1. Vorleistungen 2. Einkäufe von Anlagen 3. Abschreibungen 4. Wertschöpfung a) Löhne und Gehälter b) Zinsen und Mieten	1. Gekaufte Anlagen (Bruttoinvestitionen) 2. Eigenverbrauch (als Saldo)

Die privaten Haushalte

Als dritte «kleinste Darstellungseinheit» werden erfaßt die privaten Haushalte und die privaten Organisationen ohne Erwerbscharakter. Dieser Block setzt sich zusammen aus Ein- und Mehrpersonenhaushalten, aus Organisationen, Verbänden, Vereinen und Instituten, deren Leistungen überwiegend den privaten Haushalten dienen und die sich im wesentlichen aus freiwilligen Zahlungen von privaten Haushalten sowie aus Vermögenserträgen finanzieren (Kirchen, kulturelle und wissenschaftliche Organisationen, politische Parteien, Gewerkschaften, Sportvereine). Ebenso wie beim Staat wird die Wertschöpfung hilfsweise aus der Addition der Aufwandsposten ermittelt. Für die privaten Haushalte im engeren Sinne (Familien, Einpersonenhaushalte) werden bisher als Wertschöpfung wegen der Schwierigkeit bei der Erfassung und Bewertung der hauswirtschaftlichen Produktionstätigkeit nur die Entgelte der häuslichen Bediensteten (Bar- und Naturalverdienste, Arbeitgeberbeiträge zur Sozialversicherung, zusätzliche Sozialaufwendungen der Arbeitgeber) gewertet und berechnet. Nicht als Produktion angesehen wurde bisher die Tätigkeit der Hausfrauen (Waschen, Kochen, Spülen, Kinderaufsicht usw.). Ferner ist im Bereich der privaten Haushalte die Vermietung von Wohnungen nicht erfaßt sowie die Nutzung von Eigentumswohnungen; die hierfür errechneten oder unterstellten Werte werden im Bereich der Produktionsunternehmen nachgewiesen.

Die Struktur der einzelnen Verwendungskomponenten hat in der Vergangenheit einerseits in einigen wichtigen Bereichen nur unwesentlich geschwankt (Tabelle 4.4). So hat der private Verbrauch seinen Anteil am Sozialprodukt zu konstanten Preisen mit etwa 56 Prozent als bedeutendste Teilgröße nahezu unverändert beibehalten. Auf der anderen Seite hat demgegenüber der Staat den Anteil für seinen Verbrauch auf rund 20 Prozent erhöht. Gefallen ist demgegenüber seit Beginn der siebziger bis etwa Mitte der achtziger Jahre der Anteil der Investitionen (Ausrüstungs- und Bauinvestitionen).

Bereiche	1950	1960	1970	1980	1988
Privater Verbrauch	56,1	55,8	56,4	56,6	55,8
Staatsverbrauch	17,2	13,8	13,0	20,1	19,8
Bruttoanlageinvestitionen	21,1	24,6	26,5	22,6	21,7
davon: Ausrüstungen	8,4	10,6	13,3	8,6	8,9
Bauten	12,7	14,0	13,2	14,0	11,8
Außenbeitrag[1])	2,8	3,1	1,5	−0,2	2,7
nachrichtl.: Export[2])	10,8	19,5	27,7	28,4	34,0
Import[2])	8,0	16,4	26,2	28,6	31,4

[1]) Ausfuhr von Waren und Dienstleistungen minus Einfuhr von Waren und Dienstleistungen.
[2]) Waren und Dienstleistungen.

Tabelle 4.4 Verwendung des Bruttosozialprodukts – in konstanten Preisen; Anteile in Prozent

Umwelt, Hausarbeit, Schattenwirtschaft

Außer Ungenauigkeiten durch Meß- und Berechnungsfehler sind wichtige Leistungen und ganze Bereiche in der Volkswirtschaft entweder nur grob geschätzt oder überhaupt nicht enthalten. Kaum oder überhaupt nicht erfaßt sind so wichtige Bereiche wie die Haushaltsproduktion (Kochen, Waschen, Spülen), die Aufwendungen für den Umweltschutz sowie die Leistungen der Schattenwirtschaft. Mit «Satelliten-Systemen» soll jetzt die amtliche Statistik verbessert werden. Solche «Systeme», teilt das Statistische Bundesamt mit, seien vor allem als Ergänzung der volkswirtschaftlichen Gesamtrechnung gedacht.

Bei den Ausgaben für den Umweltschutz scheinen sich die Statistiker (noch) nicht darüber einig zu sein, ob diese zur Wertschöpfung beitragen. Solche Ausgaben, die als ökonomische Aktivitäten in das Bruttosozialprodukt eingingen, heißt es, könnten «defensiven Charakter» haben; sie trügen dann nicht zur Wohlfahrtssteigerung bei, sondern würden lediglich eine Verminderung der Wohlfahrt verhindern. Um derartige Aufwendungen aber müsse das Sozialprodukt gekürzt werden. Bei dem jetzt geplanten «Satelliten-System» zur Umwelt-Berichterstattung geht es den Statistikern um die Belastung der Umwelt durch schädliche Nebenprodukte der Wirtschaftsaktivitäten und um die Maßnahmen, die zum Schutze der Umwelt ergriffen werden. Ein weiteres Aufgabengebiet soll sich mit jenen Schäden befassen, die bei der Bevölkerung durch die Verschlechterung der natürlichen Umwelt verursacht werden sowie mit den Folgekosten (Aufwendungen für Krankheiten, Gebäudereparaturen durch Luftverschmutzung).

Die wenigsten Informationen gibt es zur «Schattenwirtschaft». Das Statistische Bundesamt versteht darunter sowohl die Untergrundwirtschaft (Schwarzarbeit, Handel mit verbotenen Waren, Einnahmen aus nicht genehmigtem Verleih von Arbeitskräften) als auch die legale Selbstversorgungswirtschaft (Nachbarschaftshilfe, ehrenamtliche Tätigkeiten, Hausarbeit). Allein für das Ausmaß der Untergrundwirtschaft liegen Schätzungen vor, die bis zu 40 Prozent des Sozialproduktes gehen. An genaueren Angaben über das Ausmaß sowie über die Ursachen der Schattenwirtschaft ist besonders die Finanz-, Sozial- und Arbeitsmarktpolitik – wegen der damit verbundenen Einnahmeausfälle und sozialschädlichen Schwarzarbeit – interessiert.

Fazit:

Insgesamt bleiben die Berechnungen zum Sozialprodukt trotz aller (noch) vorhandenen Mängel ein unentbehrlicher Maßstab für die Beurteilung der gesamtwirtschaftlichen Entwicklung. Es gibt kein anderes vergleichbares Instrument, an dem Wirtschaftspolitiker, Unternehmer und Verbraucher so deutlich Erfolge und Fehlentwicklungen im Wirtschaftsleben ablesen können wie an den Meßzahlen des Sozialprodukts.

4.2 Der Preisindex für die Lebenshaltung

Ob die Preise relativ «maßvoll» oder schon «bedrohlich» stiegen, dafür gibt es in der Bundesrepublik eine zuverlässige Meßlatte – den Preisindex für die Lebenshaltung. Er wird monatlich vom Statistischen Bundesamt in Wiesbaden berechnet. Wie sich die Preise bestimmter Güter und Dienstleistungen im Zeitablauf verändern, das können die meisten Index-Benutzer anhand der aus Wiesbaden veröffentlichten Zahlen in der Regel ohne größere Schwierigkeiten ablesen. Demgegenüber wissen nicht alle, daß diese Zahlen – in anderer Zusammenstellung und Gewichtung – auch für räumliche Preisvergleiche die Grundlage bilden. Werden zum Beispiel Informationen darüber benötigt, wie hoch der vergleichbare Aufwand von Bundesbürgern (bei gleichem Einkommen und Lebensstandard) bei einem vorübergehenden Aufenthalt im Ausland ist, dann können dafür die Verbrauchergeldparitäten oder die Reisegeldparitäten zu Rate gezogen werden.

Warum keine absoluten Preise?

Auch erfahrene «Index-Kunden» fragen, warum die Statistik mit Index-Werten arbeite und warum zu dem jeweiligen Index stets ein sogenanntes Basisjahr (Index-Stand gleich 100) genannt werde. Es sei doch offensichtlich weitaus anschaulicher, die Fülle der absoluten Preise oder eine repräsentative Auswahl zu veröffentlichen, die dann im Zeitablauf miteinander verglichen werden könnten. Für eine solche Beobachtung sei dann sicherlich auch die Angabe eines Basisjahres überflüssig. Hier liegt eines der häufigsten Mißverständnisse. Die Antwort des Statistikers wird stets sein: Ein solches «Rohmaterial» allein könne keine korrekte Preis-Statistik sein.

Als Beispiel könnten die Statistiker bestimmte Kraftfahrzeugtypen anführen. Die meisten sind im Zeitablauf nicht nur teurer, sondern vor allem auch besser geworden. Soweit indessen «Preiserhöhungen» auf Qualitätsverbesserungen zurückgehen, haben sich die betreffenden Wagen im eigentlichen Sinne nicht verteuert. Um diese vergleichsstörenden Momente auszuschalten, haben die Fachleute in Wiesbaden ein besonderes Rechenverfahren, mit dem sie die absoluten Preisangaben zu Meßzahlen umrechnen. Diese sind dann bereits die Vorstufe zum Index. Dieser kann seinen Zweck nur dann erfüllen, wenn alle in ihm enthaltenen Waren und Dienstleistungen über die Zeit ausnahmslos sowohl in der Art, in der Menge als auch in der Qualität konstant gehalten werden. Dazu sucht sich der Statistiker ein passendes Basisjahr. Dieses sollte möglichst ein Jahr aus einer aufsteigenden Entwicklungsreihe sein, in dem die Gesamtbewegung relativ ruhig verlaufen ist. Das Basisjahr muß zudem abgestimmt werden mit anderen Zeitreihen, wie zum Beispiel Produktion und Auftragseingang.

Wie der Index-Haushalt entsteht

Da die Bevölkerungsgruppen in ihren sozioökonomischen Voraussetzungen unterschiedlich strukturiert sind, können verschiedene Indizes zusammengestellt werden. Dazu ist es erforderlich, die typischen Verbrauchsausgaben – für das betreffende Basisjahr – zu ermitteln. Anhaltspunkte hierfür gewinnt das Statistische Bundesamt zum Beispiel über die – in größeren Zeitabständen vorgenommenen – Einkommens- und Verbrauchsstichproben sowie über regelmäßige Aufzeichnungen in den Haushaltsbüchern von bestimmten, repräsentativen Haushalten. Auf diese Art und Weise erhalten die Statistiker die genauen Angaben zum Beispiel für die gegenwärtig berechneten und veröffentlichten Indizes: Für einen Vierpersonen-Arbeitnehmerhaushalt mit mittlerem Einkommen des alleinverdienenden Haushaltsvorstandes, für den Vierpersonen-Haushalt von Angestellten und Beamten mit höherem Einkommen, für den Zweipersonen-Haushalt von Renten- und Sozialhilfeempfängern. Als Durchschnitt aller in der Volkswirtschaft lebenden Haushaltstypen wird der heute am meisten beachtete Index aller privaten Haushalte berechnet.

Auf die Ausgabenstruktur kommt es an

Der Vergleich der Ausgabenstruktur der einzelnen Haushaltstypen vermittelt bereits wesentliche Erkenntnisse. Je höher die jeweiligen

Gesamtausgaben sind – sie sind von der Einkommenshöhe abhängig –, um so geringer fällt der relative Anteil der Aufwendungen für Nahrungs- und Genußmittel aus (siehe Tabelle 4.6). Vergleichsweise höhere Ausgaben haben besser verdienende Haushalte demgegenüber in den Bereichen Verkehr, Nachrichtenübermittlung, Bildung, Erholung, Unterhaltung und Wohnungsnutzung.

Hauptgruppen	1962 = 100	1970 = 100	1976 = 100	1980 = 100
	– Anteile in Promille[2]) –			
Nahrungs- und Genußmittel	399	333	267	249
Kleidung, Schuhe	120	101	88	82
Wohnungsmiete	110	126	133	148
Elektrizität, Gas, Brennstoffe, davon:	41	46	49	65
– Strom	12	19	26	25
– leichtes Heizöl	4	9	13	18
übrige Waren u. Dienstleistungen[3])	117	114	100	94
Waren u. Dienstleistungen für Verkehrszwecke und Nachrichtenübermittlung	78	105	147	143
davon: Kraftstoffe	14	20	27	34
Körper- u. Gesundheitspflege	34	40	43	41
Bildung, Unterhaltung, Freizeit	64	61	78	85
Persönliche Ausstattung	38	74	94	94
Gesamtausgaben in DM	740	1294	2326	2665

[1]) Alle privaten Haushalte. [2]) Angaben gerundet. [3]) Möbel, Heiz- und Kochgeräte, Haushaltsmaschinen, Küchengeräte, Elektroartikel, Tapeten, Reinigungsmittel.
Quelle: Statistisches Bundesamt.

Tabelle 4.6 Preisindex für die Lebenshaltung[1]) – Entwicklung der Ausgabenstruktur

Für alle in diesen – zum Teil tief untergliederten – Untergruppen ermittelten Waren und Dienstleistungen («Preisrepräsentanten») halten die Statistiker die jeweiligen Preise im Basisjahr (Index-Stand gleich 100) fest. Von nun an werden für jede Berichtsperiode stets die gleichen Güter und Dienstleistungen in gleicher Menge und Qualität beobachtet. Die reine Preisveränderung wird durch die Preismeßziffer ausgewiesen. Diese Preismeßzahlen werden mit dem jeweiligen Anteil der betreffenden Verbrauchsausgaben gewichtet;

der gewogene Durchschnitt ergibt den Preisindex für die Lebenshaltung. Das Ergebnis ist jetzt nicht nur im Verhältnis zum Basisjahr, sondern auch mit jedem anderen Punkt der Zeitreihe vergleichbar. Steht der Index im Berichtsjahr zum Beispiel auf 148,2 (1962 = 100), so kann die Differenz zu einem Vergleichsjahr (Index-Stand: 137,9) entweder in Punkten oder in Prozent gemessen werden. Die erste Differenz ergäbe 10,3 Punkte, der zweite Abstand nach der Formel

$$\frac{\text{neuer Indexstand}}{\text{alter Indexstand}} \times 100 - 100$$

7,5 Prozent. Je nach der Wahl des Basisjahres würde die Punktedifferenz verschieden ausfallen. Um zu einem eindeutigen Ergebnis zu kommen, hält man sich aus diesem Grunde eher an den – in jedem Falle gleichbleibenden – Prozentausweis. Nach der Laspeyres-Formel lautet die Aussage beim Prozent-Ausweis: Für das Gütersortiment des Vergleichsjahres müßte im Berichtsjahr 7,5 Prozent mehr bezahlt werden.

Die Veränderung der Kaufkraft des Geldes ergibt sich als Reziprok des Preisniveaus. Sie wird errechnet nach der Formel

$$\frac{\text{alter Indexstand}}{\text{neuer Indexstand}} \times 100 - 100$$

Die Kaufkraft des Geldes in der Hand dieser Konsumentengruppe wäre mithin um 7,0 Prozent gefallen.

Die Teuerung trifft nicht alle gleich

Die einzelnen Bevölkerungsgruppen werden – je nach der Ausgabenstruktur – von der Geldentwertung unterschiedlich betroffen. Allgemein können mit höherem Einkommen mehr und qualitativ bessere Waren eingekauft werden. Haushalte mit höherem Lebensstandard können auf die Erzeugnisse und Waren ausweichen, die sich weniger stark verteuern; denn sie haben einen wesentlich geringeren Teil ihres Gesamtbudgets für den sogenannten Grundbedarf (Nahrungsmittel, Wohnung, Kleidung, Heizung, Beleuchtung) aufzuwenden. Steigen zum Beispiel die Preise für Nahrungsmittel in einem Jahr besonders stark, dann sind von dieser Teuerung die Haushalte besonders hart betroffen, in deren Budget diese Ausgabearten mit relativ höheren Gewichten («Wägungszahlen») vertreten sind. In der Praxis hat sich bisher herausgestellt, daß die Unterschiede im Indexanstieg eines Vierpersonen-Arbeitnehmerhaushalts zur Teuerung im Index aller privaten Haushalte nicht allzu groß sind. Allerdings können die Differenzen zwischen einem Haushalt mit höherem Einkommen und einem Haushalt von Renten- und Sozialhilfeempfängern recht beachtlich sein.

Der Index muß modern bleiben

Mit steigendem Einkommen kauft jeder Haushalt mehr, bessere und neuere Waren und Dienstleistungen. Die absolute Ausgabensumme erhöht sich beträchtlich stärker, als dies von den reinen Preisveränderungen angezeigt wird. Jeder Haushalt wendet sich im Laufe der Zeit Gütern und Leistungen zu, die sich – wenn sich diese schon nicht verbilligen – zumindest weniger stark verteuern. Diese Erzeugnisse sind dann aber im Index entweder gar nicht oder nur mit einem zu geringen Gewicht vertreten. Hier liegt der Hauptgrund dafür, daß ein solcher nach LASPEYRES errechneter Preisindex mit einem konstanten Wägungsschema mit wachsender zeitlicher Entfernung vom Basisjahr die tatsächliche Entwicklung nicht mehr zutreffend zeichnet, dabei mit einer Tendenz zur Indexübertreibung. Um den Abstand zur Wirklichkeit nicht zu groß werden zu lassen, müssen daher in gewissen Zeitabständen – die Häufigkeit hängt vom Wandel der tatsächlichen Verbrauchsstruktur ab – Anpassungen vorgenommen werden: Der Index wird auf ein neues Basisjahr umgestellt.

Der neue Index hat damit den Vorzug der Wirklichkeitsnähe. Da der Warenkorb jedoch nunmehr auf die aktuellen Verbrauchsverhältnisse modernisiert ist, leidet wiederum der Vergleich zur Vergangenheit. Die Statistiker helfen sich damit, daß sie den neuen Index für eine gewisse Zeit in die Vergangenheit «zurückrechnen». Das geht – wegen der Verbrauchsstruktur – nur bis zu einem gewissen Zeitpunkt. Von da an wird der neue Index mit der alten Zeitreihe «verkettet».

Fazit:

Es ist nicht zu erwarten, daß ein so umfassendes Rechenwerk ohne Erhebungs- und Meßfehler arbeiten kann. Dennoch halten sich diese bei der deutschen Statistik im allgemeinen in jenen Grenzen, die die Zuverlässigkeit nicht in Frage stellen. Breite und Tiefe der Übersichten seien einzigartig in Europa, lobt zum Beispiel der Sachverständigenrat. Viel wichtiger jedoch ist, daß die deutsche Statistik unabhängig nicht nur von Interessentenwünschen, sondern auch von Einflußnahme der Regierung ist.

4.3 Die Kaufkraft der Währungen – Entwicklung von 1950 bis 1988

Stabilitäts-«Primus» unter den Industrieländern ist die Bundesrepublik Deutschland. Das ergibt eine vergleichende Analyse der Verbraucherpreis- und Kaufkraftentwicklung seit Beginn der fünfziger Jahre bis 1988 in den wichtigsten europäischen Ländern, in den Vereinigten Staaten und Japan. Außer der Bundesrepublik haben ferner die Schweiz, Belgien, die Vereinigten Staaten sowie auch Österreich beachtenswert abgeschnitten.

Wie die Tabellen 4.7 und 4.8 zeigen, hat sich das Verbraucherpreisniveau, repräsentiert durch den Preisindex für die Lebenshaltung (Abschnitt 4.2), zum Beispiel in der Bundesrepublik von 1950 bis 1988 etwas mehr als verdreifacht. Das heißt, die Preise sind im Jahresdurchschnitt mit einer Rate von 3 Prozent gestiegen. Für die Binnenkaufkraft der D-Mark (Kehrwert des Preisniveaus; vergleiche Teil A, Abschnitt 4.2) bedeutet das, daß ihr Wert in dieser Zeit auf knapp ein Drittel des Ausgangsstandes geschrumpft ist. Mit anderen Worten: Die Mark des Jahres 1950 hat 38 Jahre später nur noch eine Kaufkraft von 32 Pfennigen gehabt. Das ist – im internationalen Vergleich – ein «sehr gutes Ergebnis» gewesen.

Länder	Index 1950 = 100			
	1960	1970	1980	1988
Bundesrepublik Deutschland	83	64	39	32
Schweiz	87	63	39	30
Belgien	82	61	30	21
Vereinigte Staaten	81	62	29	20
Niederlande	74	49	24	19
Österreich	60	42	23	17
Japan	68	39	16	14
Schweden	64	43	18	10
Dänemark	73	41	16	10
Norwegen	64	41	19	10
Frankreich	58	39	16	9
Großbritannien	72	48	13	8
Italien	74	51	14	6
Spanien	60	33	8	4
Griechenland	57	46	12	3
Portugal	87	58	11	3

[1]) Binnenkraft. Errechnet als Reziprok des Verbraucherpreisniveaus.
Quelle: Internationaler Währungsfonds; eigene Berechnungen.

Tabelle 4.7 Kaufkraft der Währungen[1])

Was die Inflation angerichtet hat

Gewiß trifft es zu, daß die Bevölkerung in den Entwicklungs- und wohl auch in den Schwellenländern in der Regel noch viel stärkere Preissteigerungen hat hinnehmen müssen. Das gilt zum Beispiel in Lateinamerika vor allem für Länder wie Bolivien, Brasilien und Argentinien. Es gibt aber andererseits besonders unter den Schwellenländern, also in jenen Ländern, die sich in einer Übergangsphase vom Entwicklungs- zum Industriestaat befinden, bemerkenswerte Ausnahmen. Dazu gehört der Stadtstaat Singapur, dessen Bevölkerung einen beachtlichen Lebensstandard nicht nur wegen überdurchschnittlichen Wachstums (Abschnitt 3.5), sondern auch wegen mäßiger Preissteigerungen erreicht hat.

Am ungünstigsten in Portugal und Griechenland

Der hier vorgelegte Vergleich zwischen den Industrieländern zeigt, daß die Binnenkaufkraft (zum «Außenwert» der Währung siehe

Teil A, Abschnitt 4.4) bei den untersuchten siebzehn Ländern seit 1950 zwischen zwei Dritteln und mehr als neun Zehnteln entwertet worden ist (Tabelle 4.7). Am ungünstigsten haben Portugal, Griechenland, Spanien und Italien abgeschnitten. So ist das Verbraucherpreisniveau in Portugal im Jahre 1988 etwa 34mal so hoch gewesen wie 1950. Selbst in einem relativ weit entwickelten Industrieland wie Italien ist das Preisniveau in dieser Zeit auf das 16fache gestiegen. Für die Kaufkraft bedeutet das einen Schwund von mehr als neun Zehnteln. Im Falle Portugals hat der Geldwert von 1950 im Jahre 1988 bei weniger als 3 Prozent des Ausgangsstandes gelegen.

In der Betrachtung nach Perioden ist der Preisauftrieb in den fünfziger Jahren trotz der Korea-Krise im allgemeinen vergleichsweise mäßig geblieben. Das gilt auch für die folgende Dekade bis 1970, wenn auch hier die Preise durchweg etwas stärker als im Durchschnitt der vorangegangenen zehn Jahre angezogen haben (Tabelle 4.8). In den siebziger Jahren hat sich jedoch der Preisauftrieb dann stark beschleunigt. Allein in der Bundesrepublik hat sich der mittlere Anstieg im Vergleich zu den vorangegangenen zehn

Länder	1950/60	1960/70	1970/80	1980/88	1950/88
Bundesrep. Deutschland	1,9	2,6	5,1	2,6	3,0
Schweiz	1,4	3,3	5,0	3,4	3,2
Belgien	2,0	3,0	7,4	4,8	4,3
Vereinigte Staaten	2,1	2,8	7,8	4,6	4,3
Niederlande	3,1	4,3	7,3	2,7	4,4
Österreich	5,1	3,6	6,3	3,7	4,7
Japan	4,0	5,8	9,0	1,8	5,3
Schweden	4,7	4,0	9,2	5,9	6,2
Dänemark	3,2	5,9	9,8	6,5	6,4
Norwegen	4,6	4,5	8,4	8,5	6,5
Frankreich	5,6	4,1	9,6	7,0	6,6
Großbritannien	3,3	4,1	13,7	4,8	6,7
Italien	3,1	3,7	14,0	10,3	7,8
Spanien	5,2	6,1	15,0	9,8	9,0
Griechenland	5,8	2,3	14,3	19,4	10,4
Portugal	1,3	4,1	18,0	18,1	10,5

[1]) Verbraucherpreise. Quelle: Internationaler Währungsfonds; eigene Berechnungen.

Tabelle 4.8 Inflationsraten[1]) in den Industrieländern – Preissteigerungen im Jahresdurchschnitt in Prozent

Jahren auf über 5 Prozent verdoppelt, in Italien vervierfacht, in Griechenland versechsfacht. Zu den bis dahin virulenten Inflationskräften wie den hohen Haushaltsdefiziten des Staates, überbordenden Sozialleistungen, über den Produktivitätsfortschritt hinausgehenden Lohnsteigerungen, importierter Inflation (Teil A, Abschnitt 4.2) sind in dieser Periode vor allem die Verwerfungen aus den zwei Ölkrisen in der ersten und zweiten Hälfte der siebziger Jahre hinzugekommen. Sie haben das Kostenniveau sowie die Inflationsraten in den Industrieländern auf bisher nicht gekannte Höhen getrieben: In Frankreich zum Beispiel sind die Verbraucherpreise in dieser Phase mit einer mittleren Rate von fast 10 Prozent im Jahr, in Portugal mit 18 Prozent mehr als viermal so kräftig wie zwischen 1960 und 1970 gestiegen.

Nach diesen Exzessen hat sich das Preisklima in den achtziger Jahren in den meisten Ländern deutlich beruhigt. So ist in Japan die jahresdurchschnittliche Inflationsrate von 9 auf unter 2, in Großbritannien von fast 14 auf unter 5 Prozent gefallen. Ausnahmen sind offenbar Portugal, Griechenland und Norwegen gewesen, wo sich der Preisauftrieb im Vergleich zu den siebziger Jahren teilweise sogar noch verstärkt hat.

Fazit:

Wohlstand und Fortschritt hätten sich noch weitaus deutlicher mehren lassen, wären die Volkseinkommen nicht durch den Kaufkraftschwund in dieser Weise entwertet worden. Es kann kein «Trost» sein, daß der Kaufkraftschwund in anderen Ländern im Vergleich zu der Bundesrepublik in der Regel noch weitaus größer gewesen ist. Besonders skeptisch muß stimmen, daß sich der Preisauftrieb am Ende der achtziger Jahre wieder beschleunigt hat.

Literaturverzeichnis

[1] Deutsche Bundesbank: Sonderdruck Nr. 3 a, Internationaler Währungsfonds (IWF) und Weltbank-Gruppe, 1. Auflage, März 1988.

[2] Deutsche Bundesbank: Sonderdruck Nr. 7, Die Deutsche Bundesbank, 4. Auflage, März 1987.

[3] Deutsche Bundesbank: div. Geschäftsberichte.

[4] Deutsche Bundesbank: div. Monatsberichte.

[5] Deutsches Institut für Wirtschaftsforschung, Berlin: *Zur langfristigen Entwicklung der Bevölkerung in der Bundesrepublik.* Wochenbericht 32/33, August 1988.

[6] EMMINGER, OTMAR: *Währungspolitik im Wandel der Zeit.* Frankfurt: Fritz Knapp Verlag, 1966.

[7] EUCKEN, WALTER: *Grundlagen der Nationalökonomie.* Heidelberg: Springer Verlag, 1965.

[8] EUCKEN, WALTER: *Grundsätze der Wirtschaftspolitik.* Bern und Tübingen 1952.

[9] FETSCHER, IRING: *Karl Marx.* Handwörterbuch der Sozialwissenschaften.

[10] Frankfurter Allgemeine Zeitung: *Industrieunternehmen stellen sich dem Strukturwandel.* November 1988.

[11] Frankfurter Allgemeine Zeitung: *Bayern, Baden-Württemberg und Hessen liegen vorn; Wettlauf der Bundesländer.* 31. Oktober 1988.

[12] GAHLEN, BERNHARD: *Einführung in die Wachstumstheorie, Band 1, Makroökonomische Produktionstheorie.* Tübingen: J. C. B. Mohr (Paul Siebeck), 1973.

[13] GLISMANN/RODEMER/WOLTER: *Zur Natur der Wachstumsschwäche in der Bundesrepublik.* Kieler Diskussionsbeiträge Nr. 55, Kiel, Juni 1975.

[14] HABERLER, GOTTFRIED: *Außenhandel.* Handwörterbuch der Sozialwissenschaften, Band I, 1956.

[15] HARROD, ROY F.: *John Maynard Keynes.* Handwörterbuch der Sozialwissenschaften, Band 5, Tübingen/Göttingen 1956.

[16] HENSEL, PAUL K.: *Theorie der Zentralverwaltungswirtschaft.*

[17] HOCHSTATE/ZEPPERNICK: *Störungen des Welthandels – neuere Entwicklungen.* HWWA «Wirtschaftsdienst», Oktober 1988.

[18] HWWA-Institut für Wirtschaftsforschung-Hamburg: *Bevölkerungsentwicklung und Strukturwandel.* Hamburg: Verlag Weltarchiv, 1988.

[19] Institut für Weltwirtschaft, Kiel: *Inflationsverfahren werden größer. Welchen Kurs soll die Geldpolitik steuern?* Kieler Diskussionsbeiträge 142, September 1988.

[20] Internationaler Währungsfonds: *International Financial Statistics.* Yearbook 1988.
[21] Jöhr, Walter Adolf: *Die Konjunkturschwankungen.* Tübingen und Zürich, 1952.
[22] Kalmbach, Peter (Herausgeber): *Der neue Monetarismus.* München: Nymphenburger Verlagsbuchhandlung GmbH, 1973.
[23] Kolms, Heinz: *Finanzwissenschaft I–IV,* Sammlung Göschen. Berlin: Walter de Gruyter & Co., 1959 bis 1964.
[24] Kramer, Ulrich: *Zur Messung struktureller Arbeitslosigkeit.* HWWA-Wirtschaftsdienst, März 1979.
[25] Krelle, Wilhelm/Gabisch, W.: *Wachstumstheorie.* Berlin, Heidelberg, New York: Springer Verlag, 1972.
[26] Liebich, Ferdinand K.: *Das Gatt als Zentrum der internationalen Handelspolitik.* Baden-Baden: Nomos Verlagsgesellschaft mbH & Co., 1971.
[27] Lipfert, Helmut: *Einführung in die Währungspolitik.* München: Verlag C. H. Beck, 1964.
[28] Marx, Karl: *Das Kapital, Band I–III.* Berlin (Ost): Dietz Verlag, 1953.
[29] Obst-Hintner: *Geld-Bank-Börsenwesen.* Stuttgart: C. E. Poeschel Verlag, 37. Auflage, 1980.
[30] ORDO: *Jahrbuch für die Ordnung von Wirtschaft und Gesellschaft,* div. Jahresbände.
[31] Pöhl, Karl Otto: *Die Vision eines europäischen Währungsraumes.* Frankfurter Allgemeine Zeitung, 28. Mai 1988.
[32] Recktenwald, Horst Claus (Herausgeber): *Lebensbilder großer Nationalökonomen.* Köln und Berlin: Kiepenheuer & Witsch, 1965.
[33] Roeper, Hans: *Die D-Mark.* Frankfurt: Societäts-Verlag, 1978.
[34] Sachverständigenrat zur Begutachtung der gesamtwirtschaftlichen Entwicklung: div. Jahresgutachten und Sondergutachten.
[35] Samuelson, Paul A.: *Volkswirtschaftslehre.* Köln: Bund-Verlag, 1955.
[36] Schneider, Erich: *Einführung in die Wirtschaftstheorie, II. Teil.* 6. Auflage, Tübingen: J. C. B. Mohr (Paul Siebeck), 1960.
[37] Schneider, Erich: *Zahlungsbilanz und Wechselkurs.* Tübingen: J. C. B. Mohr (Paul Siebeck), 1968.
[38] Sohmen, Egon: *Internationale Währungsprobleme.* Frankfurt: Fritz Knapp Verlag, 1964.
[39] Statistisches Bundesamt: *Anmerkungen zur Volkswirtschaftlichen Gesamtrechnung.* Statistisches Jahrbuch 1972.
[40] Statistisches Bundesamt: *Der neue Preisindex für die Lebenshaltung.* Wirtschaft und Statistik, Heft 12, 1973.
[41] Statistisches Bundesamt: *Neuberechnung des Sozialproduktes für die Bundesrepublik Deutschland.* Wirtschaft und Statistik, Heft 3, 1957.
[42] Statistisches Bundesamt: *Volkswirtschaftliche Gesamtrechnungen, Konten und Standardtabellen,* Reihe 1, Fachserie N.
[43] Statistisches Bundesamt: div. Jahrbücher.
[44] Statistisches Bundesamt: div. Ausgaben «Wirtschaft und Statistik».
[45] Stobbe, Alfred: *Volkswirtschaftliches Rechnungswesen.* Berlin-Heidelberg-New York: Springer Verlag, 1966.
[46] Tjaden, Klaus: *Der Eurokredit erlebt eine Renaissance.* Börsen-Zeitung, 2. Juli 1988.

[47] Trapp, Peter: *Geldmenge, Ausgaben und Preisanstieg in der Bundesrepublik Deutschland,* Tübingen: J. C. B. Mohr (Paul Siebeck), 1976.
[48] Vomfelde, Werner: *Langfristige Wandlungen im Konjunkturtyp und ihre Erklärungen.* Dissertation. Hamburg, 1971.
[49] Weltbank: *Weltentwicklungsbericht 1988,* Washington, 1988.
[50] Wirtschaftswissenschaftliche Forschungsinstitute: div. Gemeinschaftsgutachten (jeweils Frühjahrs- und Herbstgutachten).

Personenregister

Stichwortverzeichnis